Vorwort

Das Lehr- und Arbeitsbuch **„Demokratie gestalten"** ist ein modernes, **handlungsorientiertes** Lehrwerk für das Fach **„Politik"** an berufsbildenden Schulen in Niedersachsen.

Die ökonomischen, politischen und technologischen **Entwicklungen** erfordern eine kontinuierliche, qualifizierte Fort- und Weiterbildung.

„Demokratie gestalten" vermittelt dazu ein **solides Grundwissen durch kooperative Lehr- und Lernformen** und differenzierte Aufgabenstellungen.

Das Lehrwerk wurde nach den **Rahmenrichtlinien für das Fach Politik** verfasst und nach **sieben Lernfeldern** gegliedert. Damit ermöglicht es eine **fundierte, problemorientierte Auseinandersetzung mit politischen, wirtschaftlichen, sozialen und kulturellen Themen**. So entwickelt sich eine **gesellschaftliche Handlungskompetenz**, die anregen soll, Demokratie zu gestalten.

Politik ist sehr lebendig und in vielen Bereichen einem ständigen Wandel unterworfen. Was heute noch gültig ist, kann schon morgen einer **Veränderung** unterzogen werden. Dem haben wir in diesem Buch Rechnung getragen. Der feste **Sockel an Grundwissen** wird vermittelt. Dort, wo Veränderungen erwartet werden können, werden eindeutige **Leitfragen** den Weg weisen, um das nötige **Wissen** zu **erarbeiten** und zu **vertiefen**.

Dies geschieht häufig über **QR-Codes**.

So sieht **Crossmediales Lernen** aus: Das eine verwirklichen, ohne das andere zu vernachlässigen, um **die Vorteile beider Medien zu nutzen.** Neben dem **Gewinn an Aktualität** kann das Lehrbuch dadurch viel **kompakter und übersichtlicher** werden.

„Demokratie gestalten" will ermutigen, sich – mit diesem Wissen gerüstet – in die **Gestaltung des politischen Umfeldes einzubringen**.

Die **Mobilität in Europa** nimmt zu. Arbeitnehmerinnen und Arbeitnehmer der **EU-Mitgliedstaaten** haben das Recht, in jedem Land der Europäischen Union eine Beschäftigung auszuüben und sich zu diesem Zweck dort aufzuhalten.

www.dqr.de

Immer mehr Schülerinnen und Schüler verbringen einen Teil ihrer **Schulzeit im Ausland**. Auszubildende haben die Möglichkeit, einen Teil ihrer **betrieblichen Ausbildung in anderen Ländern** zu durchlaufen. Zugleich führen die Unterschiede der historisch gewachsenen Bildungssysteme dazu, dass Bildungsabschlüsse nicht europaweit verständlich sind.

www.bildungsserver.de/Europaeischer-Qualifikationsrahmen-EQR--5663.html

Der **DQR** (Deutscher Qualifikationsrahmen für lebenslanges Lernen) dient dazu, die in Deutschland existierenden Qualifikationen in Relation zu den **acht Niveaus** des **EQR** (Europäischer Qualifikationsrahmen für lebenslanges Lernen) zu setzen, um sie i**n Europa besser verständlich zu machen**.

Dieses Buch will Ihnen helfen, sich dort **besser zurechtzufinden** und sich **sicher behaupten** zu können.

Hinweise für die Arbeit mit diesem Buch

Die **Fragestellungen** sind nach Schwierigkeitsgrad differenziert. Hier wird gefordert, sich zu einem Thema Gedanken zu machen, die Problematik zu hinterfragen, um sich eine eigene Meinung zu bilden.

Zusammenfassung

In „**Zusammenfassung**" stehen – knapp und präzise – die wichtigsten Inhalte des jeweiligen Kapitels. Diese Inhalte sollten gründlich gelernt werden.

Wissens-Check

Im „**Wissens-Check**" kann überprüft werden, ob das Gelernte auch beherrscht wird.
Wer diese Fragen beantworten kann, hat sich ein solides Wissen erarbeitet.
Die App „PRÜFUNG WISO" können Sie zu Übungszwecken kostenfrei nutzen.

http://www.pruefungsvorbereitung aktuell.de

HOT-Vorschläge sollen in besonderer Weise zu einem handlungsorientierten Unterricht beitragen. Sie bieten gleichzeitig die Möglichkeit, sozialwissenschaftliche Arbeitsmethoden einzuüben.

Ihr Feedback ist uns wichtig

Wenn Sie mithelfen möchten, dieses Buch für die kommenden Auflagen zu verbessern, schreiben Sie uns unter lektorat@europa-lehrmittel.de. Ihre Hinweise und Verbesserungsvorschläge nehmen wir gerne auf.

Haan-Gruiten, Sommer 2016
Autoren und Verlag

LF 1 Eigene Lebenskonzepte entwickeln und andere respektieren

LF 2 Interessen in Schule und Betrieb wahrnehmen

LF 3 Medien kritisch reflektieren und nutzen

LF 4 Verantwortungsvoll wirtschaften

LF 5 Demokratie gestalten und vertreten

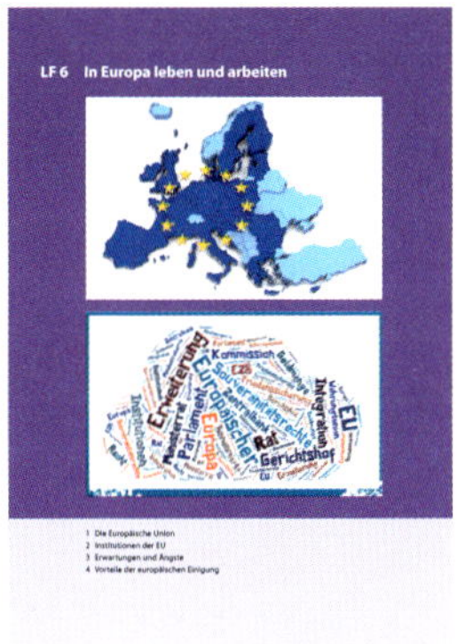

LF 6 In Europa leben und arbeiten

LF 7 Welt im Wandel mitgestalten

LF 1 Eigene Lebenskonzepte entwickeln und andere respektieren

1 Die Familie: Keimzelle der Persönlichkeitsentwicklung
2 Prinzipien sozialer Sicherung
3 Die gesetzliche Sozialversicherung
4 Sozialstaat: Probleme und Lösungen
5 Transferleistungen des Staates
6 Private Vorsorge
7 Bürgerschaftliches Engagement
8 Personale Konflikte: Jugendgewalt
9 Jugendstrafrecht

1 Die Familie: Keimzelle der Persönlichkeitsentwicklung

Im westlichen Kulturkreis gilt die Familie als überwiegend praktiziertes Modell des Zusammenlebens. Der Begriff Familie besteht aus heutigem Verständnis mindestens aus Mutter, Vater und Kind (Kindern).

In der Gesellschaft werden der Familie verschiedene Aufgaben zugedacht. Die folgenden Merkmale sind nicht ausschließlich auf Familien beschränkt. Es gibt auch andere Lebensgemeinschaften, die allerdings klare Minderheiten darstellen.

1.1 Aufgaben der Familie

Die Familie wird als „kleinste" Zelle im Staat bezeichnet. Sie prägt entscheidend die Persönlichkeitsentwicklung mit. Ihre gesellschaftlichen Aufgaben lassen sich drei Bereichen zuordnen:

- Reproduktion (Zeugung) von Nachkommen
- Sozialisation (Erziehung) von Kindern
- Regeneration (Erholung), Rückzugsort für alle Familienmitglieder

Reproduktion

Eine bedeutende Aufgabe der Familie ist die Reproduktion. Dieser soziologische Fachbegriff bedeutet, dass neue Familien- und Gesellschaftsmitglieder entstehen. Auch heute halten ca. 50 % der Bevölkerung Ehen mit Kindern für glücklicher. Dennoch geht die Zahl der Ehen mit Kindern ständig zurück. Das wird in Zukunft auch Auswirkungen auf den Arbeitsmarkt und die Rentenkassen haben. Schon heute ist erkennbar, dass Deutschland auf Zuwanderer angewiesen sein wird.

1. Beurteilen Sie, warum hat die Anzahl der Kinder eine wesentliche Bedeutung für die Erhaltung des Staates hat.
2. Diskutieren Sie, ob ein Elternteil zu Gunsten von Kindern auf eine Berufstätigkeit verzichten sollte.

Sozialisation

Neugeborene und kleine Kinder können nicht alleine überleben. Sie sind erziehungs- und betreuungsbedürftig.

Unter Erziehung versteht man soziale Handlungen, durch die Bezugspersonen versuchen, die Persönlichkeitsentwicklung der Kinder positiv zu beeinflussen. Die Erziehung ist an bestimmten Zielen, Idealen, Leitbildern und Normen ausgerichtet. Die verschiedenen Erziehungsstile unterliegen dem Zeitgeist. Sie reichen von einer strengen Erziehung zum Gehorsam bis zu einer Erziehung ohne jegliche Regeln und Normen.

Erziehung ist eine gesellschaftliche Aufgabe. Außer den Eltern, wirken auch Erzieher, Lehrer und andere Bezugspersonen an der Erziehung mit. Das ist besonders dann von Bedeutung, wenn die Eltern ihrem Erziehungsauftrag nicht oder nur unzureichend nachkommen können.

1. Nennen Sie Gründe für einen strengen und einen toleranten Erziehungsstil.
2. Beurteilen Sie den Erziehungsstil, mit dem Sie erzogen worden sind.

Regeneration

Die Erhaltung der innerfamiliären Harmonie ist eine weitere wichtige Aufgabe der Familie. Die Mitglieder der Familie unterstützen sich bei Belastungen von außen und innerhalb der Familie. Der Abbau von Stress ist in einer intakten Familie leichter möglich. Sie bietet Schutz, Geborgenheit, Sicherheit, Vertrauen, Anerkennung und Zuwendung. Außerdem findet der Mensch hier Unterstützung bei Krankheit und im Alter.

1. Erklären Sie, weshalb die Familie ein wichtiger Rückzugsort sein kann.
2. Skizzieren Sie, welche Bedeutung für Sie persönlich der Begriff Familie hat.

1.2 Staatliche Maßnahmen zur Familienförderung

Der besondere Schutz von Ehe und Familie im Grundgesetz (Artikel 6, Abs. 1 bis 5) drückt sich besonders in finanziellen Leistungen des Staates für Familien aus. So hat die Bundesrepublik trotz rückläufiger Geburtenraten im Jahr 2015 ca. 200 Milliarden Euro für ehe- und familienpolitische Leistungen ausgegeben. Die staatlichen Leistungen umfassen einen Maßnahmenkatalog unterschiedlicher Hilfen. Die wichtigsten sind: Kindergeld, Elterngeld, Betreuungsgeld. Besonders auf staatliche Hilfen angewiesen sind wirtschaftlich schwache Familien. Dies können z. B. Großfamilien mit erhöhtem Wohnbedarf und wenig Grundeinkommen oder Familien mit Migrationshintergrund sein.

1. Recherchieren Sie im Internet, welche Summen der Staat für Kindergeld und Elterngeld ausgibt und in welchem Verhältnis sie zu den Steuereinnahmen stehen. Diskutieren Sie das Ergebnis in Ihrer Klasse.
2. Finden Sie Gründe für die Aussage: „Viele Kinder sind ein erhöhtes Armutsrisiko". Beschaffen Sie sich Informationen aus den Medien und diskutieren Sie die Ergebnisse in Ihrer Klasse.
3. In der Bundesrepublik Deutschland besteht grundsätzlich für alle Kinder ab der Geburt bis zur Vollendung des 18. Lebensjahres ein Kindergeldanspruch. Dabei spielt die Einkommenssituation der/des Erziehungsberechtigten keine Rolle. Führen Sie in Ihrer Klasse eine Pro- und Kontradiskussion, ob eine einkommensunabhängige Kindergeldzahlung heute noch zeitgemäß ist.

Zusammenfassung

Die meisten Menschen leben in Familien. Diese helfen den Kindern, in die Gesellschaft hineinzuwachsen.

Die Erziehungsstile variieren von „sehr streng" bis „ohne Regeln".

Das Grundgesetz und die Landesverfassungen schützen ausdrücklich Ehe und Familie.

Die staatliche Förderung von Familien erfolgt unter anderem durch Kindergeld, Elterngeld und Betreuungsgeld.

PRÜFUNG WISO

http://www.pruefungsvorbereitung aktuell.de

Wissens-Check

1. Stellen Sie dar, welche gesellschaftlichen Aufgaben der Familie zugedacht sind.
2. Erläutern Sie mögliche Einflussfaktoren des Arbeitsmarktes auf die Geburtenrate in der Bundesrepublik.
3. Begründen Sie, warum die Familie als „Rückzugsort" so wichtig ist.
4. Skizzieren Sie, welche Fördermittel dem Staat zur Verfügung stehen, um Familien zu unterstützen.

2 Prinzipien sozialer Sicherung

Jeder Mensch ist im Laufe seines Lebens sozialen Risiken ausgesetzt. Um soziale Härten bei dem Einzelnen zu vermeiden und eine gewisse Sicherheit zu garantieren, hat die Politik die Aufgabe, diese Risiken abzumildern und ihre finanziellen Folgen nach unterschiedlichen Prinzipien auf die Gemeinschaft zu verteilen.

2.1 Solidaritätsprinzip

Das Solidaritätsprinzip ist die Basis der gesetzlichen Sozialversicherung. Es besagt, dass die Gemeinschaft der Versicherten jedem Mitglied gemeinschaftlich (solidarisch) hilft. Es gilt der Grundsatz: „Einer für alle, alle für einen."

2.2 Äquivalenzprinzip

In der privaten Krankenversicherung gilt das Äquivalenzprinzip. Die Höhe des Beitrags hängt vom individuellen Risiko und gewünschten Leistungsspektrum des Versicherten ab. Hier gilt der Grundsatz: „Je mehr, desto mehr". Während beim Solidarsystem jeder einen Beitrag zahlt, damit alle gleichermaßen gut versorgt werden können, versichert sich innerhalb der privaten Krankenversicherung (PKV) jeder gegen sein eigenes Risiko.

Stellen Sie dar, welche Probleme Sie sehen, wenn das Sozialsystem ausschließlich nach dem Äquivalenzprinzip aufgebaut wäre.

2.3 Subsidiaritätsprinzip

Das Subsidiaritätsprinzip, hat die Entfaltung der individuellen Fähigkeiten, der Selbstverantwortung und Selbstbestimmung zum Ziel. Nur, wenn die Möglichkeiten des Einzelnen bzw. einer kleinen Gruppe nicht ausreichen die Aufgaben zu lösen, sollen staatliche Institutionen eingreifen. Hilfe zur Selbsthilfe hat Vorrang vor einer direkten Aufgabenübernahme durch den Staat.

3 Die gesetzliche Sozialversicherung

Die gesetzliche Sozialversicherung stellt einen weitreichenden Schutz insbesondere für Arbeitnehmer dar und ist der wichtigste Bereich der sozialen Sicherung. Die Sozialversicherung besteht aus den fünf Sparten: Krankenversicherung, Rentenversicherung, Arbeitsförderung, Unfallversicherung und Pflegeversicherung.

3.1 Geschichtliche Entwicklung

Die soziale Sicherheit war in früheren Zeiten durch die Familie garantiert. Die Kinder wurden aufgezogen und ausgebildet. Sie arbeiteten und sorgten dann später für die Alten. Auch bei Krankheit oder einem Unfall musste die Familie einspringen.

Ursprung der Sozialversicherung

Mitte des 19. Jahrhunderts schlossen sich Arbeiter zu Organisationen zusammen. Sie wollten als Gemeinschaft den Arbeitgebern gegenübertreten und ihre Interessen durchsetzen. Vor dem Hintergrund dieser politischen Entwicklung erließ Kaiser Wilhelm I. im Jahr 1881 die „Kaiserliche Botschaft".

Otto von Bismarck, Reichskanzler 1871–1890

Er forderte darin den deutschen Reichstag auf, Gesetze zum Schutze der Arbeiter im Falle von Krankheit (1883), Unfall (1884), Invalidität und Alter (1889) zu beschließen. Dies wird als die Geburtsstunde der deutschen Sozialversicherung angesehen. Reichskanzler, und damit Regierungschef, war zu dieser Zeit Graf Otto von Bismarck. Unter seiner Regie entstand in Deutschland die damals weltweit vorbildliche Sozialversicherung.

Zu Beginn der Weltwirtschaftskrise wurde im Jahre 1927 wegen der hohen Arbeitslosigkeit die Arbeitslosenversicherung eingeführt.

Die fünf Säulen der gesetzlichen Sozialversicherung

Alle Berufstätigen sind normalerweise in der Sozialversicherung pflichtversichert. Der Arbeitgeber meldet sie dort an. Von den Trägern der Rentenversicherung wird dem Arbeitnehmer der Sozial-

© Drude

versicherungsausweis ausgestellt. In bestimmten Branchen wird dieser mit einem Foto versehen und muss bei der Arbeit mitgeführt werden. Er ist ein wirksames Instrument im Kampf gegen die Schwarzarbeit.

Nur wer Vorsorge betreibt, also innerhalb der Solidargemeinschaft Beiträge entrichtet hat, kann mit Versicherungsleistungen rechnen. Daher erhalten nur Mitglieder Leistungen aus der Sozialversicherung. Für Beamte, Selbstständige und Freiberufler gelten besondere Regelungen.

Beiträge zur Sozialversicherung

Die Beiträge zur Sozialversicherung werden nach festgelegten Prozentsätzen vom Bruttolohn abgezogen. Arbeitgeber und Arbeitnehmer zahlen jeweils ihren Beitragsanteil bis zur Beitragsbemessungsgrenze. Es handelt sich hierbei um einen Bruttolohn-Grenzbetrag, über den hinaus in Deutschland keine Beiträge zur gesetzlichen Sozialversicherung mehr erhoben werden. Er wird in der Regel jährlich neu festgelegt.

> Die Beitragsbemessungsgrenze von Renten- und Krankenversicherung ist unterschiedlich. Recherchieren Sie die jeweilige Höhe im Internet.

Die Unfallversicherung ist eine Ausnahme, ihre Beiträge werden komplett vom Arbeitgeber gezahlt.

3.2 Krankenversicherung

Die gesetzliche Krankenversicherung (GKV) sichert in Deutschland den Großteil der Bevölkerung für den Krankheitsfall ab. Niemand muss sich damit um die teilweise sehr hohen Kosten für ärztliche Leistungen, einen Krankenhausaufenthalt und Medikamente Sorgen machen. Dieser wertvolle Krankenversicherungsschutz besteht nicht in allen Industriestaaten.

Die gesetzliche Krankenversicherung kommt nicht für Leistungen auf, die nach einem Arbeitsunfall oder als Folge einer Berufskrankheit erforderlich sind. Dann ist man über die Unfallversicherung abgesichert.

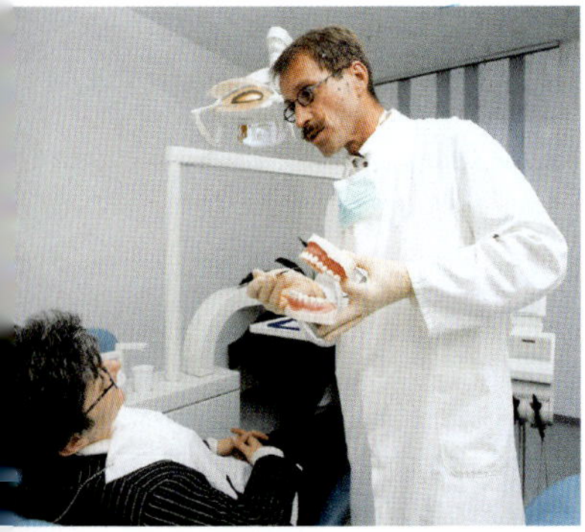
© VEL

Jeden Patienten optimal zu behandeln ist teuer.

Träger der gesetzlichen Krankenversicherung

Die Krankenkassen sorgen für die finanzielle Abwicklung im Krankheitsfall. Jeder kann sich selbst die Krankenkasse aussuchen, bei der er krankenversichert und damit auch pflegeversichert sein will. Wichtige Kriterien für die Wahl der Krankenkasse sind: Erreichbarkeit am Wohnort und Umfang der Serviceleistungen. Die gewählte Krankenkasse darf den Versicherten nicht ablehnen. Anders als in der Privaten Krankenversicherung (PKV) muss sie einen Antragsteller auch dann aufnehmen, wenn bereits Vorerkrankungen bekannt sind.

Die Probleme der Krankenversicherung

Die Gesamtausgaben der Krankenkassen werden immer höher. Das hat verschiedene Ursachen:

- Heute können Kranke geheilt werden, für die es früher keine Behandlungsmöglichkeit (Organtransplantation, Krebsbehandlung) gab.
- Die Arzneimittelforschung wird teurer und aufwändiger, was sich in den Preisen für Arzneimittel niederschlägt.
- Die Lebenserwartung unserer Bevölkerung steigt. Im Alter braucht man mehr ärztliche Hilfe.

Die Sozialpolitik hat die Aufgabe, die notwendige medizinische Versorgung zu sichern. Allerdings sollen die Beiträge für die Krankenkassen nicht weiter steigen.

1. Erläutern Sie, welche weiteren Ursachen Sie für die steigenden Ausgaben im Gesundheitswesen sehen.
2. Analysieren Sie, was der Einzelne tun kann, damit die Ausgaben gesenkt werden.
3. In der Kfz-Versicherung gibt es einen „Schadensfreiheitsrabatt" für unfallfreies Fahren. Beurteilen Sie eine ähnliche Lösung in der Krankenversicherung („Kein Arztbesuch – Geld zurück").
4. Recherchieren Sie im Internet den aktuellen Stand der Gesundheitskosten.

3.3 Rentenversicherung

Soziale Sicherheit ist untrennbar mit der Rentenversicherung verbunden. Sie sorgt seit vielen Jahrzehnten dafür, dass die Versicherten auch im Alter finanziell versorgt sind. Durch die Entwicklung der letzten Jahre steht die gesetzliche Rentenversicherung vor zwei großen Herausforderungen.

- Der Gesetzgeber soll für eine angemessene Beitragshöhe sorgen.
- Er muss sich auf die bereits eingetretenen und in Zukunft zu erwartenden **demografischen Veränderungen** einstellen.

Die deutsche Rentenversicherung ist im Umlageverfahren organisiert. Die Beiträge, die vom Bruttolohn einbehalten und an den **Träger der Rentenversicherung** überwiesen werden, werden sofort als Rente an die Rentner ausgezahlt. Wenn die Zahl der Arbeitsplätze zurückgeht, sinken die Einnahmen der Rentenversicherung und damit das Geld, das für die Rentner zur Verfügung steht. Auf der anderen Seite steigen bei einer Lohnerhöhung in einer großen Branche auch die Einnahmen der Rentenversicherung.

Demografische Veränderungen: Entwicklung der Bevölkerung nach Zahl, Geburten, Alter, Lebenserwartung usw.

Träger der Rentenversicherung: Die Deutsche Rentenversicherung entstand aus der Zusammenlegung der Bundesversicherungsanstalt für Angestellte (BfA) in Berlin und der Landesversicherungsanstalten.

Die Leistungen der Rentenversicherung

Alle Arbeitnehmer sind in der gesetzlichen Rentenversicherung pflichtversichert. Um eine Rente zu bekommen, müssen – wie bei jeder anderen Versicherung auch – vorher Beiträge gezahlt worden sein. Für Beamte, Selbstständige, Künstler und Landwirte gelten besondere Bestimmungen.

Probleme der Rentenversicherung

Geburtenrate:
Zahl der lebend Geborenen pro tausend Einwohner

Bundeszuschuss:
Ein Teil der Rentenausgaben wird aus Steuermitteln finanziert.

Die Deutschen werden immer älter und damit steigt die Anzahl der Rentner. Außerdem gehen die Menschen heute früher in den Ruhestand und beziehen daher länger Rente. Gleichzeitig ging durch die weiterhin niedrige **Geburtenrate** die Zahl der Personen im erwerbsfähigen Alter zurück und damit auch die Zahl der Beitragszahler. Dadurch ist der Beitragssatz immer mehr angestiegen. Zusätzlich zahlt der Staat einen **Bundeszuschuss.**

Kinderlose Ehepaare sollen später eine geringere Rente beziehen als Ehepaare, die Kinder erzogen haben. Nehmen Sie zu diesem Vorschlag Stellung.

3.4 Arbeitsförderung

Jeder Bürger hat das Recht auf freie Berufswahl, aber nicht immer findet sich auch ein Arbeitsplatz in dem erlernten Beruf. Hier kann die staatliche Arbeitsförderung (vor 1998 Arbeitslosenversicherung) Hilfe bieten. Sie ist ein eigenständiger Zweig der Sozialversicherung. Ihr obliegen speziell die Arbeitsplatzsicherung und finanzielle Leistungen an Arbeitslose. Träger ist die Bundesagentur für Arbeit mit Sitz in Nürnberg. Örtlich zuständige Dienststellen sind die Agenturen für Arbeit.

Aufgabe der Agenturen für Arbeit ist es, die Erwerbschancen von Arbeitslosen zu verbessern und durch Beratung die Stellensuche am Arbeitsmarkt zu erleichtern. Diese Maßnahmen sind jedoch vergeblich, wenn die Arbeitslosen selbst die gebotenen Chancen nicht nutzen. Diejenigen, die von der Solidarität einer großen Gemeinschaft profitieren, müssen ihren Anteil dazu beitragen, damit das soziale Netz keine „soziale Hängematte" wird.

Berufskrankheit:
Dies ist eine Krankheit, die durch die berufliche (versicherte) Tätigkeit verursacht wurde und als Berufskrankheit anerkannt ist.

2015 nur unwesentliche Verringerung der Unfälle

3.5 Unfallversicherung

Die gesetzliche Unfallversicherung sichert gegen die Folgen von Arbeitsunfällen, **Wegeunfällen** und **Berufskrankheiten** ab. Jeder, der in einem Arbeits- oder Ausbildungsverhältnis steht, ist über den Arbeitgeber automatisch versichert.

Kosten der Unfallversicherung

Die Beiträge zur Unfallversicherung werden allein vom Arbeitgeber übernommen. Sie hängen vor allem von der Unfallhäufigkeit der Branche ab. Der Beitragssatz bezieht sich auf die Lohnsumme des Betriebes. In der Baubranche, z. B. bei Gerüstbauern oder Dachdeckern, ist die Gefahr eines Unfalls höher als in einer Bank oder Versicherung.

Die Leistungen der Unfallversicherung

- Heilbehandlung: Kostenübernahme für die ärztliche Behandlung sowie für Aufenthalte im Krankenhaus

- Verletztengeld: Während der Arbeitsunfähigkeit 80 % des Bruttoentgelts, aber erst, wenn die Lohnfortzahlung des Arbeitgebers ausgelaufen ist
- Berufsförderung: Leistungen zur Umschulung
- Verletztenrente: wird gezahlt, wenn sich die Erwerbsfähigkeit vermindert

Hinterbliebenen und Waisenrente: Sollte ein Ehepartner durch einen Arbeitsunfall oder eine Berufskrankheit sterben, zahlt die Unfallversicherung eine Hinterbliebenenrente. Kinder unter 18 Jahren erhalten eine Waisenrente.

PRESSESCHAU

Auf dem Weg zur Arbeit ist jeder unfallversichert.

Problematisch wird's, wenn man einen kleinen Umweg einlegt. Angesichts der erheblichen finanziellen Auswirkungen wird oft gestritten, ob ein Unfall tatsächlich ein Arbeitsunfall ist, oder vielmehr ein „normaler" Unfall, für den die Krankenkasse gerade stehen muss ... Das Bundessozialgericht in Kassel befasst sich mit einem entsprechenden Streitfall. Dabei ging es um einen Mopedfahrer, der auf dem Heimweg von der Arbeit Geld bei der Bank abholen wollte. Dafür nahm er einen Umweg von gerade 100 Metern in Kauf. Um diese Distanz lag der Geldautomat vom eigentlichen Arbeitsweg entfernt. Und gerade auf dieser Ministrecke verunglückte der Zweiradfahrer schwer.

Kein Arbeitsunfall, urteilte der Zweite Senat (AZ: B 2 U 40/02 R). Schließlich habe der Mann aus privaten Gründen seinen unmittelbaren Arbeitsweg verlassen. Also am besten morgens direkt zum Chef und abends ohne Umwege nach Hause.

www. faz.net, Zugriff: 31.07.2015

Nach einem Arbeitsunfall ist man ordentlich versichert

1. Untersuchen Sie, ob die Zahl der Arbeitsunfälle in Deutschland steigend oder rückläufig ist.
2. Begründen Sie, warum die Berufsgenossenschaft auch sehr teure Reha-Maßnahmen zahlt.
3. Stellen Sie dar, welches Gericht für Streitfälle im Rahmen der Sozialversicherung zuständig ist.

Träger der Unfallversicherung sind die Berufsgenossenschaften. Es gibt gewerbliche und landwirtschaftliche Berufsgenossenschaften, sowie für den öffentlichen Dienst Gemeindeunfallversicherungsverbände bzw. Unfallkassen der Länder.

Da die Berufsgenossenschaften bei Arbeitsunfällen zahlen müssen, sind sie besonders an der Arbeitssicherheit im Betrieb interessiert:

- Sie erlassen Sicherheitsvorschriften
- Sie führen Schulungen durch
- Sie kontrollieren in den Betrieben

Nennen Sie drei Vorschriften zur Arbeitssicherheit, die speziell für die Branche Ihres Ausbildungsbetriebes gelten.

Unfallversichert in der Berufsschule

Alle Schüler sind in der Berufsschule und auf dem Schulweg unfallversichert. Allerdings nicht durch die Berufsgenossenschaft des Betriebes, sondern durch die Unfallkasse des Bundeslandes.

3.6 Pflegeversicherung

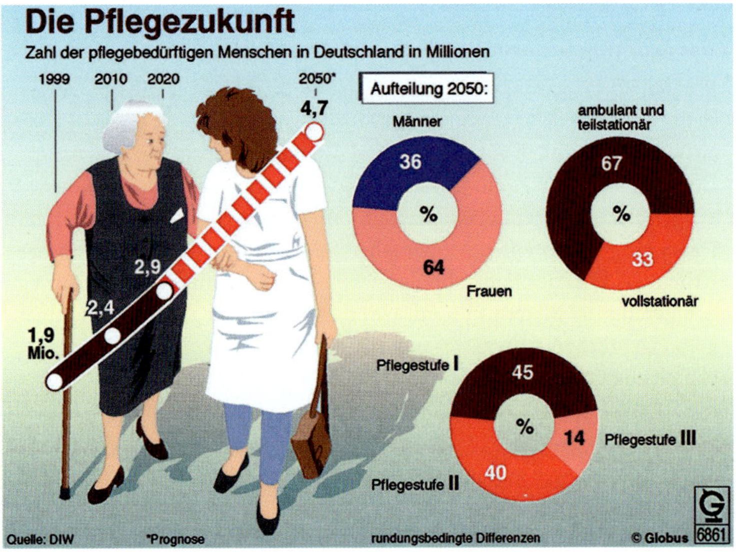

Der medizinische Fortschritt macht es möglich: Die Menschen leben immer länger. Längere Lebenserwartung bedeutet aber auch mehr Pflegefälle. Viele Menschen sind gegen Ende ihres Lebens pflegebedürftig und auf fremde Hilfe angewiesen.

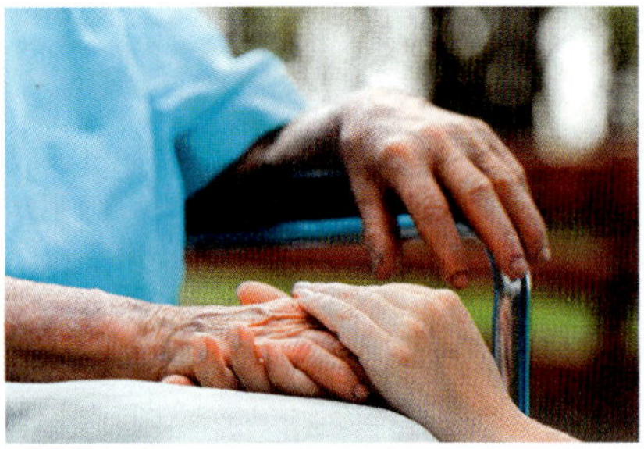

Aber selbst eine gute Rente reicht nicht immer für die Bezahlung der Unterbringung in einem Pflegeheim oder die pflegerische Versorgung zuhause aus.

Seit 1995 gilt in Deutschland die Pflichtmitgliedschaft in der Pflegeversicherung.

Diskutieren Sie in der Klasse, warum eine Pflichtmitgliedschaft in der Pflegeversicherung sinnvoll ist.

Die Leistungen der Pflegeversicherung

Als fünfte Säule der Sozialversicherung sieht die Pflegeversicherung Leistungen unterschiedlicher Art für Pflegebedürftige vor.

Die Kosten der täglich erforderlichen Hilfeleistungen bei der Körperpflege, der Ernährung oder der Mobilität werden von der Pflegeversicherung nach Pauschalsätzen bezahlt. Die Einstufung der Pflegebedürftigkeit erfolgt auf Antrag durch den medizinischen Dienst der Krankenkassen (MDK). Dabei sollen die bestehenden drei Pflegestufen durch fünf Pflegegrade abgelöst werden. Dadurch kann die tatsächliche Pflegebedürftigkeit individueller bestimmt werden.

Zusammenfassung

Jeder Arbeitnehmer wird vom Arbeitgeber bei der Krankenkasse und den Sozialversicherungen angemeldet.

Die Beiträge für die Sozialversicherung werden direkt vom Bruttolohn abgezogen.

Die Beiträge werden vom Arbeitgeber und Arbeitnehmer je ungefähr zur Hälfte bezahlt. (Ausnahme: Unfallversicherung)

Die Probleme der Sozialversicherung sind entstanden durch:

- Wachsende Kosten des Gesundheitssystems
- Steigende Zahl von Rentnern
- Höhere Lebenserwartung
- Hohe Arbeitslosenquote
- Geringe Geburtenrate

In Zukunft werden die Leistungen der Sozialversicherung geringer. Das bedeutet für den Einzelnen, dass er in gewissem Maße selbst vorsorgen muss.

Wissens-Check

1. Nennen Sie fünf Leistungen der gesetzlichen Krankenversicherung.
2. Erklären Sie den Begriff „Beitragsbemessungsgrenze“.
3. Welche Aufgaben haben die Berufsgenossenschaften im Bereich der Arbeitssicherheit?
4. Überlegen Sie, warum die Höhe der Renten in Zukunft wahrscheinlich deutlich geringer sein wird als heute.

EUROPA LEHRMITTEL PRÜFUNG WISO

http://www.pruefungsvorbereitung aktuell.de

4 Sozialstaat: Probleme und Lösungen

Unsere Gesellschaft kann nur existieren, wenn die Eltern für ihre Kinder sorgen. Wenn die Eltern alt sind und nicht mehr arbeiten können, benötigen sie die Unterstützung ihrer Kinder. Diese Übereinkunft nennt man Generationenvertrag. Bisher hat sich dieses Prinzip bewährt. Mehr und mehr jedoch gerät es in die Krise. Ein Generationenkonflikt droht zu entstehen.

4.1 Generationenvertrag

Der Generationenvertrag ist kein Vertrag im rechtlichen Sinne, sondern ein langjähriges Prinzip, durch das sich die Generationen gegenseitig unterstützen.

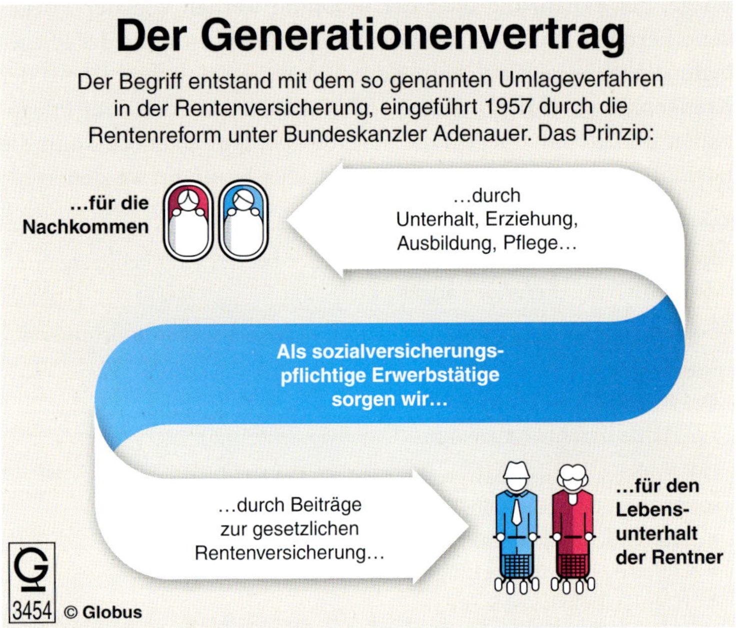

4.2 Demografische Entwicklung in Deutschland

Demografische Entwicklung: Bevölkerungsentwicklung

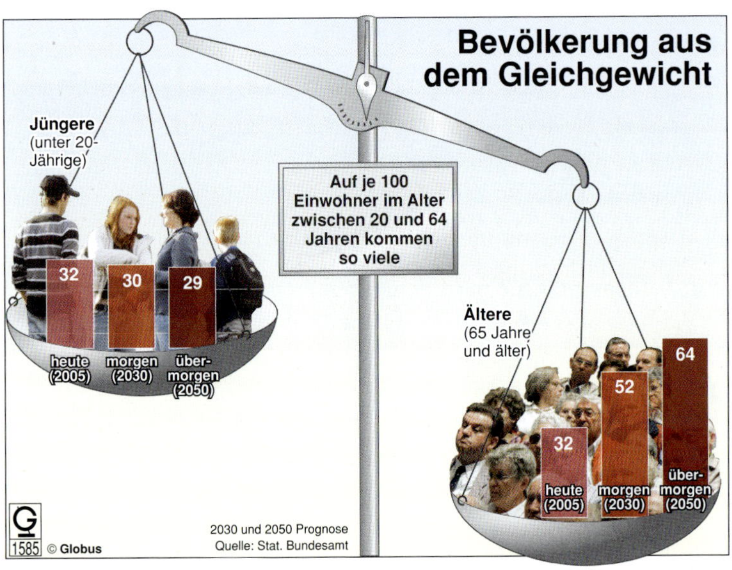

Wie bei den meisten europäischen Nachbarn auch sterben in Deutschland mehr Personen als Neugeborene hinzukommen. Nur die Zuwanderung von Ausländern hat bisher verhindert, dass die Bevölkerungszahl in Deutschland zurückgegangen ist. Der Anteil der Jüngeren und der Anteil der Älteren verändert sich merklich.

Seit Jahrzehnten ist die Zahl der Geburten in Deutschland rückläufig.

1. Nennen Sie Gründe dafür, dass die Geburtenzahl in den letzten 30 Jahren gesunken ist.
2. Diskutieren Sie die Folgen, die eine sinkende Bevölkerungszahl in Deutschland haben könnte.

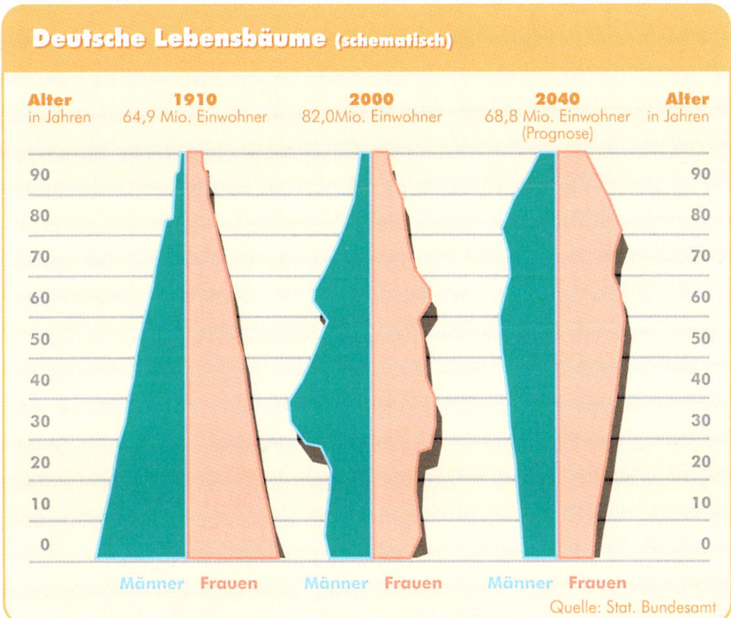

Folgenreicher als die Gesamtzahl der Bevölkerung ist im Hinblick auf die soziale Sicherung deren altersmäßige Zusammensetzung. Die Zahl der aktiv Erwerbstätigen wird geringer werden, die Zahl der Rentenempfänger wird demgegenüber steigen. Ähnlich werden die Auswirkungen für die Krankenkassen sein. Auf der einen Seite wird es zahlreiche Rentner mit hohen Leistungsansprüchen und geringen Beiträgen geben. Auf der anderen Seite wird die Zahl der jungen Menschen mit hohen Beiträgen und geringen Leistungsansprüchen abnehmen, wodurch die Einnahmen der Krankenkassen sinken.

Erläutern Sie die Aussage der nebenstehenden Karikatur.

4.3 Lösungsansätze in einer sich wandelnden Gesellschaft

PRESSESCHAU

UN-Experte: Nur Zuwanderung kann Rente sichern

New York (dpa) – Nur massive Zuwanderung kann nach Ansicht des UN-Bevölkerungsexperten Joseph Chamie langfristig das Rentensystem in Deutschland sichern.

„Um zu vermeiden, dass das Heer der Berufstätigen weiter schrumpft, sind mindestens 487.000 Zuwanderer im Jahr erforderlich", sagte er in einem Gespräch mit der Deutschen Presse-Agentur (dpa) zum Weltbevölkerungstag ... Solle das Verhältnis zwischen der Zahl der Beschäftigten und der Rentner auf dem Niveau von 1995 (von 4,4 zu 1) gehalten werden, dann müssten sogar 3,6 Millionen **Immigranten** pro Jahr kommen, sagte Chamie. Die UN räumen ein, dass ein solcher Strom von Einwanderern unrealistisch ist. Theoretisch würde er jedoch vermeiden, dass zu wenige Arbeitnehmer zu viele Rentner miternähren müssen oder letztlich kein Ausweg bleibt, als das Rentenalter zu erhöhen und die Rente zu kürzen. Unter den gegebenen Bedingungen sagen die UN-Experten der Bundesrepublik für das Jahr 2050 ein Verhältnis von statistisch 1,8 Beschäftigten je Rentner voraus ...

www.sueddeutsche.de, Zugriff: 11.07.2015

Immigrant:
Person, die in ein Land einwandert.

Der Bevölkerungsexperte erklärt, dass mehr Menschen zuwandern müssten, damit sie in die Rentenversicherung einbezahlen. Diskutieren Sie, welche Voraussetzungen auf dem Arbeitsmarkt dazu erfüllt sein müssen.

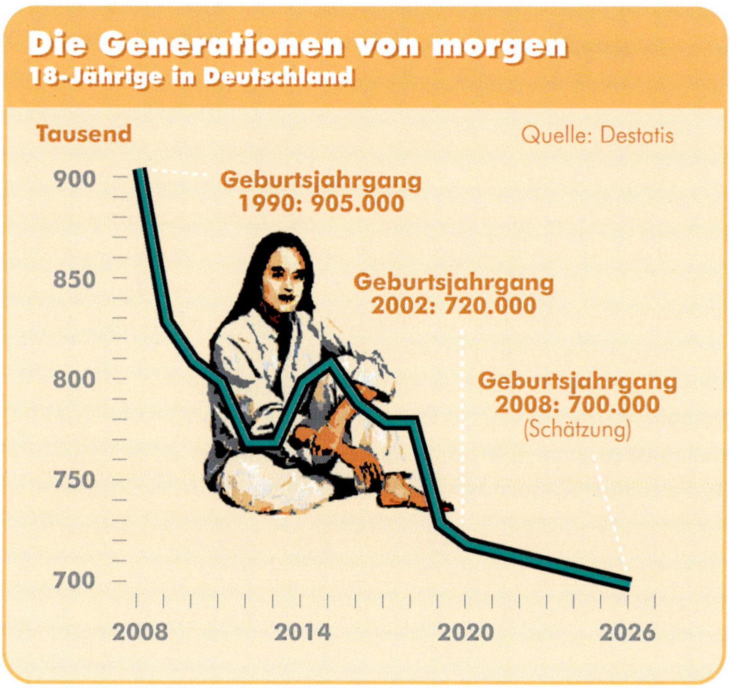

© Drude

PRESSESCHAU

Deutschland vergreist

Die Senioren sind auf dem Vormarsch. Im Jahr 2050 wird jeder dritte Bundesbürger älter als 60 Jahre sein.

Die Politik muss daher schleunigst die Sozialsysteme demografiefest machen. Wie das gehen könnte, hat das Statistische Bundesamt in seiner jüngsten Bevölkerungsvorausberechnung schon mal skizziert: Die Wiesbadener Statistiker schätzen, dass ein höheres Renteneintrittsalter einigen Druck aus der Sozialversicherung lässt ...

Daher schlagen viele Fachleute vor, dass die älteren Kollegen noch stärker in den Blick der Personalplanungen rücken sollten. Beispielsweise könnten spezielle Weiterbildungsangebote und eine altersspezifische Arbeitsumwelt den Senioren die Tätigkeit im Büro oder in der Werkhalle erleichtern.

Quelle: www.romanherzoginstitut.de, Zugriff: 30. August 2015

In Deutschland wird es zukünftig immer mehr Senioren geben.

„Weniger Kinder, später in den Beruf, früher raus, länger leben, länger Rente beziehen: Wenn man das nebeneinander legt, muss man kein Mathematiker sein, da reicht Volksschule Sauerland, um zu wissen: Das kann nicht gehen."

Franz Müntefering

1. Diskutieren Sie, inwiefern folgende Vorschläge die Probleme der Rentenversicherung lösen könnten:
   a) Nicht das Renteneintrittsalter, sondern die Lebensarbeitszeit wird erhöht. Die volle Rente bekommt nur, wer 45 Jahre gearbeitet hat. Wer weniger Jahre gearbeitet hat, muss prozentuale Abzüge hinnehmen.
   b) Der Beitrag zur Rentenversicherung wird auf 19 % festgesetzt. Es herrscht das strenge Umlageverfahren: Nur das Geld, das eingeht, kann als Rente ausbezahlt werden.
   c) Jeder Deutsche erhält in Zukunft eine geringe Grundrente, die das reine Überleben sichert. Alles andere muss er sich im Laufe seines Arbeitslebens ersparen.
2. Diskutieren Sie in der Klasse die Aussage des ehemaligen Arbeitsministers Franz Müntefering.

5 Transferleistungen des Staates

Neben den fünf Säulen der Sozialversicherung gibt es ein weitgespanntes soziales Netz für alle Bürger. Nahezu jeder nimmt im Laufe seines Lebens staatliche Hilfe in Anspruch.

5.1 Kindergeld

Wer Kinder hat und in Deutschland wohnt, bekommt Kindergeld. Meist wird es bei der Agentur für Arbeit beantragt und monatlich ausbezahlt.

Im Normalfall wird das Kindergeld bis zum 18. Lebensjahr bezahlt, bei längerem Schulbesuch oder Studium bis zum 25. Lebensjahr.

5.2 Elterngeld

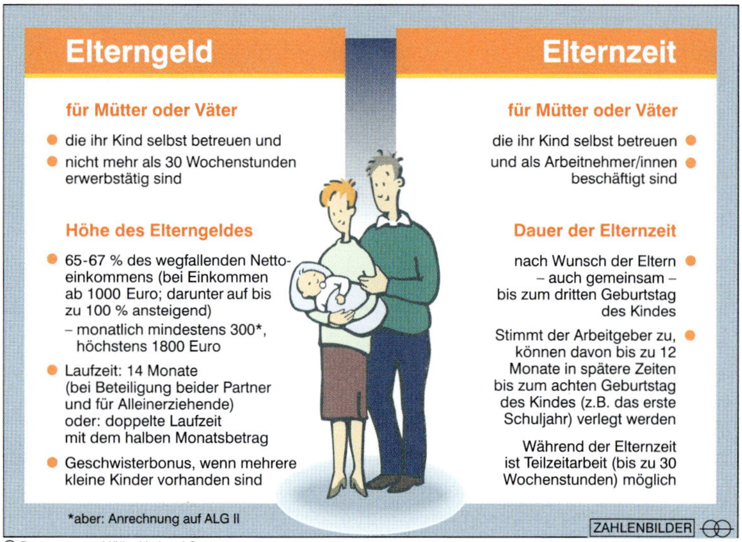

 141 214

Mütter oder Väter können nach der Geburt des Kindes ihre Erwerbstätigkeit unterbrechen. Das Elterngeld wird einkommensabhängig für 12 bis 14 Monate unmittelbar nach der Geburt des Kindes gezahlt. Es ist als Ersatz für den Verdienstausfall des daheimbleibenden Elternteils gedacht. Einzelpersonen mit mehr als 250.000 € und Paare mit mehr als 500.000 € zu versteuerndem Einkommen haben momentan keinen Anspruch auf Elterngeld mehr.

Der Auszahlungszeitraum lässt sich verdoppeln, die monatliche Leistung wird dann allerdings halbiert. Für Mütter oder Väter ohne entsprechendes Nettoeinkommen gibt es ein zwölfmonatiges Mindestelterngeld von 300 €, das nicht mit anderen Sozialleistungen verrechnet wird.

> Recherchieren Sie im Internet, ob mehr Väter oder mehr Mütter das Elterngeld in Anspruch nehmen. Vergleichen Sie die Gründe für das Verhalten.

5.3 Bundesausbildungsförderungsgesetz (BAföG)

Jeder soll die Chance haben, eine Ausbildung zu erhalten, die seinen Neigungen entspricht. Die finanziellen Möglichkeiten der Eltern sollen dabei kein Hindernis sein. Die Vergabe ist an die Bedürftigkeit der Empfänger gebunden. Schüler ab der 10. Klasse erhalten es als Zuschuss. Voraussetzung ist, dass sie nicht bei den Eltern wohnen.
Studenten beziehen BAföG, zur Hälfte als Zuschuss und zur Hälfte als zinsgünstiges Darlehen. Die Mittel stammen zu 65 % vom Bund und zu 35 % vom Land.
Durch das so genannte Meister-BAföG wird die berufliche Aufstiegsfortbildung von Handwerkern und anderen Fachkräften finanziell gefördert. Es ist nicht im Bundesausbildungsförderungsgesetz, sondern im Aufstiegsfortbildungsförderungsgesetz (AFBG) geregelt.

5.4 Wohngeld

Für manche Bürger ist die Miete für eine angemessene Wohnung zu hoch. Besonders in Großstädten sind die Wohnungspreise meist höher als auf dem Land. Wenn die Kosten die Leistungsfähigkeit eines Haushalts übersteigen, hilft ein staatlicher Zuschuss. Für Bürger, die bereits andere staatliche Unterstützung beziehen, gibt es kein Wohngeld. Das Wohngeld ist nicht zu verwechseln mit dem Anspruch auf Wohnkostenzuschuss bei Bezug des Arbeitslosengeldes II.
Die Höhe des Wohngeldes ist vom Familieneinkommen, der Zahl der Kinder, besonders aber von den örtlichen Mietpreisen abhängig. Natürlich wird nur normaler Wohnraum bezuschusst.

5.5 Arbeitslosengeld II und Sozialhilfe

Das Arbeitslosengeld II (kurz ALG II oder Hartz IV) und die Sozialhilfe sollen den Mindeststandard des menschenwürdigen Daseins, das Existenzminimum, sicherstellen.

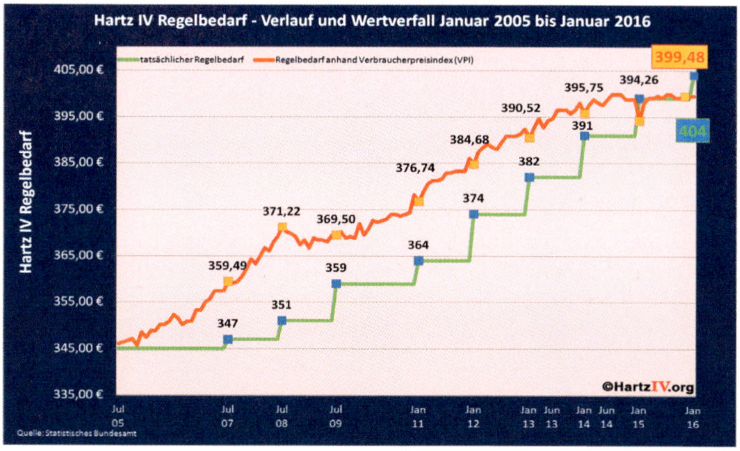

Interpretieren Sie die Grafik.

Die Regelsätze richten sich nach der Entwicklung der Lebenshaltungskosten und der Nettolöhne. Finanziert wird diese Basissicherung für Erwerbsfähige aus Steuergeldern. Leistungen erbringen die Agentur für Arbeit und die Kommunen.
Bevor die Bewilligung und Festsetzung des individuellen ALG II-Satzes erfolgt, muss sich der Antragsteller einer genauen Prüfung seiner Einkommens- und Vermögensverhältnisse unterziehen.

Interpretieren und diskutieren Sie die Karikatur.

Im Gegensatz zum ALG II ist die Sozialhilfe als Hilfe zum Lebensunterhalt für solche Personen vorgesehen, die nicht (mehr) erwerbsfähig sind. Gründe hierfür können das Alter oder eine volle Erwerbsminderung wegen Krankheit sein.

5.6 Grundsicherung

Grundsicherung erhalten mittellose Personen mit gewöhnlichem Aufenthalt in der Bundesrepublik Deutschland,

- die das 65. Lebensjahr vollendet haben oder
- die das 18. Lebensjahr vollendet und unabhängig von der jeweiligen Lage des Arbeitsmarktes aus medizinischen Gründen dauerhaft voll erwerbsgemindert sind.

§ 19 Sozialgesetzbuch XII

(2) Grundsicherung im Alter und bei Erwerbsminderung ist ... Personen zu leisten ..., sofern sie ihren notwendigen Lebensunterhalt nicht oder nicht ausreichend aus eigenen Kräften und Mitteln, insbesondere aus ihrem Einkommen und Vermögen, beschaffen können.

Diese Personen erhalten wie Empfänger der Sozialhilfe oder des Arbeitslosengeldes II einen Regelsatz pro Monat zuzüglich zu den Kosten für Unterkunft und Heizung einer angemessenen Wohnung. Bei Behinderung oder Erkrankung sind Zulagen möglich. Es gibt Personen, die nur eine sehr geringe Rente beziehen. Sie können sich diese durch die Grundsicherung im Alter aufstocken lassen. Grundsicherung entfällt, wenn die Kinder oder Eltern finanzielle Unterstützung leisten können. Der Gesetzgeber sieht dies aber erst ab einem jährlichen Gesamteinkommen von 100.000 Euro vor.

6 Private Vorsorge

Nicht alle Risiken des Lebens können durch staatliche Leistungen vollständig abgesichert werden. Insbesondere Arbeitsunfähigkeit, lang anhaltende Krankheiten oder unzureichende Alterssicherung beinhalten ein finanzielles Risiko, das durch private Vorsorge zumindest teilweise etwas gemindert werden kann. Neben der persönlichen finanziellen Sicherheit wird zudem mit zunehmendem Alter die Absicherung der eigenen Familie wichtig.

Individualversicherungen zur privaten Vorsorge

6.1 Altersvorsorge

Interpretieren Sie die Karikatur.

Es ist damit zu rechnen, dass in Zukunft die Rente nicht mehr in der gewohnten Höhe zur Verfügung steht. Neben der gesetzlichen Rentenversicherung unterstützt der Staat daher seit einigen Jahren privat finanzierte Renten durch Zulagen und Steuerersparnis.

Riester Rente

„Riester-Sparer" können ihr Geld derzeit in folgenden Formen anlegen:

- Banksparpläne
- Rentenversicherungen
- Fondssparpläne
- Bausparverträge

Riester-Rente:
Benannt nach einem früheren Bundesminister für Arbeit und Soziales, Walter Riester. Er führte die staatliche Förderung privater Renten ein.

Der Bund der Versicherten sagt: „Wer als Anleger auf sichere Geldanlagen setzt, ist mit der Riester-Rente gut beraten". Ob die Gewinne den Versprechen jedoch standhalten, ist bei Finanzexperten umstritten.

1. Begründen Sie, welche Möglichkeiten Sie wahrnehmen würden, um Ihre Rente zu stabilisieren.
2. Fassen Sie die verschiedenen Meinungen im Internet um die Wirksamkeit der Riester-Rente in einer Pro-Kontra-Tabelle zusammen und bewerten Sie das Ergebnis.

6.2 Berufsunfähigkeitsversicherung

Die meisten Unfälle geschehen in der Freizeit, ob zu Hause oder im Urlaub. Für die Heilbehandlung ist man krankenversichert. Der Arbeitgeber zahlt den Lohn in der Regel noch sechs Wochen weiter. Nach den sechs Wochen bzw. 42 Tagen mit Zahlung des vollen Einkommens durch den Arbeitgeber, übernimmt die gesetzliche Krankenversicherung die Lohnersatzleistung. Privat Versicherte müssen eine Krankentagegeldversicherung abschließen, damit sie weiter Geld erhalten.

Bei Erwerbsminderung durch Berufsunfähigkeit zahlt die gesetzliche Rentenversicherung eine Rente. Deren Höhe richtet sich nach den bisherigen Beitragszahlungen und den Rentenbeitragsjahren. Wenn man in jungen Jahren erwerbsunfähig wird, fällt diese Rente eher gering aus und reicht nicht, um den Lebensunterhalt zu bestreiten. Außerdem wird bei der Erwerbsminderung stets überprüft, ob man nicht noch andere Tätigkeiten verrichten könnte.

Mit dem Abschluss einer Berufsunfähigkeitsversicherung schützt man sich gegen die finanziellen Folgen, die durch den Verlust der Arbeitskraft entstehen können. Im Versicherungsfall wird ohne weitere Beitragszahlungen eine Rente in der vereinbarten Höhe gezahlt.

Recherchieren Sie im Internet die geltenden Bedingungen der Lohnfortzahlung durch die Krankenkasse.

6.3 Absicherung im Schadensfall

Haftpflichtversicherung

Die private Haftpflichtversicherung ist eine der wichtigsten Versicherungen überhaupt. Sie hilft bei Sachbeschädigung an fremdem Eigentum.

Für Schäden, die man anderen Menschen zufügt, haftet man mit dem gesamten Vermögen und bis zur Pfändungsgrenze auch mit dem Gehalt – im Extremfall für den Rest des Lebens. Die Haftpflichtversicherung deckt mögliche Risiken des täglichen Lebens ab und schützt in der Regel die ganze Familie. Ehepartner oder Lebenspartner und nicht verheiratete Kinder in der ersten Berufsausbildung fallen zumeist mit unter den Versicherungsschutz.

Hausratversicherung

Wer in der eigenen Wohnung lebt, egal ob als Mieter oder Eigentümer, sollte eine Hausratversicherung abschließen. Am besten entspricht sie dem Neuwert des Hausrates, denn im Schadensfall werden die Wiederbeschaffungskosten für die Versicherungsleistung zugrunde gelegt. Um nicht unterversichert zu sein, sollte nach teuren Neuanschaffungen von Zeit zu Zeit die Versicherungssumme überprüft werden. Die Hausratversicherung leistet Ersatz, wenn durch Feuer, Einbruch, Raub, **Vandalismus**, Leitungswasser, Sturm oder Hagel Schäden entstehen.

Vandalismus:
Mutwillige, sinnlose Verwüstung

Eine weitere wichtige Versicherung ist die Kfz-Versicherung. Autobesitzer sind gesetzlich verpflichtet, diese spezielle Haftpflichtversicherung abzuschließen.

Zusammenfassung

Nahezu alle Deutschen werden im Laufe ihres Lebens in irgendeiner Form durch den Staat finanziell unterstützt.

Die Absicherung der alltäglichen Risiken des Lebens muss jeder selbst übernehmen.

Die Berufsunfähigkeitsversicherung sichert den Verlust der Arbeitskraft ab.

Wichtige Individualversicherungen sind Haftpflicht- und Hausratversicherung sowie die Kfz-Versicherung für Autobesitzer.

www.bundderversicherten.de

Wissens-Check

1. Nennen Sie Hilfen, die der Staat anbietet, um die gesetzliche Rente aufzubessern.
2. Skizzieren Sie vier staatliche Geldleistungen an die Bürger außerhalb der Sozialversicherung.
3. Vergleichen Sie drei private Versicherungen, die zwar nicht Pflicht, aber empfehlenswert sind.

PRÜFUNG WISO

http://www.pruefungsvorbereitung aktuell.de

7 Bürgerschaftliches Engagement

Immer mehr Probleme des Einzelnen lassen sich kaum oder nur unzureichend mit staatlicher Hilfe lösen. Hier ist bürgerschaftliches Engagement gefragt.

Gemeinsam sind wir stärker

7.1 Selbsthilfegruppen

Eine Selbsthilfegruppe ist ein Zusammenschluss von Menschen, die sich mit den gleichen Schwierigkeiten auseinandersetzen oder schon auseinandergesetzt haben. So entsteht Fachwissen von Betroffenen aus deren eigenen Erfahrungen heraus. Es wird an andere, hilfesuchende Menschen weitergegeben. Diese Kompetenz ist inzwischen als wesentliche Ergänzung unseres Sozialsystems anerkannt.

Anonyme Alkoholiker

Logo der Anonymen Alkoholiker

In Deutschland gibt es zwischen 70.000 und 100.000 Selbsthilfegruppen. Über das Internet lässt sich schnell zu fast jedem Problembereich eine entsprechende Selbsthilfegruppe finden. Auch Anschriften aus der näheren Umgebung für eine persönliche Kontaktaufnahme können Hilfesuchende recherchieren.

> Die NAKOS liefert Auskünfte über Selbsthilfegruppen in ganz Deutschland. Informieren Sie sich über diese Einrichtung auf www.nakos.de und entschlüsseln Sie die Abkürzung.

Die wohl bekannteste Selbsthilfegruppe, die Anonymen Alkoholiker, sind schon 1935 in den USA gegründet worden und Anfang der 1950er Jahre nach Deutschland gekommen. Sie hat ungefähr zwei Millionen Mitglieder.

Chronisch:
Langsam verlaufend, dauernd, anhaltend

Weitere Themen wie Suchterkrankungen, Krebs, **chronische** und seltene Krankheiten, Behinderungen, aber auch soziale Anliegen wie Arbeitslosigkeit und Schwierigkeiten alleinerziehender Eltern führen zur Bildung von Selbsthilfegruppen. Sie sind örtlich, überregional und auf Landes- und Bundesebene organisiert.

> Recherchieren Sie, welche Selbsthilfegruppen es in Ihrer Umgebung gibt.

7.2 Ehrenamt

> Das Ehrenamt ist in Deutschland der soziale Kitt, der diese Gesellschaft zusammenhält.
>
> Dr. Ulrich Schneider, Hauptgeschäftsführer Deutscher Paritätischer Wohlfahrtsverband

Schöffe:
Juristischer Laie, der als ehrenamtlicher Richter berufen wurde

Jeder dritte Bundesbürger ist ehrenamtlich, das heißt freiwillig und ohne Verdienstabsicht in seinem sozialen Umfeld engagiert. Es gibt viele Möglichkeiten, sich sinnvoll in das gesellschaftliche Leben einzubringen: Zum Beispiel als Trainer in einem Sportverein, **Schöffe**, Hospizhelfer sowie Mitarbeiter in der Jugend- und Jugendsozialarbeit.

Weite Bereiche unseres Lebens könnten ohne ehrenamtliche Mitarbeit überhaupt nicht existieren oder würden erheblich an Qualität einbüßen. Die hier geleistete Arbeit findet breite Anerkennung und wird durch den „Internationalen Tag des Ehrenamtes" am 5. Dezember gewürdigt.

Als Auszeichnung für herausragende geleistete Arbeiten wird regelmäßig das Bundesverdienstkreuz vom Bundespräsidenten verliehen. Auch Ehrenamtskarten, mit denen der Inhaber bestimmte Vergünstigungen erhält, werden ausgegeben. Erhaltene Aufwandsentschädigungen für Leistungen aus dem Ehrenamt sind in einem bestimmten Rahmen steuerfrei.

1. Diskutieren Sie über die Aussage Dr. Ulrich Schneiders.
2. Stellen Sie in einem kurzen Vortrag ein Ehrenamt vor, das Sie oder ein Mitglied Ihrer Familie ausübt.

GIB AIDS KEINE CHANCE

Logo der Aidshilfe

www.b-b-e.de

www.hospize-niedersachsen.de

8 Personale Konflikte: Jugendgewalt

Beschreiben Sie die Karikatur und diskutieren Sie die Bedeutung der dort gezeigten Einflussfaktoren.

„Der alte Grundsatz ‚Auge um Auge' macht schließlich alle blind."
Martin Luther King, amerikanischer Geistlicher und Bürgerrechtler (1929–1968)

Das Erleben von Gewalt gehört für viele Menschen zum Alltag. Gerade das Thema Jugendgewalt wird oft thematisiert. Seit jeher diskutieren die Menschen über die Frage, wie der Gewalt Einhalt geboten werden kann. Um dabei erfolgreich zu sein, muss definiert werden, was Gewalt ist und welche verschiedenen Ursachen und Auslöser sie hat.

8.1 Der Gewaltbegriff

Oft wird der Begriff Gewalt verstanden als politische Gewalt im Sinne von Macht (lat. potestas). Der Begriff als ganzer ist schwer einheitlich zu fassen. Folgende Beschreibung verdeutlicht die zwischenmenschliche Problematik:

Gewalt meint eine Machtaktion, die zur absichtlichen körperlichen oder seelischen Verletzung anderer führt.

1. Beschreiben Sie Gewalt, die Sie in Ihrem Umfeld erleben oder erlebt haben.
2. Formulieren Sie eine eigene Definition für Gewalt, die Ihrem Gewalterleben entspricht.

8.2 Ursachen

So komplex wie die Suche nach einer Definition des Gewaltbegriffs, so schwierig ist auch das Aufspüren von Ursachen für gewaltbereites Verhalten. Für die verschiedenen Formen von Gewalt müssen auch die dementsprechenden Ursachen benannt werden.

PRESSESCHAU

Einfach totgetreten

Tritte aus blinder Wut: Der 25-jährige Daniel S. wollte nach einem Discobesuch in Niedersachsen einen Streit schlichten – und wurde getötet. Es ist nicht der erste Fall dieser Art, der für Fassungslosigkeit sorgt. Die Tritte hörten nicht auf, nicht einmal, als der junge Mann längst am Boden lag. Die Tritte hatten ihn erst mit dem Schädel gegen einen parkenden Linienbus schlagen lassen, dann auf den Asphalt. Dort regte er sich schon nicht mehr, er wehrte sich nicht. Die Tritte gingen weiter. Der Notarzt konnte nur noch schwerste Kopfverletzungen feststellen.

In der Nacht zum Donnerstag, vier Tage nach dem Angriff im niedersächsischen Weyhe, ist der junge Mann in einem Bremer Krankenhaus gestorben. Daniel S. war erst 25 Jahre alt, von Beruf Lackierer, zu Tode getreten nach einem Discobesuch mit seinen Freunden. Nach einem Streit, mit dem er nichts zu tun hatte ...

Beim Verlassen des Linienbusses kam es zu Streitigkeiten, in deren Verlauf der 25-Jährige beschwichtigend auf alle Beteiligten einwirkte und sich so womöglich den Zorn des Beschuldigten zuzog, heißt es bei der Staatsanwaltschaft ...

Warum hörten die Tritte nicht auf, auch dann nicht, als Daniel S. am Boden lag? Warum kannte die Brutalität keine Grenze?

www.sueddeutsche.de, Zugriff: 17.09.2015

Erläutern Sie, wie es zu solchen Gewaltausbrüchen kommen kann.

Für das Entstehen von Gewalt gibt es viele Faktoren. Auch wenn sich meistens nicht nur eine Ursache als Entstehungsbedingung für Gewalt ausmachen lässt, können folgende immer wiederkehrende Risikofaktoren ausgemacht werden.

PRESSESCHAU

Familiäres Umfeld

Permissive Erziehung (zu wenig Normverdeutlichung, Normvermittlung und Grenzziehung), inkonsequente Erziehung, kaltherzige, unterdrückende Erziehung, uneinige Erziehung, Erziehungsabstinenz des Vaters

Familiäre Belastung

Chronische Beziehungskrise, akute Trennungs-/Scheidungskonflikte, Alleinerzieherfamilie, Patchworkfamilie, frühkindliche Entwicklungsverletzungen, Ablehnung, Misshandlung

Aktuelle Entwicklungsprobleme

Seelisch-körperlicher Wandel (Pubertät), schulische Misserfolge, Misserfolge bei der Partnersuche, generelle Ablehnung durch Gleichaltrige, misslungene Identitäts- und Sinnsuche, negative Gruppen- und Subkultureinflüsse

Reale Gewaltmodelle

Schlagende Eltern, schlagende Geschwister, Schulkameraden und Freunde, unfaire Sportler und Verkehrsteilnehmer

Mediale Gewaltmodelle

Gewalthaltige Fernsehfilme, Horrorvideos, gewaltverherrlichende Computerspiele

Gesellschaftliche Faktoren

Ökonomische Krise, soziale Brennpunktgebiete, permissive Medienpolitik, Erosion des Wertekonsenses

Aktiv gegen Gewalt. Ein Reader. Stuttgart 2008, S.115 f.

Permissiv:
Nachgiebig, wenig kontrollierend, frei gewähren lassend

Beurteilen Sie die genannten Risikofaktoren in ihrer Bedeutung für die Entstehung von Gewalt.

Viele Menschen leiden unter schwierigen Wohnbedingungen.

1. „Jugendkriminalität ist eine Krankheit, die sich selber heilt." Erläutern Sie diese Aussage.
2. Statistiken zeigen, dass der Anteil der Frauenkriminalität steigt. Nennen Sie mögliche Gründe dafür.

8.3 Gewalt an Schulen

PRESSESCHAU

„Die Gewaltbereitschaft unter Schülern hat enorm zugenommen. Es wird viel schneller und härter gedroht und zugeschlagen", sagt Josef Kraus, der Präsident des Deutschen Lehrerverbandes. Joachim Kersten, Soziologe an der Polizeifachhochschule Villingen Schwenningen, allerdings sagt: „Die Schule war im 19. Jahrhundert ein Ort jugendlicher, vor allem männlicher Gewalt, sie war es im 20. Jahrhundert, und – o Wunder – ist es auch im 21. Jahrhundert." Die Wahrheit ist: Die meisten Lehrer und die meisten Schüler fühlen, dass Gewalt an Schulen zunimmt ... – Der harte Kern der Raufllustigen trinkt mehr, geht häufiger in Discos und sieht mehr Gewaltvideos als die Mitschüler. So groß und dominierend der Einfluss der Gewalt von außen auf die Schule auch sein mag, gewalttätige Konflikte entstehen auch durch mangelhaftes Verhalten innerhalb der Schule.

Quelle: www.schulische-gewaltpraevention.de, Zugriff: 20. September 2015

Meldungen über Gewalt an Schulen prägen das Bild der Öffentlichkeit. Ausnahmefälle von Gewalt wie Amokläufe oder Berichte von einzelnen Schulen stehen dabei im Vordergrund der öffentlichen Wahrnehmung. Es entsteht das Bild, dass hier eine Zunahme zu verzeichnen ist. Die Zahlen der Unfallstatistik der Deutschen Unfallkassen spricht aber eine andere Sprache und zeigt, dass das Auftreten von Gewalt an Schulen rückläufig ist. Die persönliche Wahrnehmung schulischer Gewalt deckt sich häufig nicht mit den statistischen Angaben.

Berlin, 10.02.2015

Gewaltbedingte Schülerunfälle je 1.000 Schüler 2000–2013 nach Art der Einrichtung

Schulart	2000	2001	2002	2003	2004	2005	2006	2007	2008	2009	2010	2011	2012	2013
Grundschule	6,20	5,97	6,04	4,94	5,81	5,95	5,36	5,91	6,71	5,54	5,39	6,10	5,12	5,82
Hauptschule	46,67	42,97	41,42	32,75	34,08	32,15	30,98	30,01	34,28	30,04	28,62	28,99	26,85	27,80
Sonderschule	20,99	23,80	22,15	18,42	19,94	18,56	19,99	18,59	21,36	17,59	15,75	16,14	16,32	16,63
Realschule	19,03	16,42	15,13	15,53	13,98	12,88	13,33	15,18	13,53	10,96	12,75	12,24	11,77	11,09
Gymnasium	6,57	5,44	6,47	5,66	5,67	5,03	5,35	5,95	5,62	4,68	4,86	4,77	3,95	4,03
Gesamtschulen und sonst. allg. bild. Schulen	9,72	10,24	13,75	14,23	12,84	11,68	12,73	13,41	14,74	12,53	13,26	12,38	11,20	10,31
Gesamt	**13,58**	**12,78**	**13,26**	**11,70**	**11,74**	**10,95**	**10,75**	**11,14**	**11,65**	**9,70**	**9,67**	**9,65**	**8,66**	**8,70**

Tabelle: Deutsche Gesetzliche Unfallversicherung 2015

1. Werten Sie die Tabelle aus, indem Sie die Daten in ein Diagramm übertragen.
2. Interpretieren Sie die Zahlen.

Mobbing

Mobbing an Schulen ist bereits ab der Grundschule ein weit verbreitetes Problem. Es kommt auf allen Ebenen vor und ist nicht nur ein Problem von Schülern, sondern auch unter Lehrern festzustellen.

Der Begriff Mobbing

Der Begriff Mobbing stammt aus dem Englischen und bedeutet anpöbeln, fertigmachen (mob = Pöbel, mobbish = pöbelhaft).

Mobbing ist eine Form offener und/oder **subtil**er Gewalt gegen Personen über längere Zeit mit dem Ziel der sozialen Ausgrenzung. Es kann sich dabei um verbale und/oder physische Gewalt handeln.

Subtil:
Unterschwellig

Mobbing steht für alle böswilligen Handlungen, die kein anderes Ziel haben, als eine Mitschülerin oder einen Mitschüler fertig zu machen. Dazu gehören etwa hinterhältige Anspielungen, Verleumdungen, Demütigungen, Drohungen, Quälereien oder sexuelle Belästigungen.

Annemarie Renges, zitiert nach Günther Gugel: Handbuch Gewaltprävention II. Tübingen 2010

Mobbing ist also keineswegs immer eine klar auszumachende Handlung, sondern vollzieht sich häufig unterschwellig. Eine neue Form des Mobbing spielt sich mittlerweile in der virtuellen Welt, v.a. den sozialen Netzwerken ab.

Die zehn häufigsten Mobbinghandlungen (in %):	
1. Hinter dem Rücken sprechen	23,0
2. Gerüchte und Lügen	16,8
3. Spitznamen und Schimpfworte	14,7
4. Lächerlich machen	14,1
5. Vom Lehrer übersehen werden	11,3
6. Abwertende Blicke und Gesten	10,8
7. Nachäffen	10,1
8. Für dumm erklären	7,8
9. Nicht zu Wort kommen lassen	6,8
10. Vom Lehrer angeschrieen werden	6,1

Aus: Kaspar, Horst, Heinzelmann-Arnold, Irene, Schülermobbing, Buxtehude 2008, S. 20.

Mobbing kommt in jeder Schulform vor und gehört zu den Hauptgewaltformen unter Jugendlichen.

1. Überlegen Sie, wo Ihrer Meinung nach Mobbing anfängt.
2. Beurteilen Sie die genannten Beispiele.

Das so genannte Cybermobbing kann genau wie Mobbing in der Schule oder anderswo beim Opfer fatale Folgen haben:

Verlust des Selbstvertrauens (nicht nur im Leistungsbereich) können Schlafstörungen und Konzentrationsprobleme kommen. Durch die wahrgenommene Isolierung und Einsamkeit entwickeln sich depressive

Tendenzen und Passivität. Die Lernmotivation nimmt ab bis zu Lernunlust und Schulvermeidung. Folgende Bereiche können betroffen sein:

- Physische Schädigungen (Verletzungen)
- Psychische Schädigungen (z. B. Zerstörung des Selbstbewusstseins)
- Psychosomatische Reaktionen (z. B. Appetitlosigkeit, Bauchschmerzen, Alpträume, Schlafstörungen)
- Sonstige Reaktionen (z. B. Unkonzentriertheit, Leistungsrückgang, Fehltage durch „Krankheitstage“ oder Schwänzen, Rückzug aus sozialen Bezügen, Ängste, Depressionen, bis zu Suizidversuchen bzw. vollzogenem Suizid)

Horst Kaspar, Irene Heinzelmann-Arnold, a.a.O.

Prävention

Um der Gewaltproblematik an Schulen entgegenzutreten, gibt es kein Patentrezept. Im Zusammenspiel aller schulischen Akteure muss ein Bündel von Maßnahmen ein Schulklima schaffen, in dem Gewalt und Mobbing gar nicht erst wachsen kann. Dazu gehören verständliche und klare Regeln, auf deren Einhaltung geachtet wird, ebenso wie ein umfangreiches Beratungsangebot für Lehrer, Eltern und Schüler, um bei akuten Problemen schnelle Unterstützung zu gewähren.

Erklärung für ein faires Miteinander: gegen Mobbing und Gewalt

1) Wir achten in Wort und Tat die Würde unserer Mitmenschen.
2) Wir leisten jedem Mitmenschen, der darum bittet, Beistand gegen Schikanen und stellen uns demonstrativ an seine Seite, auch wenn wir nicht in allem seine Meinung teilen. Wir lassen Angefeindete nicht allein.
3) Wir wollen den Anfängen von Psychoterror in unserer Schule wehren, von wem er auch ausgeht.
4) Wir wollen uns in Toleranz und Zivilcourage üben.
5) Wir begegnen fremden Fehlern ebenso nachsichtig wie unseren eigenen ...

Horst Kasper: „Prügel, Mobbing, Pöbeleien“. Buxtehude 2008, S. 138

1. Erklären Sie, was Ihre Schule, unternimmt, um Gewalt zu verhindern.
2. Erstellen Sie eine „Erklärung für ein faires Miteinander“ in Ihrer Klasse.

Zusammenfassung

Gewalt ist der absichtliche Gebrauch von angedrohtem oder tatsächlichem körperlichen Zwang oder physischer Macht gegen die eigene oder eine andere Person, gegen eine Gruppe oder Gemeinschaft.

Gewalt entsteht zumeist nicht nur aus einem Grunde, sondern eine Vielzahl von Faktoren kann die Entstehung von Gewalt bedingen, z. B. soziale Herkunft, Bildung etc.

Zusammenfassung

Entgegen der Darstellung in den Medien hat das Auftreten von Gewalt an Schulen abgenommen.

Der Begriff Mobbing stammt aus dem Englischen und bedeutet „anpöbeln, fertigmachen".

Mobbing kommt an Schulen sehr häufig vor. Die Opfer werden von Lehrern und von Schülern auf unterschiedliche Art und Weise diskriminiert.

Die wichtigste Maßnahme gegen Gewalt und Mobbing ist es, ein wertschätzendes Umfeld zu schaffen.

Wissens-Check

1. Stellen Sie Ursachen und Gründe für die Entstehung von Gewalt gegenüber.
2. Nennen Sie präventive Maßnahmen gegen Gewalt, die Ihnen bekannt sind.
3. Diskutieren Sie Möglichkeiten, wie Mobbing oder Gewalt an Ihrer Schule bekämpft werden könnten.

PRÜFUNG WISO

http://www.pruefungsvorbereitung aktuell.de

9 Jugendstrafrecht

Neubrandenburg (dpa). Ein 17-jähriger Schüler muss wegen des Schusses aus einer Spielzeugpistole auf seine Lehrerin zwei Wochen in den Jugendarrest. Das Amtsgericht Neubrandenburg verurteilte ihn wegen Bedrohung und einiger bereits älterer Drogendelikte. „Der Schüler war voll geständig, das Urteil ist bereits rechtskräftig", sagte der Jugendrichter. Der Berufsschüler hatte im Unterricht mit der täuschend echt aussehenden Pistole aus zehn Metern Entfernung auf die 57-Jährige geschossen.

Quelle: www.augsburger-allgemeine.de, Zugriff: 30.Juli 2015

Innenansicht einer Justizvollzugsanstalt (JVA)

§ 241 StGB

(1)Wer einen anderen mit der Begehung eines gegen ihn oder eine ihm nahestehende Person gerichteten Verbrechens bedroht, wird mit Freiheitsstrafe bis zu einem Jahr oder mit Geldstrafe bestraft.

Diskutieren Sie, ob das Urteil gerecht ist.

9.1 Regelungen des Jugendstrafrechts

Begriff der Strafmündigkeit

Sie drückt aus, inwieweit jemand für eine rechtswidrige Handlung eine Strafe erhalten kann.

Strafunmündige Personen

Kinder können nicht strafrechtlich zur Verantwortung gezogen werden.

> **§ 19 Strafgesetzbuch, StGB**
> Schuldunfähig ist, wer bei Begehung der Tat noch nicht vierzehn Jahre alt ist.

Bedingt strafmündige Personen

Unter diesen Personenkreis fallen Jugendliche (14–17 Jahre). Sie können nur unter bestimmten Voraussetzungen strafrechtlich belangt werden.

> **§ 3 Jugendgerichtsgesetz**
> Ein Jugendlicher ist strafrechtlich verantwortlich, wenn er zur Zeit der Tat nach seiner sittlichen und geistigen Entwicklung reif genug ist, das Unrecht der Tat einzusehen und nach dieser Einsicht zu handeln.

Ein Richter kann für Heranwachsende (18–21 Jahre) das Jugendstrafrecht anwenden, wenn der Täter in seiner Entwicklung einem Jugendlichen gleichstand. Dasselbe gilt, wenn der Heranwachsende eine typische Jugendverfehlung begangen hat.

Voll strafmündige Personen

Hierunter fallen Personen, die das 21. Lebensjahr vollendet haben und Heranwachsende, auf die der Richter nicht das Jugendstrafrecht anwendet.

Das Jugendstrafverfahren und die Folgen einer Jugendstraftat unterscheiden sich von den Regelungen für voll strafmündige Personen.

1. Nennen Sie Beispielfälle für die Anwendung des Jugendstrafrechts.
2. Beurteilen Sie die Unterteilung in Jugend – und Erwachsenenstrafrecht.

9.2 Das Jugendstrafverfahren

Das Jugendstrafverfahren will berücksichtigen, dass der Straftäter seine Persönlichkeitsentwicklung noch nicht abgeschlossen hat. Die Straftat soll im Zusammenhang der Lebensverhältnisse gesehen werden. Aus diesen Gründen enthält das Jugendgerichtsgesetz (JGG) spezielle Regelungen:

- Die Verhandlung in einem Jugendstrafverfahren ist nicht öffentlich. Heranwachsende müssen eine öffentliche Verhandlung hinnehmen.
- Jugendgerichtshelfer bringen die erzieherischen, sozialen und fürsorglichen Gesichtspunkte des Straftäters zur Geltung.

- Der Vollzug einer Jugendstrafe findet in einer Jugendstrafanstalt statt und wird jugendspezifisch gestaltet.
- Die Folgen einer Jugendstraftat werden nicht in jedem Fall in ein Zentralregister eingetragen.

1. Erklären Sie, warum in einer Gerichtsverhandlung eines Jugendlichen die Öffentlichkeit ausgeschlossen ist.
2. Nehmen Sie Stellung dazu, weshalb es sinnvoll ist, dass eine Jugendstrafe in einer gesonderten Strafanstalt abgeleistet werden muss.

9.3 Folgen der Jugendstraftat

Jugendlichen begegnet der Staat mit Nachsicht. Erziehung, nicht Vergeltung gilt als Maßregel in der Bestrafung. Die **Resozialisierung** der Straftäter hat Vorrang.

Resozialisierung: Schrittweise Wiedereingliederung von Straffälligen in die Gesellschaft

Das Jugendstrafrecht bietet die Möglichkeit, ein Verfahren einzustellen. Es kommt dann nicht zu einer Verurteilung des Straftäters. Dies geschieht, wenn anzunehmen ist, dass eine erzieherische Maßnahme ausreicht, um den Jugendlichen zu einem straffreien Leben zu bewegen. Das Gericht kann bei einer solchen Einstellung Auflagen erteilen, die von der **Jugendgerichtshilfe** begleitet werden. So sind gemeinnütziger Sozialdienst oder therapeutische Maßnahmen möglich. Erfolgt ein Urteil, sind Erziehungsmaßregeln, Zuchtmittel oder eine Jugendstrafe denkbar.

Jugendgerichtshilfe: Sie wird von den Jugendämtern und Vereinigungen der Jugendhilfe ausgeübt (z. B. „Die Brücke").

Zusammenfassung

Die Strafmündigkeit drückt aus, inwieweit eine Person für eine Straftat eine Strafe erhält. Jugendliche und unter bestimmten Voraussetzungen, auch Heranwachsende werden nach dem Jugendstrafrecht abgeurteilt.

Im Jugendstrafrecht gelten die gleichen Straftatbestände wie im Erwachsenenstrafrecht.

Das Jugendstrafverfahren ist geprägt vom Erziehungsgedanken und berücksichtigt das Milieu und den Lebensweg des Täters.

Das Jugendstrafrecht will die Zukunft des Straftäters nicht erschweren und geht von einer Wiedereingliederung in die Gesellschaft aus.

Das Jugendgericht kann im Urteil Erziehungsmaßregeln, Zuchtmittel oder Jugendstrafen aussprechen.

Wissens-Check

1. Die 13-jährige Elvira Klug stiehlt im Kaufhaus eine CD. Erläutern Sie, ob eine Straftat vorliegt.
2. Helmut verteidigt sich in der Disko gegen den Angriff eines anderen Besuchers und zerreißt ihm das T-Shirt. Unter welchen Umständen liegt keine strafbare Handlung vor?
3. Begründen Sie, welcher Zweck einer Strafe für Sie am wichtigsten ist.
4. Beurteilen Sie, ob eine Verschärfung des Strafrechts für Jugendliche sinnvoll wäre.

http://www.pruefungsvorbereitung aktuell.de

HOT

HOT – Arbeitslosengeld II – Zu wenig oder zu viel Hilfe für Arbeitslose? (Rollenspiel)

Ausgangslage:

Jeder Bürger zwischen dem 15. und 66. Lebensjahr hat nach dem Sozialgesetzbuch II (SGB II) einen Anspruch auf Sozialleistungen, das Arbeitslosengeld II (umgangssprachlich „Hartz IV“). Ob die Höhe der Leistungen angemessen ist, führt in der Öffentlichkeit immer wieder zu Diskussionen.

An der Bushaltestelle unterhalten Frau Blume (43 Jahre, Floristin), Herr Jakob (20 Jahre, Sachbearbeiter bei einem Logistikunternehmen), Nele (15 Jahre, Schülerin) und Herr Walter (48 Jahre, gelernter Koch und zurzeit arbeitslos) über ihre finanzielle Situation. Herr Walter sucht seit drei Jahren Arbeit und bezieht bereits seit zwei Jahren Arbeitslosengeld II. Vor seiner Arbeitslosigkeit war er als Koch beschäftigt und verdiente 1610 € netto. Davon musste er seine Frau und die beiden gemeinsamen Kinder (fünf und sechs Jahre alt) versorgen. Nun erhält er 1453 € inklusive 600 € für Miete und Heizkosten.

Ablauf:

1. Fassen Sie die Ausgangslage zusammen. Bilden Sie anschließend fünf Gruppen: Vier Gruppen übernehmen je die Rolle einer der o. a. Personen und die fünfte Gruppe übernimmt die Beobachterfunktion.
2. Bewerten Sie die angesetzten Regelsätze zur Grundsicherung im Schaubild rechts. Überlegen Sie gemeinsam, ob diese Regelsätze Ihrem eigenen Bedarf entsprechen.
3. Arbeiten Sie sich in Ihre Rolle ein und nutzen Sie die folgenden Rollenbeschreibungen. Notieren Sie sich Ihre Argumente und üben Sie Ihre Rolle ein. Die Rolle muss nicht Ihrer eigenen Position entsprechen.
4. Führen Sie das Rollenspiel gemeinsam durch, in dem einer aus Ihrer Gruppe die Position darstellt. Dadurch haben Sie die Möglichkeit, jemand anderen als Sie selbst sind darzustellen. Sie können deren Probleme und Gefühle benennen und hinterfragen. Die Zuschauer beobachten den Verlauf des Spiels. Das Rollenspiel gliedert sich in drei Phasen:
   a) Vorstellung Ihrer Rolle: Name, Alter, Familiensituation.
   b) Diskussion über die Angemessenheit der Höhe des ALG II unter Beachtung der Gesprächsregeln: Lassen Sie einander ausreden und achten Sie auf eine angemessene Wortwahl.
   c) Austritt aus der Rolle: Grenzen Sie sich als Person von Ihrer Rolle ab und erklären Sie dem Plenum, ob und welche Position Sie nur schwer vertreten konnten und in welche Sie sich leicht hinein versetzen konnten und warum. Die Beobachter fassen die Argumente zusammen.
5. Werten Sie das Rollenspiel gemeinsam aus.
   Verwenden Sie hierzu die Hinweise auf der linken Seite unten.

Ganz unten überleben

Der Regelsatz für die soziale Grundsicherung errechnet sich aus monatlichen Beiträgen für ...

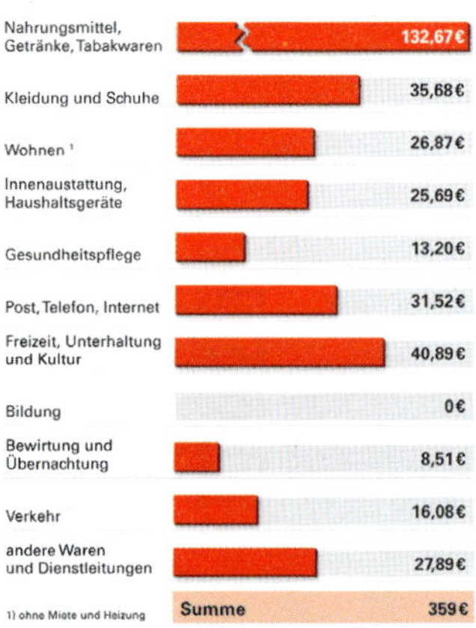

Quelle: Berechnungen der Paritätischen Forschungsstelle 2009
© Hans-Böckler-Stiftung 2009

HOT

Anwendung:

Herr Walter ist mit dem Geld, das er von der Agentur für Arbeit erhält nicht zufrieden. „Damit kann ich meine Familie nur einigermaßen versorgen, das Geld war auch vorher knapp." Gleichzeitig räumt er ein, dass ihm ein fester Arbeitsplatz fehle, an dem er sich mit Kollegen austauschen könne. Zudem würde er seine Familie natürlich lieber selbst versorgen. Seine Frau arbeitet ebenfalls nicht und ist seit der Geburt des sechsjährigen Sohnes und der fünfjährigen Tochter zu Hause. Herr Walter ist traurig darüber, dass er seinen Kindern nur wenig finanziell bieten kann. An Geburtstagen müssen sie zurückstecken und bei Klassenausflügen gibt es einen kleinen Teil zusätzliches Geld auf Antrag.

Frau Blume und Ihr Mann erarbeiten gemeinsam ein Einkommen von 1800 € netto. Mit drei Kindern zwischen sieben und zwölf Jahren arbeitet Frau Blume nur halbtags, die Kinder gehen nach der Schule in eine Nachmittagsbetreuung. Die Kosten für die Wohnung sind etwas höher (750 €), als von Herrn Walter. Viel Spielraum haben sie nicht, vor allem, weil der Anspruch der Kinder mit dem Alter ansteigt. „Dafür, dass wir beide arbeiten, ist der Unterschied zu Hartz IV gar nicht so groß", meint sie.

Nele erklärt, dass sie und ihre Mutter, so wie Herr Walter, von ALG II leben und dass sie merkt, dass das Geld sehr knapp ist. Die 965 € reichen gerade bis zum Monatsende und der Großteil sei durch die Miet- und Heizkosten (400 €) verbraucht. Taschengeld bekommt Nele nicht.

Herr Jakob erzählt, dass er als Berufseinsteiger monatlich 1.500 € netto verdient. Für ihn allein ist das viel Geld, von dem er Miete, Heizung, Busfahrkarten und alles bezahlt, was er im Haushalt benötigt. Er kann sogar etwas sparen, aber eine Familie zu ernähren wäre schwierig.

Impulse zur Auswertung für die Beobachtergruppe:

- Stellen Sie die gegensätzlichen Positionen heraus und beurteilen Sie die genannten Begründungen.
- Arbeiten Sie die Schwierigkeiten heraus, die sich durch die Berechnung des ALG II auf Basis der Familiensituation ergeben.
- Erfüllt aus Ihrer Sicht das ALG II das Ziel, den Lebensunterhalt zu sichern? Begründen Sie.
- Überlegen Sie, welche Folgen für Herrn Walter zu erwarten sind, wenn er seine Familie nicht selbst versorgen kann und auf das ALG II angewiesen ist.

LF 2 Interessen in Schule und Betrieb wahrnehmen

1 Berufsausbildung
2 Schutz während der Ausbildung
3 Erwerbsarbeit

1 Berufsausbildung

*Ausbildung findet in Deutschland im **dualen** System statt. Ein Teil der Ausbildung wird in der Berufsschule, der andere Teil im Betrieb absolviert. Beide Lernorte ergänzen sich. Im Betrieb lernt der Auszubildende den Lernstoff praktisch anzuwenden. Die Berufsschule vermittelt das theoretische Gerüst hierzu.*

Dual:
Doppelt, zweifach, nebeneinander

1.1 Duales System

Berufsausbildung von Jugendlichen in Deutschland nach dem Schulabschluss

1. Interpretieren Sie das Schaubild.
2. Beschreiben Sie die Vorteile des dualen Systems am Beispiel Ihres Ausbildungsberufes.
3. Recherchieren Sie, welche Ausbildungsberufe in Deutschland zu den beliebtesten gehören.
4. Diskutieren Sie die Gründe, warum es in manchen Ausbildungsberufen mehr offene Stellen als Bewerber gibt.

Ausbildung im Betrieb

Im Ausbildungsbetrieb lernt der Auszubildende die praktischen Grundlagen seines Ausbildungsberufes. Die praktischen Tätigkeiten sind im Ausbildungsrahmenplan für den Beruf aufgeführt. Hier findet man die zeitliche Gliederung und Dauer der Ausbildung. Er wird von der jeweiligen **Kammer** herausgegeben.

Kammer:
Interessenvertretung des jeweiligen Berufsstands.
Die meisten Betriebe werden durch die Industrie- und Handelskammer (IHK) vertreten. Reine Handwerksbetriebe werden durch die Handwerkskammer vertreten.

Ausbildung in der Berufsschule

Die Berufsschule übernimmt den theoretischen Teil der Ausbildung. Die Inhalte des Berufsschulunterrichts ergänzen idealerweise die betriebliche Praxiserfahrung. Der Inhalt der schulischen Ausbildung ist im jeweiligen Lehrplan für die Berufsschule festgelegt. Dieser wird von jedem Bundesland geregelt und ist verbindlich.

Stellen Sie die Vorteile und die Nachteile des Dualen Systems gegenüber rein schulischer oder rein praktischer Ausbildung dar.

Die Berufsschule vermittelt nicht nur berufsbezogene Lerninhalte, sondern hat nach dem niedersächsischen Schulgesetz (NSchG) auch einen allgemeinbildenden Auftrag:

§ 15 NSchG

Berufsschule

1) Die Berufsschule vermittelt ihren Schülerinnen und Schülern eine fachliche und allgemeine Bildung, die eine breite berufliche Grundbildung einschließt und die Anforderungen der Berufsausbildung und der Berufsausübung berücksichtigt. Sie ermöglicht auch den Erwerb weiterer schulischer Abschlüsse und befähigt, nach Maßgabe dieser Abschlüsse den Bildungsweg in anderen Schulen im Sekundarbereich II fortzusetzen.

Deshalb erhalten Auszubildende neben den fachbezogenen Unterrichtsfächern auch in allgemeinbildenden Fächern wie Politik oder Deutsch Unterricht. Der Berufsschulunterricht findet als Teilzeitunterricht (an einem oder zwei Schultagen) oder als Blockunterricht (in drei bis vier 5-Tage-Wochen) statt.

Diskutieren Sie, welchen Zweck das Land Niedersachsen mit dem allgemeinbildenden Auftrag der Berufsschule verfolgt.

In der Mitte der Ausbildung erfolgt eine Zwischenprüfung. Am Ende des letzten Lehrjahrs steht die Abschlussprüfung. In vielen Ausbildungsberufen gibt es keine Zwischenprüfung mehr. Hier findet eine gestreckte Abschlussprüfung in zwei Teilen statt. Der erste Teil findet ungefähr in der Mitte der Ausbildung, der zweite Teil am Ende statt. Die Endnote setzt sich aus beiden Teilen zusammen. Die Ausbildung endet mit dem Bestehen der Abschlussprüfung. Je nach der Dauer der Ausbildung und dem Angebot der Berufsschule besteht die Möglichkeit, bei entsprechenden Noten den mittleren Abschluss oder die Fachhochschulreife zu erwerben.

Diskutieren Sie die Vorteile und die Nachteile, einen Teil der Prüfung bereits nach der Hälfte der Ausbildung zu absolvieren.

Welchen Schulabschluss eine Ausbildung voraussetzt, ist im Berufsbildungsgesetz geregelt. Für viele Ausbildungsberufe ist kein bestimmter Schulabschluss vorgesehen. Die meisten Betriebe setzen jedoch für eine Ausbildung je nach Anforderungsprofil einen Hauptschulabschluss, den mittleren Abschluss oder das Abitur voraus.

Auszubildende, die den mittleren Abschluss durch ihre Ausbildung erwerben oder diesen vor der Ausbildung bereits absolviert haben, können im Anschluss an ihre Ausbildung eine Hochschulzugangsberechtigung erwerben.

1. Informieren Sie sich über Angebote ihrer Berufsschule, den mittleren Abschluss und die Fachhochschulreife zu erwerben.
2. Recherchieren Sie die Möglichkeiten, die Sie in Bezug auf weiterführende Schulen, Berufsausbildung und Studium nach erfolgreichem Abschluss der Ausbildung haben.

1.2 Rechte und Pflichten eines Auszubildenden

Für viele junge Menschen ist die Ausbildung die erste Arbeitserfahrung ihres Lebens. Spannungen und Konflikte zwischen ihnen und den Vorgesetzten oder Kollegen sind daher nicht selten. Die meisten Bereiche der Ausbildung sind vom Gesetzgeber klar geregelt. Viele Eigenschaften, die Betriebe von ihren Auszubildenden erwarten, beziehen sich auf deren allgemeine Persönlichkeit.

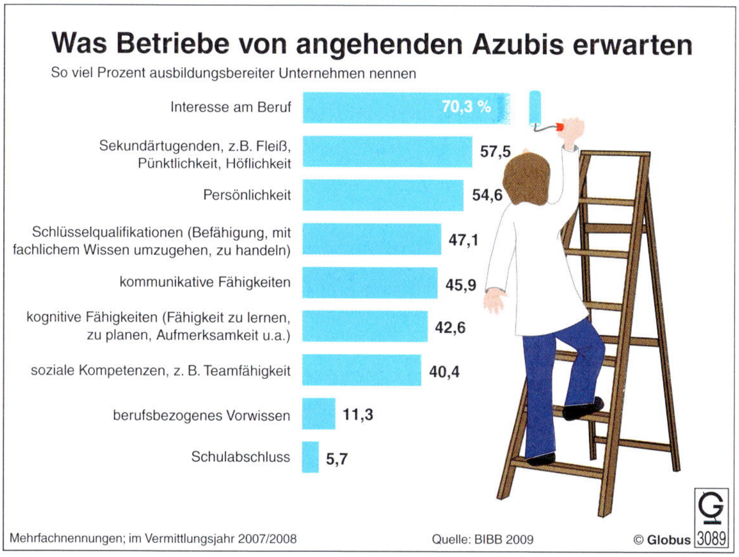

Erklären Sie, warum die einzelnen Erwartungen der Betriebe so wichtig sind.

Zwischen dem Auszubildenden und dem Ausbildendungsbetrieb wird ein Ausbildungsvertrag geschlossen, der die Details der Ausbildung regelt. Ist der Auszubildende minderjährig, muss ein **Erziehungsberechtigter** mit unterschreiben.

Erziehungsberechtigter:
Mutter, Vater oder ein Vormund

Das Berufsbildungsgesetz (BBiG) beschreibt die Mindestangaben, die im Ausbildungsvertrag enthalten sein müssen:

§ 11 BBiG, Vertragsniederschrift

(1) Ausbildende haben unverzüglich nach Abschluss des Berufsausbildungsvertrages, spätestens vor Beginn der Berufsausbildung, den wesentlichen Inhalt des Vertrages gemäß Satz 2 schriftlich niederzulegen; die elektronische Form ist ausgeschlossen. In die Niederschrift sind mindestens aufzunehmen

1. Art, sachliche und zeitliche Gliederung sowie Ziel der Berufsausbildung, insbesondere die Berufstätigkeit, für die ausgebildet werden soll,
2. Beginn und Dauer der Berufsausbildung,
3. Ausbildungsmaßnahmen außerhalb der Ausbildungsstätte,
4. Dauer der regelmäßigen täglichen Ausbildungszeit,
5. Dauer der Probezeit,
6. Zahlung und Höhe der Vergütung,
7. Dauer des Urlaubs,
8. Voraussetzungen, unter denen der Berufsausbildungsvertrag gekündigt werden kann,
9. ein in allgemeiner Form gehaltener Hinweis auf die Tarifverträge, Betriebs- oder Dienstvereinbarungen, die auf das Berufsausbildungsverhältnis anzuwenden sind.

(2) Die Niederschrift ist von den Ausbildenden, den Auszubildenden und deren gesetzlichen Vertretern und Vertreterinnen zu unterzeichnen.

(3) Ausbildende haben den Auszubildenden und deren gesetzlichen Vertretern und Vertreterinnen eine Ausfertigung der unterzeichneten Niederschrift unverzüglich auszuhändigen.

(4) Bei Änderungen des Berufsausbildungsvertrages gelten die Absätze 1 bis 3 entsprechend.

Prüfen Sie, ob in Ihrem Ausbildungsvertrag die im BBiG angesprochenen Punkte enthalten sind.

Der Auszubildende hat während der Ausbildung verschiedene Rechte und Pflichten. Die Rechte des Auszubildenden sind die Pflichten des Ausbildungsbetriebs, die Pflichten des Auszubildenden sind die Rechte des Ausbildungsbetriebs.

Lern- und Sorgfaltspflicht

Die Hauptpflicht der Auszubildenden ist die Lern- und Sorgfaltspflicht. Der Auszubildende muss sich nach besten Kräften um das Erlernen des von ihm gewählten Berufs bemühen. Er hat Aufgaben sorgfältig auszuführen, dazu gehört das Erstellen schriftlicher Ausbildungsnachweise. Für das Führen des **Berichtsheftes** muss der Ausbildungsbetrieb während der Arbeit Zeit zur Verfügung stellen.

Berichtsheft:
Es dokumentiert, welche Fähigkeiten im Verlauf der Ausbildung gelernt werden und gilt als wichtiges Dokument.

Freistellungspflicht und Berufsschulunterricht

Auszubildende sind für den Unterricht freizustellen. Sie müssen am Berufsschulunterricht und an Ausbildungsmaßnahmen, für die sie freigestellt wurden, teilnehmen.

Weisungsgebundenheit

Auszubildende müssen den Weisungen des Ausbilders und anderer weisungsberechtigter Personen folgen. Dies betrifft nur Aufgaben, die im Rahmen der Berufsausbildung liegen. Sie müssen sich an die geltende Ordnung im Ausbildungsbetrieb halten, etwa Schutzkleidung zu tragen oder im Anzug zu erscheinen.

Arbeitsmaterial und Maschinen

Werkzeuge, Maschinen und die Betriebseinrichtung sind von den Auszubildenden pfleglich und schonend zu behandeln. Der Ausbildende muss sämtliches Arbeitsmaterial kostenlos zur Verfügung stellen.

Fehlzeiten

Bei Krankheit oder sonstigem Fehlen haben Auszubildende unverzüglich dem Betrieb Bescheid zu geben und bei Krankheit eine Arbeitsunfähigkeitsbescheinigung vorzulegen.

Pflicht zur Verschwiegenheit

Über Betriebs- und Geschäftsgeheimnisse hat der Auszubildende absolutes Stillschweigen zu wahren.

Angemessene Vergütung

Auszubildende haben das Recht auf eine monatliche Vergütung, auch für die Zeit, in der sie am Berufsschulunterricht teilnehmen oder sich weiterbilden.

Arbeiten nur für das Ausbildungsziel

Ausbildungsfremde Aufgaben müssen Auszubildende nicht ausführen. Sie haben das Recht, Aufgaben wie zum Beispiel Ersatzarbeit für im Betrieb fehlende Arbeitskräfte in anderen Abteilungen abzulehnen.

Vorschriften und Vereinbarungen im Arbeitsvertrag, die sich auf ausbildungsfremde oder private Dinge beziehen, sind nicht zulässig.

Auslandseinsatz

Einen Rechtsanspruch auf einen Auslandseinsatz während der Ausbildung gibt es nicht. Es ist möglich, einen Teil der Ausbildung im Ausland zu absolvieren, z. B. in einer Zweigstelle des Unternehmens.

Zeugnispflicht gemäß § 630 BGB

Auch jedem Auszubildenden muss am Ende der Ausbildung ein einfaches Arbeitszeugnis ausgestellt werden. Auf Verlangen des Auszubildenden wird ein qualifiziertes Arbeitszeugnis ausgestellt. Es enthält neben den Angaben über die Dauer des Arbeitsverhältnisses und der ausgeübten Tätigkeiten auch eine Beurteilung durch den Ausbildungsbetrieb.

Das Arbeitszeugnis ist sehr wichtig für spätere Bewerbungen bei anderen Arbeitgebern. Fehlt ein Arbeitszeugnis, setzt man sich dem Verdacht aus, Negatives verschweigen zu wollen.

Ein Arbeitszeugnis soll den Arbeitnehmer nicht über die Maße in seinem wirtschaftlichen Fortkommen behindern. Das Bundesarbeitsgericht hat entschieden, dass Arbeitszeugnisse wahrheitsgemäß und wohlwollend sein müssen. Eindeutig negative Formulierungen sind daher nicht rechtens. Es hat sich eine eigene Zeugnissprache entwickelt. So haben viele „positive" Formulierungen in Wirklichkeit eine abwertende, negative Bedeutung.

1. Recherchieren Sie im Internet, welche positiven Formulierungen negativ ausgelegt werden können.
2. Ein 19-jähriger Auszubildender wird nach seiner Ausbildung nicht von seinem Betrieb übernommen. Für seine Arbeitsplatzsuche bittet er seinen ehemaligen Chef um ein Arbeitszeugnis, das auch Informationen über seine Tätigkeiten während der Ausbildung enthält. Sein ehemaliger Chef verweigert dies mit der Begründung, dazu sei er nicht verpflichtet, ein einfaches Zeugnis mit Angabe der Ausbildungszeit sei ausreichend. Beurteilen Sie die Rechtslage.
3. Vergleichen Sie den nachfolgenden Ausbildungsvertrag aus dem 19. Jahrhundert mit Ihrem Ausbildungsvertrag. Nennen Sie die Unterschiede und die Gemeinsamkeiten.

Eduard Groos in Grünberg einerseits und Philipp Walther in Biedenkopf andererseits haben folgende Übereinkunft getroffen:

1. G. nimmt den Sohn des W. mit Namen Georg auf vier Jahre, und zwar vom 15ten Oktober 1864 bis dahin 1868, als Lehrling in sein Geschäft auf.
2. G. macht sich verbindlich, seinen Lehrling in Allem dem, was in seinem Geschäft vorkommt, gewissenhaft zu unterrichten, ein wachsames Auge auf sein sittliches Betragen zu haben und ihm Kost und Logis in seinem Haus frei zu geben.
3. G. gibt seinem Lehrling alle 14 Tage des Sonntags von 12 bis 5 Uhr frei; dabei ist es gestattet, daß er auch an dem Sonntage, wo er seinen Ausgangstag nicht hat, einmal den Gottesdienst besuchen kann

4. G. verzichtet auf ein Lehrgeld, hat aber dagegen die Lehrzeit auf vier Jahre ausgedehnt.
5. W. hat während der Lehrzeit seines Sohnes denselben in anständiger Kleidung zu erhalten und für dessen Wäsche zu sorgen.
6. W. hat für die Treue seines Sohnes einzustehen und allen Schaden, den derselbe durch bösen Willen, Unachtsamkeit und Nachlässigkeit seinem Lehrherrn verursachen sollte, ohne Einrede zu ersetzen.
7. Der junge W. darf während der Dauer seiner Lehrzeit kein eigenes Geld führen, sondern die Ausgaben, welche nicht von seinem Vater direkt bestritten werden, gehen durch die Hände des Lehrherrn und der Lehrling hat solche zu verzeichnen.
8. Hat der junge W. seine Kleidungsstücke und sonstige Effekten auf seinem Zimmer zu verschließen, aber so, daß sein Lehrherr davon Kenntnis hat und dieser solche von Zeit zu Zeit nachsehen kann, so oft diesem gewahrt ist, um ihn gehörig zu überwachen.
9. Darf der Lehrling während seiner Lehrzeit kein Wirtshaus oder Tanzbelustigung besuchen, er müßte dann ausdrücklich die Erlaubnis hierzu von seinem Vater oder Lehrherrn erhalten haben und dann besonders darf er auch nicht rauchen im Geschäft oder außer demselben, es bleibt ganz untersagt.
10. Wenn der junge W. das Geschäft des G. verläßt, so darf dieser in kein Geschäft in Grünberg eintreten, ohne daß G. seine Erlaubnis dazu gibt.
11. Zur Sicherstellung, daß beide Teile diese Übereinkunft treulich halten und erfüllen wollen, ist dieser Contract doppelt ausgefertigt. Jedem ein Exemplar eingehändigt und unterschrieben worden.

Grünberg und Biedenkopf, den 27. November 1864

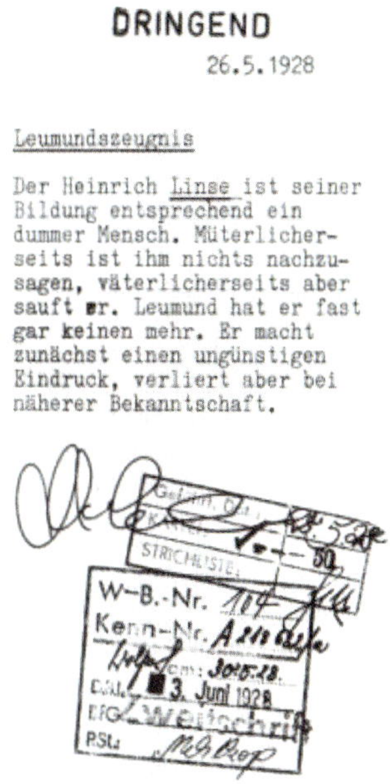
DRINGEND
26.5.1928

Leumundszeugnis

Der Heinrich Linse ist seiner Bildung entsprechend ein dummer Mensch. Müterlicherseits ist ihm nichts nachzusagen, väterlicherseits aber sauft er. Leumund hat er fast gar keinen mehr. Er macht zunächst einen ungünstigen Eindruck, verliert aber bei näherer Bekanntschaft.

STRICHLISTE
W-B.-Nr. 104
Kenn-Nr. A 210
3. Juni 1928
PSt.

Hier beurteilt der Arbeitgeber nur den Charakter und das familiäre Umfeld seines Arbeitnehmers

Zusammenfassung

In Deutschland findet die Berufsausbildung im dualen System (Schule und Betrieb) statt.

Die Inhalte des praktischen Teils sind im Ausbildungsrahmenplan beschrieben.

Die Inhalte des theoretischen Teils sind im Lehrplan beschrieben.

Nach der Hälfte der Ausbildungszeit findet meist eine Prüfung statt.

Am Ende der Ausbildung wird in der Abschlussprüfung der gesamte Inhalt der Ausbildung geprüft.

Während der Berufsausbildung besteht die Möglichkeit, weiterführende Schulabschlüsse zu erwerben.

Zwischen dem Auszubildenden und dem Ausbildungsbetrieb wird ein Ausbildungsvertrag geschlossen.

www.azubi-azubine.de

www.bibb.de

www.dgb.de

http://www.pruefungsvorbereitungaktuell.de

Wissens-Check

1. Beschreiben Sie den Aufbau der Dualen Ausbildung in Deutschland.
2. Recherchieren Sie, wo die wichtigsten Regelungen aufgeführt sind.
3. Der Auszubildende Martin R. hat vor seiner Ausbildung zum Bürokaufmann die allgemeine Hochschulreife auf einem Wirtschaftsgymnasium erworben. Da ihm der Großteil der im Berufsschulunterricht vermittelten Inhalte bereits bekannt ist, beschließt er zusammen mit seinem Chef, der Berufsschule fernzubleiben. Beurteilen Sie die Rechtslage.
4. Sabine M., Auszubildende im Einzelhandel, erzählt ihrer Freundin, wie hoch ihr täglicher Umsatz ist. Ihr Chef mahnt sie ab, als er davon hört. Überprüfen Sie die Rechtmäßigkeit dieser Maßnahme.

2 Schutz während der Ausbildung

Eine Aufgabe des Staates ist es, den Schwächeren zu schützen. In der Wirtschaftswelt ist dies der Arbeitnehmer. Von besonderer Bedeutung ist dabei der Schutz von Auszubildenden, Jugendlichen und Kindern. Für Auszubildende sind das Jugendarbeitsschutzgesetz (JArbSchG), das Kündigungsschutzgesetz (KSchG) sowie das Arbeitsschutzgesetz (ArbZG) bedeutsam. Über die Einhaltung dieser Gesetze wachen u. a. die Arbeitsgerichte. Für die Überwachung der Betriebe sind die Kammern und Gewerbeaufsichtsämter zuständig.

2.1 Jugendarbeitsschutzgesetz (JArbSchG)

Kinderarbeit gestern und heute

Das Jugendarbeitsschutzgesetz wurde geschaffen, um Jugendlichen und Kindern bei der Arbeit einen besonderen Schutz zu gewähren. Es ist eine Reaktion auf die sehr schlechten Verhältnisse, in denen Kinder und Jugendliche in früherer Zeit aufgewachsen sind. Das Gesetz schützt Jugendliche (Personen ab dem 15. bis zur Vollendung des 18. Lebensjahres) und Kinder (Personen unter 15 Jahren), die sich in einer Ausbildung befinden oder in einem Beschäftigungsverhältnis tätig sind.

Vor 200 Jahren war Kinderarbeit in Deutschland noch gang und gäbe. Selbst Fünfjährige arbeiteten bis zu elf Stunden am Tag. In vielen ärmeren

Ländern der Welt müssen heute noch Millionen Kinder und Jugendliche schwere körperliche Arbeiten verrichten. Das Bild links (S. 50) zeigt Kinderarbeit in Deutschland am Ende des 9. Jahrhunderts. Das rechte Bild ist aktuell und zeigt ein afrikanisches Kind, das in einer Ziegelei arbeitet.

1. Vergleichen Sie die beiden Bilder und überlegen Sie, warum es in vielen Ländern immer noch Kinderarbeit gibt.
2. Diskutieren Sie, welche Folgen das schwere körperliche Arbeiten für die Betroffenen haben kann. Stellen Sie dar, wie Kinderarbeit sich auf das weitere Leben der Kinder auswirken kann.

Arbeitszeit, Pausen und Schichten

Jugendliche dürfen täglich nicht länger als acht Stunden und wöchentlich nicht mehr als 40 Stunden beschäftigt werden. Wird an einzelnen Werktagen die Arbeitszeit verkürzt, so kann die Arbeitszeit an anderen Tagen auf maximal achteinhalb Stunden verlängert werden. Pausenzeiten gelten nicht als Arbeitszeit, außer es handelt sich um Schichtarbeit. Als Arbeitspause gilt eine Arbeitsunterbrechung von mindestens 15 Minuten. Zwischen zwei Arbeitstagen müssen mindestens 12 Stunden Freizeit liegen.

Nachtruhe

Jugendliche dürfen nur zwischen sechs und 20 Uhr beschäftigt werden. Für die folgenden Bereiche gelten Ausnahmen von diesem Gebot:

- Gaststättengewerbe bis 22 Uhr
- Schichtbetriebe bis 23 Uhr
- Bäckereien und Konditoreien ab fünf Uhr
- Landwirtschaftliche Betriebe ab fünf Uhr oder bis 21 Uhr

Wochenenden und Feiertage

Jugendliche dürfen an fünf Tagen in der Woche beschäftigt werden. Die freien Tage sollten möglichst aufeinander folgen. An Samstagen und Sonntagen dürfen Jugendliche grundsätzlich nicht beschäftigt werden. Für die folgenden Bereiche gelten Ausnahmen:

- Offene Verkaufsstellen (hier dürfen Jugendliche auch samstags arbeiten)
- Bäckereien und Konditoreien (hier dürfen Jugendliche auch samstags arbeiten)
- Krankenhäuser, Pflegeheime und Kinderheime (hier dürfen Jugendliche auch samstags und sonntags arbeiten)
- Landwirtschaftliche Betriebe (hier dürfen Jugendliche auch samstags und sonntags arbeiten)

Am 24. Dezember und am 31. Dezember ist eine Beschäftigung von Jugendlichen nach 14 Uhr verboten. Für die oben genannten Betriebe gelten Ausnahmen.

Urlaub

Jedem Auszubildenden steht bezahlter Urlaub zu.

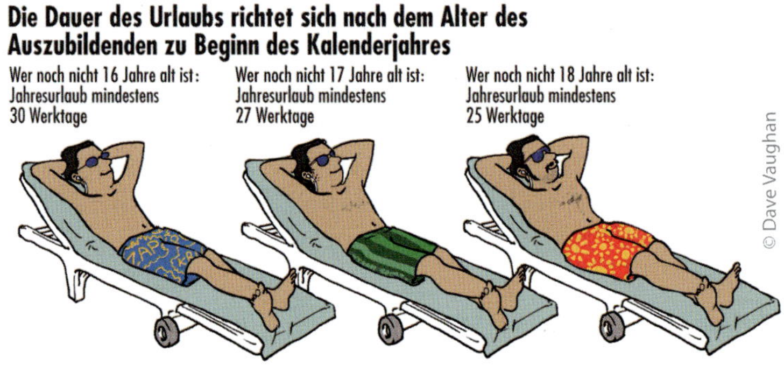

Urlaubszeiten laut Jugendarbeitsschutzgesetz

1. Vergleichen Sie die angegeben Mindestzeiten mit Ihrem Jahresurlaub.
2. Erörtern Sie, was manche Arbeitgeber dazu motiviert haben könnte, ihren Auszubildenden mehr Urlaub als gesetzlich vorgeschrieben zu gewähren.

Berufsschule

Für die Teilnahme am Berufsschulunterricht muss der Arbeitgeber den Jugendlichen freistellen. Zu Prüfungen und außerbetrieblichen Ausbildungsmaßnahmen sind Jugendliche auch freizustellen. Die gleiche Regelung gilt für den Tag vor der Abschlussprüfung.

Gesundheit

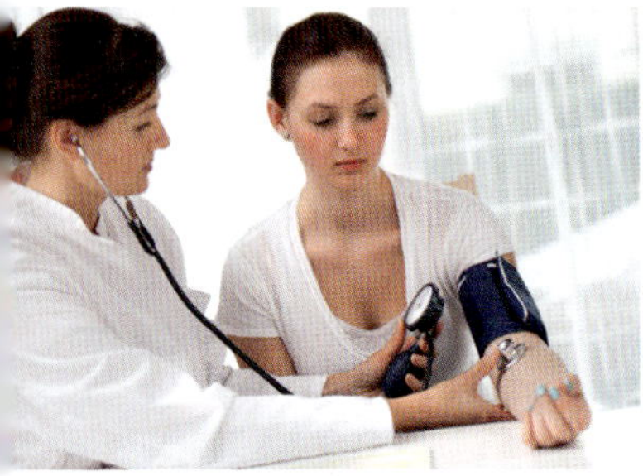

Vor Beginn ihrer Ausbildung müssen sich jugendliche Auszubildende einer ärztlichen Untersuchung unterziehen. Diese soll verhindern, dass unentdeckte Leiden eine spätere Ausübung des Berufs unmöglich machen. Ein Jahr nach Beginn der Ausbildung müssen sich alle Jugendlichen einer ärztlichen Nachuntersuchung unterziehen.

Jugendliche dürfen keine Arbeiten ausführen, die ihre physische oder psychische Leistungsfähigkeit übersteigen. Sie dürfen nicht gesundheitlich oder sittlich gefährdet werden.

Ein Beispiel für eine unterschätzte gesundheitsgefährdende Arbeit ist das Heben schwerer Gegenstände. Jugendliche befinden sich im Wachstum, zu schwere Lasten können ernste gesundheitliche Schäden auslösen.

Finden Sie weitere Beispiele für Aufgaben und Tätigkeiten aus Ihrem Betrieb, die ohne entsprechende Vorsichtsmaßnahmen gesundheitsgefährdend sind.

Seit dem Inkrafttreten 1976 wurde das Jugendarbeitsschutzgesetz mehrfach verändert. Das frühere Verbot der Samstagsarbeit oder die Pflicht, besondere Pausenräume für Jugendliche zu schaffen, sind gestrichen worden. Volljährige Auszubildende können verpflichtet werden, nach dem Berufsschulunterricht im Betrieb zu arbeiten.

Hallo, mein Problem ist, dass meine Chefin mich jede Woche sechs oder sieben Tage arbeiten lässt. Fast jeden Tag und das meist zwischen 8 und 12 Stunden. Auf meine Beschwerde hin meinte meine Chefin, dass dies normal im Einzelhandel sei und jeder im Laden solange arbeiten würde. Ich solle mich daran gewöhnen. Ich bin auf die Ausbildung angewiesen, darf meine Chefin das wirklich? Kann ich etwas dagegen tun? Danke für eure Hilfe!

Jeanine, 17 Jahre, Auszubildende im Einzelhandel

1. Beurteilen Sie den Fall dieser Auszubildenden, die sich in einem Brief an die Industrie- und Handelskammer gewandt hat.
2. Recherchieren Sie, wie es gegenwärtig um Kinderarbeit in ärmeren Ländern bestellt ist.
3. Nennen Sie Unternehmen, die Produkte aus Kinderarbeit anbieten.
4. Entwickeln Sie Lösungsvorschläge, was Sie als Verbraucher gegen Kinderarbeit tun können.

2.2 Das Arbeitszeitgesetz (ArbZG)

Das Arbeitszeitgesetz von 1994 dient dem Gesundheitsschutz der Beschäftigten. Es regelt die Arbeitszeit. Sonn- und Feiertage sind geschützt. Die Einhaltung der Bestimmungen des Arbeitszeitgesetzes überwacht das **Gewerbeaufsichtsamt**.

Das Arbeitszeitgesetz enthält wichtige Bestimmungen über die tägliche Arbeitszeit: Sie darf werktäglich im Durchschnitt acht Stunden nicht überschreiten. Die Arbeitszeit kann aber auf zehn Stunden täglich verlängert werden, wenn innerhalb von sechs Kalendermonaten oder 24 Wochen im Durchschnitt acht Stunden werktäglich nicht überschritten werden.

§ 2 ArbZG Begriffsbestimmungen:
Arbeitszeit im Sinne dieses Gesetzes ist die Zeit vom Beginn bis zum Ende der Arbeit ohne die **Ruhepausen** ...

§ 5 ArbZG Ruhezeit:
Die Arbeitnehmer müssen nach Beendigung der täglichen Arbeitszeit eine ununterbrochene Ruhezeit von mindestens elf Stunden haben ...

Ruhepausen:
- 30 Minuten bei einer Arbeitszeit von 6 bis 9 Stunden
- 45 Minuten bei einer Arbeitszeit von mehr als 9 Stunden

Die einzelnen Pausen müssen mindestens 15 Minuten dauern.

Die Nacht- und Schichtarbeit

In der Regel dürfen Arbeitnehmer an Sonn- und Feiertagen nicht beschäftigt werden. Im Arbeitszeitgesetz sind aber gesetzliche **Ausnahmen**

Ausnahmen vom Arbeitsverbot an Sonn- und Feiertagen:
- Not- und Rettungsdienste
- Krankenhauspersonal
- Landwirte
- Seeleute

von der Sonn- und Feiertagsruhe sowie Ausgleichsregelungen für Sonn- und Feiertagsbeschäftigung vorgesehen.

Wissenschaftler empfehlen Unternehmen, ihren Arbeitern und Angestellten einen täglichen Mittagsschlaf zu erlauben. Begründung für das Prinzip „Mehr Leistung durch Siesta“: Studien haben ergeben, dass die Arbeitsleistung um 35 Prozent steigt, wenn Arbeitnehmer am Nachmittag 45 Minuten schlafen können.

1. Beschreiben Sie die Bedeutung der Pausen während der täglichen Arbeit.
2. Arbeiten Sie die maximale Arbeitsdauer, die ohne Ruhepausen gearbeitet werden darf, heraus.
3. Vergleichen Sie die Ruhepausen aus dem ArbZG mit den Ruhepausen aus dem Jugendarbeitsschutzgesetz. Diskutieren Sie das Ergebnis.

2.3 Kündigungsschutzgesetz (KSchG)

Hire- and- fire:
Englisch für „heuern“ und „feuern“. Gemeint ist die Praxis, Mitarbeiter in guten Zeiten einzustellen und sie in schlechten Zeiten wieder zu entlassen.

Zum Schutz vor willkürlichen Kündigungen und einer **Hire-and-Fire**-Mentalität sind Arbeitnehmer in Deutschland durch das Kündigungsschutzgesetz geschützt. Eine Kündigung ist eine einseitige, empfangsbedürftige Willenserklärung. Sie muss schriftlich erfolgen und der Inhalt hat zweifelsfrei zu sein.

Das Kündigungsschutzgesetz beschränkt das Recht des Arbeitgebers, Mitarbeiter zu entlassen. Eine Kündigung bedarf nach dem Kündigungsschutzgesetz einer Begründung. Dabei wird zwischen ordentlicher und außerordentlicher Kündigung unterschieden. Das Gesetz gilt allerdings nicht für alle Betriebe.

Geltungsbereich des KSchG

Das Kündigungsschutzgesetz gilt nur in Betrieben, in denen mehr als zehn sozialversicherungspflichtig versicherte Arbeitnehmer beschäftigt sind. Bei der Berechnung werden Auszubildende oder Geschäftsführer nicht gezählt. Teilzeitbeschäftigte werden anteilsmäßig in diese Zählung mit einbezogen. Für Arbeitnehmer, die bereits vor 2004 im Betrieb beschäftigt waren, gilt noch die alte Grenze von fünf regulären Arbeitnehmern.

Das Arbeitsverhältnis muss mindestens seit sechs Monaten bestehen, damit das Kündigungsschutzgesetz wirksam ist.

Außerordentliche Kündigung

Eine außerordentliche Kündigung ist auch als fristlose Kündigung bekannt. Sie kann nur ausgesprochen werden, wenn ein wichtiger Grund vorliegt, sodass eine Fortsetzung des Arbeitsverhältnisses dem Kündigenden unzumutbar ist. Wichtige Gründe sind beispielsweise:

- Für den Arbeitgeber: Diebstahl, beharrliche Arbeitsverweigerung, Tätlichkeiten, dauerndes Zuspätkommen
- Für den Arbeitnehmer: Nichtzahlung des Lohns, Tätlichkeiten, Einsatz in einem berufsfremden Tätigkeitsbereich

Die außerordentliche Kündigung erfordert mit Ausnahme von schweren Vertrauensbrüchen eine vorherige Abmahnung. Sie ist fristlos, d. h. die Kündigung wird sofort wirksam. Eine außerordentliche Kündigung muss spätestens zwei Wochen nachdem der Kündigende den Grund erfahren hat, erfolgen.

Ordentliche Kündigung

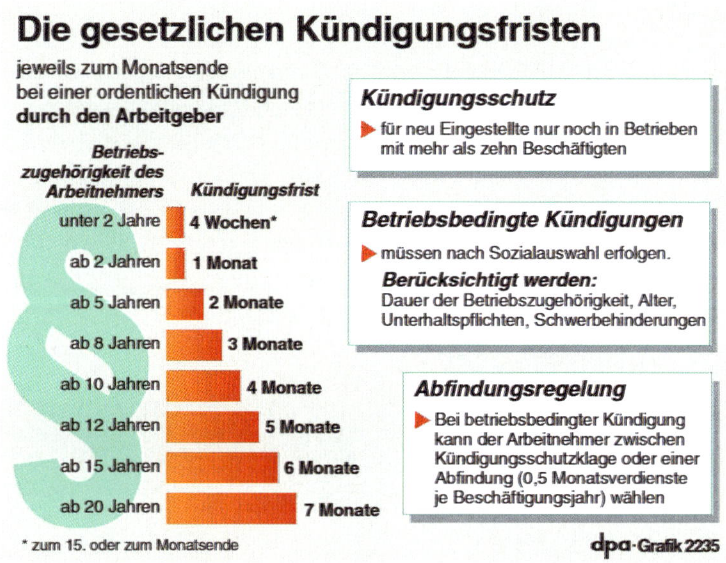

Eine ordentliche Kündigung ist ohne wichtigen Grund möglich. Hierbei müssen bestimmte Fristen eingehalten werden. Wenn im Tarifvertrag oder im Arbeitsvertrag keine für den Arbeitnehmer günstigere Regelung enthalten ist, gelten die gesetzlichen Kündigungsfristen. Die gesetzliche Frist beträgt für Arbeiter und Angestellte vier Wochen zum 15. eines Monats oder vier Wochen zum Monatsende. Wird diese nicht eingehalten, gilt die Kündigung als unwirksam. Beschäftigte, die schon länger im Betrieb arbeiten, haben bei Kündigung durch den Arbeitgeber verlängerte Fristen.

Bei einer ordentlichen Kündigung sind folgende Gründe zulässig:

- Gründe im Verhalten des Arbeitnehmers
- Gründe in der Person des Arbeitnehmers
- dringende betriebliche Erfordernisse

Im letzten Fall muss die Auswahl der zu kündigenden Person **sozialen Gesichtspunkten** folgen.

Soziale Gesichtspunkte:
Lebensalter, Dauer der Betriebszugehörigkeit oder Versorgung unterhaltspflichtiger Personen

© hartphotography – Fotolia.com

Besonders geschützte Personengruppen

Für einige Personengruppen gelten strengere Regeln für die ordentliche Kündigung:

- Schwerbehinderte: Kündigung nur möglich mit Zustimmung des Integrationsamtes
- Schwangere, Mütter bis 4 Monate nach der Geburt sowie Arbeitnehmern während der Elternzeit: Kündigung nicht zulässig
- Auszubildende nach Ablauf der Probezeit: Kündigung nicht zulässig
- Mitglieder des Betriebsrats oder der Jugend- und Auszubildendenvertretung während der Amtszeit und ein Jahr danach: keine Kündigung zulässig

1. Eine 32-jährige Angestellte ist seit zehn Jahren in einer Schlosserei beschäftigt. Aufgrund der schlechten Auftragslage möchte der Inhaber der Schlosserei ihr zum 30. April kündigen. Beurteilen Sie, wann dies der Angestellten spätestens mitgeteilt werden muss.
2. Ein 40-jähriger Dreher, der Mitglied im Betriebsrat ist, soll zum 31. Januar gekündigt werden. Der Grund dafür ist die Anschaffung einer automatischen Drehbank, die seinen Arbeitsplatz überflüssig macht. Überprüfen Sie, wann die Kündigung dem Dreher spätestens zugehen muss.

2.4 Arbeitsgericht

PRESSESCHAU

Hohenschönhausen

Streit um 1,30 Euro – Kassiererin fristlos entlassen

Weil Sie angeblich Leergutbons im Wert von 1,30 Euro unterschlagen haben soll, wurde eine Kassiererin fristlos gekündigt. Die 50-Jährige wehrt sich vor Gericht gegen die Vorwürfe. Die Gewerkschaft und ihr Anwalt vermuten politische Gründe für die **rigorose** Maßnahme des Arbeitgebers ...

Bewiesen ist der Verdacht allerdings nicht und Barbara E., die seit 15 Jahren in der Filiale in der Hauptstraße in Hohenschönhausen arbeitete, klagte gegen ihren Rauswurf vor dem Arbeitsgericht.

Der Fall, der am Donnerstag verhandelt wurde, blieb ohne Urteil, denn am 21. August sollen Zeugen noch einmal die Beweise vortragen. Der Richter sprach bei der Verhandlung von einem Verdacht auf „vollendeten Betrug". Die 50-Jährige, die seit 30 Jahren in dem Beruf tätig ist bestreitet die Vorwürfe energisch.

Quelle: www.tagesspiegel.de, Zugriff: 19. September 2015

Rigoros:
Rücksichtslos, erbarmungslos

Arbeitsgerichte befassen sich mit Rechtsstreitigkeiten aus der Arbeitswelt:

- zwischen Arbeitnehmern und Arbeitgebern (z. B. ungerechtfertigte Kündigung, Diebstahl im Betrieb),

- zwischen Gewerkschaften und Arbeitgeberverbänden oder einzelnen Arbeitgebern (z. B. über den Umfang einer tariflich vereinbarten Lohnerhöhung),
- zwischen Arbeitnehmern untereinander (z. B. über die korrekte Verteilung des Akkordlohns),
- die sich aus der betrieblichen Mitbestimmung ergeben (z. B. Streit über die Wahl von Arbeitnehmern in den Aufsichtsrat).

Es gibt drei verschiedene Arbeitsgerichte, die zuständig sein können (Instanzen). Die Instanz hängt vom Streitfall ab:

Erste Instanz beim Arbeitsgericht: Zunächst wird der Versuch einer gütlichen Einigung (Gütetermin) unternommen. Ist dieser Versuch gescheitert, fällt das Arbeitsgericht ein Urteil.

Zweite Instanz beim Landesarbeitsgericht: Dieses urteilt bei Einspruch erneut über den Streitfall.

Dritte Instanz beim Bundesarbeitsgericht: Handelt es sich bei der Streitigkeit um eine Angelegenheit von grundlegender Bedeutung, so kann der Kläger oder der Beklagte in **Revision** gehen. Hierbei wird der Prozess erneut verhandelt und ein endgültiges Urteil gesprochen.

Revision:
Wiederaufnahme des Gerichtsverfahrens

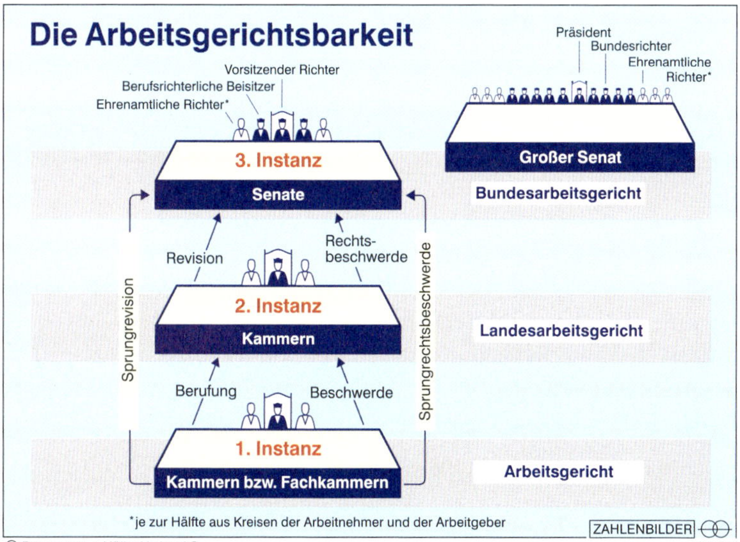

1. Ordnen Sie den Streitfall der Kassiererin begründet der Arbeitsgerichtsbarkeit zu.
2. Nennen Sie die Konfliktpartner.
3. Verfolgen Sie den Weg der Klage anhand der Grafik, wenn eine Partei Einspruch erhebt.

2.5 Mitbestimmen im Betrieb

In Deutschland gibt es viele Möglichkeiten, wie die Beschäftigten auf Entscheidungen im Betrieb und die Arbeitsbedingungen Einfluss nehmen können. Ziel dieser Regelungen ist es, dem Arbeitnehmer mehr Mitspracherechte einzuräumen und seine Position gegenüber dem Arbeitgeber zu stärken.

243 511 © Bergmoser + Höller Verlag AG

Überprüfen Sie anhand der Grafik, ob in Ihrem Betrieb ein Betriebsrat gewählt werden darf.

Betriebsrat

Das Betriebsverfassungsgesetz schreibt vor, dass die einzelnen Arbeitnehmer durch Betriebsräte sowie Jugend- und Auszubildendenvertretungen (JAV) im Betrieb mitwirken und mitbestimmen dürfen. Ziel ist eine Einbindung der Belegschaft bei betrieblichen Entscheidungen, Problemen und Streitfällen.

Betriebsrat:
Er ist ein innerbetriebliches Gremium das die Interessen der Arbeitnehmer gegenüber dem Arbeitgeber vertritt.

Die Pflicht, einen Betriebsrat zu wählen, besteht nicht. Es dürfen Betriebsräte in allen Betrieben mit mehr als fünf Arbeitnehmern über 18 Jahre gegründet werden. Die Größe des Betriebsrats ist von der Größe der Belegschaft abhängig:

Recherchieren Sie im Internet, wie sich die Größe des Betriebes zahlenmäßig auf die Anzahl der Betriebsräte auswirkt.

Aufgaben und Rechte des Betriebsrats

Dem Betriebsrat obliegen unterschiedliche Befugnisse und Rechte, je nachdem welcher betriebliche Bereich betroffen ist.

Mitwirkung in wirtschaftlichen Angelegenheiten

In wirtschaftlichen Belangen hat der Betriebsrat das Recht, informiert zu werden und der Firmenleitung beratend zur Seite zu stehen. In Betrieben mit über 100 Mitarbeitern wird ein Wirtschaftsausschuss gebildet, der umfassend über die wirtschaftliche Situation des Unternehmens zu informieren ist. Zu den wirtschaftlichen Angelegenheiten zählen Entscheidungen wie die Erweiterung oder Schließung eines Standortes, die Anschaffung neuer Maschinen oder die Einführung neuer Produkte. Ein Widerspruch des Betriebsrates hat keine Folgen.

Mitwirkung und Mitbestimmung in personellen Angelegenheiten

Bei personellen Angelegenheiten wie Versetzungen, Arbeitsplatzgestaltung oder der Einstellung von Mitarbeitern hat der Betriebsrat ein Zustimmungsverweigerungsrecht oder ein Widerspruchsrecht. Stimmt der Betriebsrat nicht zu, kann der Arbeitgeber das Arbeitsgericht anrufen.

Bei Kündigungen besitzt der Betriebsrat ein Anhörungsrecht, eine Kündigung ohne vorherige Anhörung des Betriebsrats ist unwirksam.

Mitbestimmung in sozialen Angelegenheiten

In sozialen Angelegenheiten hat der Betriebsrat ein volles Mitbestimmungsrecht. Trägt der Betriebsrat eine Entscheidung der Unternehmensleitung nicht mit, entscheidet eine Einigungsstelle aus Vertretern des Betriebsrats und des Arbeitsgebers. Zu den sozialen Angelegenheiten zählen beispielsweise Überstunden, Beginn und Ende der täglichen Arbeitszeit, Einführung von Arbeitskontrollen oder die Einrichtung einer Kantine.

Betriebsvereinbarungen

Zwischen Unternehmensleitung und dem Betriebsrat können Vereinbarungen getroffen werden, die unmittelbar Geltung erhalten. Beispielsweise über Lohnhöhe oder tägliche Arbeitszeit. Durch das **Günstigkeitsprinzip** können diese Vereinbarungen nicht schlechter ausfallen, als im Tarif- oder Arbeitsvertrag getroffene Regelungen.

Günstigkeitsprinzip:
Für den Arbeitnehmer gilt jeweils die günstige Vereinbarung aus Tarifvertrag, Arbeitsvertrag und Betriebsvereinbarung.

Weitere Rechte

Der Betriebsrat überwacht die Einhaltung sämtlicher Gesetze, Verordnungen, Unfallverhütungsvorschriften und Tarifverträge im Betrieb. Um zu verhindern, dass der Betriebsrat erpressbar ist, gilt für Mitglieder des Betriebsrats und der JAV ein besonderer Kündigungsschutz. Dieser erstreckt sich auf die Dauer der Tätigkeit für den Betriebsrat sowie ein Jahr danach. Für ihre Tätigkeit im Betriebsrat sind Arbeitnehmer so lange von der Arbeit befreit, wie es die Erfüllung ihrer Aufgaben verlangt. In größeren Betrieben müssen ein oder mehrere Arbeitnehmer vollständig freigestellt werden.

1. Diskutieren Sie, in welchen Bereichen Betriebsräte besonders große Rechte haben und wo deren Rechte eher gering sind.
2. Recherchieren Sie, ab welcher Betriebsgröße Betriebsräte freigestellt werden müssen.

Jugend- und Auszubildendenvertretung

Speziell zur Vertretung der Interessen der jungen Arbeitnehmer und Auszubildenden besteht die Möglichkeit, eine Jugend- und Auszubildendenvertretung zu wählen. Sie wird von allen Arbeitnehmern unter 18 Jahren und von Auszubildenden unter 25 Jahren gewählt. Die gewählten Vertreter bleiben zwei Jahre im Amt, die Größe richtet sich nach der Anzahl der Auszubildenden bis 25 Jahren und der Jugendlichen im Betrieb unter 18 Jahren.

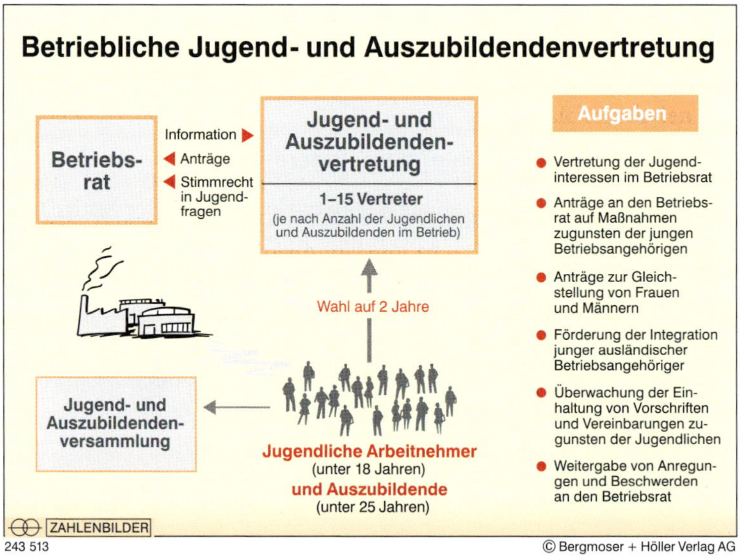

1. Informieren Sie sich, ob es in Ihrem Betrieb einen Betriebsrat und eine Jugend- und Auszubildendenvertretung gibt. Begründen Sie, wie viele Mitglieder dieser hat bzw. wie viele Mitglieder dieser haben könnte.
2. Einem Mitarbeiter soll fristlos gekündigt werden. Stellen Sie die Rechte des Betriebsrats dar.

2.6 Tarifverträge

Zu Zeiten der Industrialisierung waren die Arbeitnehmer der wirtschaftlichen Macht des Arbeitgebers ausgeliefert. Der Arbeitgeber **diktierte** den Arbeitslohn und die Arbeitsbedingungen. Dies führte oft zu miserablen Arbeitsbedingungen und zu Löhnen, die kaum zum (Über-)Leben reichten. Um eine Familie zu ernähren, waren meist beide Eheleute und die Kinder gezwungen zu arbeiten. Die Situation änderte sich erst langsam zum Ende des 19. Jahrhunderts, als die Arbeitnehmer zunehmend anfingen, sich gewerkschaftlich zu organisieren und sich zusammenzuschließen.

Diktieren:
Hier: vorschreiben

Um die schwache Position des Arbeitnehmers zu stärken, werden Tarifverträge ausgehandelt, bei denen Arbeitnehmer von der mächtigen Stellung der Gewerkschaften profitieren können.

In einem **Tarifvertrag** sind Arbeitsbedingungen wie die Arbeitszeit oder der Lohn geregelt. Er gilt automatisch für alle Mitglieder der Gewerkschaft im jeweiligen Bereich. Für Nicht-Mitglieder kann ein Tarifvertrag verbindlich gelten, wenn dieser für allgemeinverbindlich erklärt wird. Solches geschieht auf Antrag einer Tarifpartei durch den Bundesminister für Arbeit und Soziales.

Tarifvertrag:
Regelt Arbeitsbedingungen und Löhne

Reglungen des Tarifvertrags sind Mindeststandards. So darf beispielsweise kein Arbeitnehmer, für den ein Tarifvertrag gilt, weniger als den tariflich festgelegten Lohn erhalten. Selbst dann nicht, wenn es im Arbeitsvertrag vereinbart wurde. Günstigere Regelungen sind immer möglich, so kann z. B. mehr Urlaub oder ein höherer Stundenlohn vereinbart werden (Günstigkeitsprinzip).

Arbeiter in einer Maschinenfabrik um 1900.

Es gibt zwei unterschiedliche Arten von Tarifverträgen:

- Rahmen- oder Manteltarifverträge regeln die allgemeinen Arbeitsbedingungen (Urlaub, Arbeitszeit, Arbeitsschutz usw.) und gelten oft mehrere Jahre.
- Lohntarifverträge regeln die Bezahlung, also Löhne und Gehälter, Ausbildungsvergütungen und Zuschläge. Sie gelten meist für ein Jahr.

Während der Laufzeit von Tarifverträgen sind Arbeitskämpfe untersagt (Friedenspflicht).

Je nachdem, ob ein Tarifvertrag für eine ganze **Branche** oder nur ein Unternehmen gilt, unterscheidet man zwischen Branchen- und Firmentarifvertrag.

Branche:
Einzelner Bereich der Wirtschaft, dessen Unternehmen ähnliche oder verwandte Produkte herstellen

> Recherchieren Sie, ob für Sie ein Tarifvertrag gültig ist und welche Regelungen dieser bezüglich der Arbeitszeit, der Pausenzeit und der Vergütung enthält.

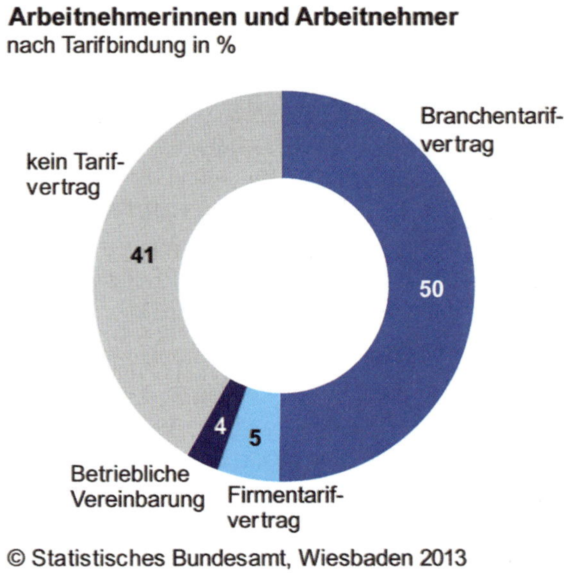

1. Beschreiben Sie die prozentuale Verteilung der Tarifbindung.
2. Überlegen Sie, was die Ursache hierfür sein könnte.

Tarifpartner

Ein Tarifvertrag wird zwischen Arbeitgeberverbänden oder einzelnen Arbeitgebern und den Gewerkschaften ausgehandelt. Die Gewerkschaften vertreten die Interessen der Arbeitnehmer. Die größte Gewerkschaft in Deutschland ist der Deutsche Gewerkschaftsbund (DGB), der aus verschiedenen Einzelgewerkschaften besteht.

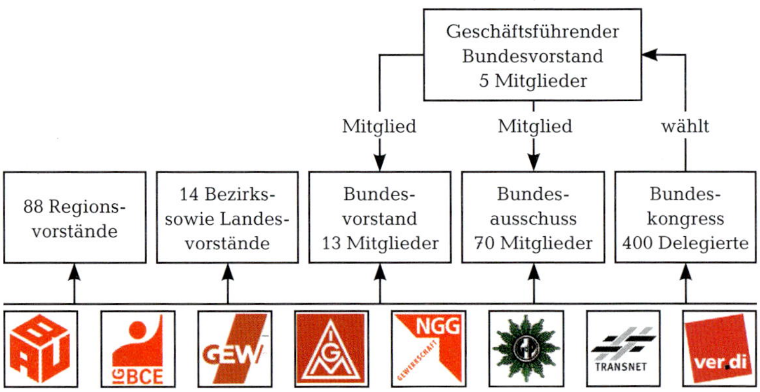

Aufbau des DGB

Die Einzelgewerkschaften sind nach Branchen organisiert. Für die metallverarbeitende Industrie ist zum Beispiel die IG Metall zuständig. Es gibt neben den Gewerkschaften des DGB noch einzelne Gewerkschaften, die diesem nicht angehören, wie etwa der Deutsche Beamtenbund (DBB).

Größere Unternehmen handeln den Tarifvertrag oft selbst mit den jeweiligen Gewerkschaften aus, so z. B. die Deutsche Bahn. Viele Unternehmen haben sich jedoch einem **Arbeitgeberverband** angeschlossen. Diese sind nach Branchen organisiert und im Dachverband der Bundesvereinigung der Deutschen Arbeitgeberverbände (BDA) zusammengefasst.

Arbeitgeberverband:
Zusammenschluss einzelner Unternehmen zur Verhandlung mit den Arbeitnehmervertretern

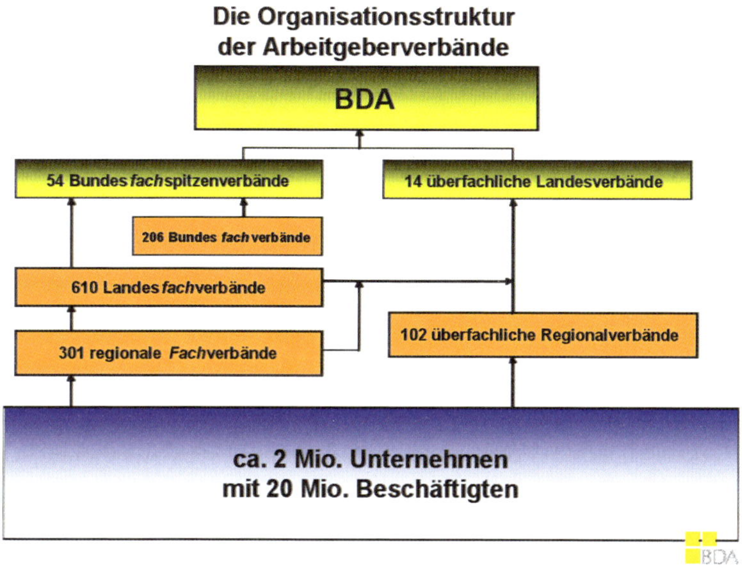

Recherchieren Sie, welche Gewerkschaft für die Branche, in der Sie arbeiten, zuständig ist.

Arbeitskampf

Läuft ein Tarifvertrag ab, kommen die Tarifpartner zu Tarifverhandlungen zusammen. Ziel ist es, einen neuen Tarifvertrag auszuhandeln. Hierbei versuchen die Gewerkschaften für ihre Mitglieder und andere Arbeitnehmer möglichst günstige Regelungen, wie z. B. höhere Bezahlung oder weniger Arbeitszeit bei vollem Lohnausgleich, durchzusetzen. Die Arbeitgeberseite versucht dagegen, möglichst geringe Lohnsteigerungen zu erzielen. Oftmals werden die Tarifverhandlungen von **Warnstreiks** begleitet. Die Gewerkschaften zeigen dadurch ihre Stärke und ihre Bereitschaft zum Arbeitskampf. Führen die Verhandlungen zu keinem Ergebnis, beginnt der eigentliche Arbeitskampf. Solange ein Tarifvertrag gilt, sind Arbeitskampfmaßnahmen verboten. Es herrscht Friedenspflicht.

Warnstreik:
Kürzere Arbeitsniederlegung mit dem Ziel, Druck auf die Arbeitgeberseite aufzubauen und Geschlossenheit zu zeigen

Normalerweise sind sowohl Arbeitgeber als auch Arbeitnehmer nicht auf einen Tarifstreit aus. Es ist in beiderseitigem Interesse, zu einer Einigung zu kommen. Im Vorfeld von Tarifverhandlungen kommt es oft zum Schlagabtausch zwischen den einzelnen Tarifparteien.

Ablauf eines Arbeitskampfs am Beispiel der Metallindustrie

Stimmen beide Seiten einem Schlichtungsverfahren zu, wird ein neutraler Schlichter als Vermittler eingesetzt. Dieser gibt eine Einigungsempfehlung, in der er einen für beide Seiten tragbaren Kompromiss empfiehlt. Stimmen eine oder beide Seiten gegen die Einigungsempfehlung, ist das Schlichtungsverfahren gescheitert.

Streik

Die Gewerkschaft führt eine Urabstimmung unter ihren Mitgliedern durch. Stimmen mindestens 75 % der Mitglieder für einen Streik, findet dieser statt. Solange gestreikt wird, ruht die Arbeit. Während des Arbeitskampfes erhalten die Arbeitnehmer weder Lohn, Gehalt noch Urlaub oder Lohnfortzahlung im Krankheitsfall. Gewerkschaftlich organisierte Arbeitnehmer erhalten Geld aus der Streikkasse von der Gewerkschaft. Dem Arbeitgeber entstehen während eines Streiks Verluste, da seine Produktion still steht. Für den Ausgang des Arbeitskampfs ist es entscheidend, wer länger durchhält.

Der Streik endet, wenn ein neuer Tarifvertrag abgeschlossen wurde, dem mindestens 25 % der Gewerkschaftsmitglieder zustimmen oder sich in einer erneuten Urabstimmung zu wenige Gewerkschaftsmitglieder für eine Fortsetzung des Streiks aussprechen. Der Arbeitgeber kann auf einen Streik mit **Aussperrung** reagieren.

Aussperrung:
Der Arbeitgeber verweigert den Arbeitnehmer die Möglichkeit zu arbeiten.

Recherchieren Sie im Internet die aktuellen Forderungen der IG Metall.

Mindestlohn

In Deutschland gibt es seit 2015 einen Mindestlohn für Branchen, die nicht tarifvertragsgebunden sind. Ab 2017 soll es dann einen einheitlichen Mindestlohn geben.

> Erklären Sie, welche Vorteile und welche Nachteile der Mindestlohn für Arbeitnehmer, Arbeitgeber und Arbeitslose hat.

www.igmetall.de

www.betriebsrat.com

www.betriebsrat.de

www.dgb.de

Zusammenfassung

Zum Schutz von Arbeitnehmern und speziell von Auszubildenden ist eine Reihe von Gesetzen erlassen worden.

Das Jugendarbeitsschutzgesetz regelt u. a. Arbeitsbedingungen, Arbeitszeiten und Urlaubsanspruch von minderjährigen Auszubildenden und Arbeitnehmern.

Durch das Kündigungsschutzgesetz ist der Arbeitnehmer vor plötzlicher oder ungerechtfertigter Kündigung geschützt.

Streitfälle, welche die Arbeit betreffen, werden vor dem Arbeitsgericht verhandelt.

Arbeitnehmer haben in Deutschland Mitbestimmungsrechte im Betrieb.

Betriebsräte müssen in vielen betrieblichen Entscheidungen und Vorgängen angehört, unterrichtet, informiert oder kontaktiert werden.

Jugend- und Auszubildendenvertretungen nehmen die Interessen junger Arbeitnehmer wahr.

Tarifverträge regeln wichtige Arbeitsbedingungen wie Arbeitszeiten oder Bezahlung innerhalb einer Branche und eines Gebietes.

Bei Tarifverhandlungen werden die Arbeitnehmer von Gewerkschaften vertreten. Der Arbeitgeber verhandelt selbst oder über Arbeitgeberverbände.

Das mächtigste Mittel der Arbeitnehmer ist der Streik, auf den der Arbeitgeber mit Aussperrung reagieren kann.

Wissens-Check

1. Erläutern Sie, welche Betriebe die Möglichkeit haben, einen Betriebsrat zu wählen.
2. Beschreiben Sie die Aufgaben und die Rechte, die ein Betriebsrat hat.
3. Erklären Sie, was ein Tarifvertrag regelt.
4. Nennen Sie die Parteien, die die Tarifverträge aushandeln und analysieren Sie, welche Interessen diese haben.
5. Diskutieren Sie die Folgen, wenn die beiden Tarifparteien zu keiner Einigung kommen.

3 Erwerbsarbeit

Arbeit ist im hohen Maße von den Zielen und der Rechtsform der Arbeitsstätte abhängig. Dabei unterliegt sie dem technologischen und gesellschaftlichen Wandel und hat sich in den letzten Jahrzehnten stark verändert.

3.1 Betriebliche Ziele

Art. 14 Abs. 2 GG

Eigentum verpflichtet. Sein Gebrauch soll zugleich dem Wohle der Allgemeinheit dienen.

Eigenkapital:
Geld oder Sachgüter, die die Eigentümer des Unternehmens eingebracht haben

Fremdkapital:
Geld, das sich das Unternehmen geliehen hat

Jedes Unternehmen dient einem Zweck. Es wurde gegründet, um ein oder mehrere Ziele zu erreichen. Der Unternehmenszweck wird vom Eigentümer des Unternehmens bestimmt. Dieser hat durch Einbringung von **Eigenkapital** die finanzielle Basis des Unternehmens gegründet. Neben den Eigentümern (Eigenkapitalgeber) des Unternehmens haben eine Vielzahl von anderen Gruppen Ansprüche an das Unternehmen.

Fremdkapitalgeber (meist Banken) haben eigene Vorstellungen davon, welche Ziele der Betrieb verfolgen soll.

Rentabilität

Die meisten Unternehmen streben nach größtmöglichem Gewinn (Prinzip der Gewinnmaximierung). Der Eigentümer des Unternehmens sichert sein Einkommen und seinen Lebensunterhalt. Das bedeutet nicht, dass die Erzielung eines maximalen Gewinns das einzige Ziel eines Unternehmens ist.

Vergleichen Sie das Ziel der Gewinnmaximierung mit dem oben aufgeführten Art. 14 Abs. 2 GG (Sozialbindung des Eigentums).

Ob ein bestimmter Gewinn als hoch oder niedrig angesehen wird, hängt vom Einsatz (Geld, Arbeit und ähnliches) ab, der zur Erzielung dieses Gewinns notwendig war. Wenn eine kleine Autowerkstatt einen Gewinn von 20.000 € im Monat erzielt, kann dies schon ein großer Erfolg sein. Wenn ein großer Automobilkonzern 20.000 € im Monat erzielt, wäre dies sehr wenig.

Rentabilität stellt den Gewinn eines Unternehmens ins Verhältnis zu anderen wichtigen Größen, zum Beispiel zum eingesetzten Kapital oder dem erzielten Umsatz.

Ökonomisches Prinzip

Das ökonomische Prinzip beschreibt die Annahme, wie sich Menschen im alltäglichen, wirtschaftlichen Leben verhalten könnten. Da kein Mensch über unbegrenzte Mittel (z. B. Geld, Zeit) verfügt, versucht jeder, diese bestmöglich einzusetzen.

Ein Schüler wird zum Beispiel versuchen, mit einem vertretbaren Lernaufwand die bestmögliche Leistung in einer Klassenarbeit zu erreichen. Ein Autofahrer hingegen ist bestrebt, mit so wenig Benzin wie möglich zum Ziel zu gelangen. Beim ökonomischen Prinzip lassen sich drei Ausprägungen unterscheiden.

- Beim Minimalprinzip wird versucht, ein gegebenes Ziel mit minimalen Mitteln zu erreichen, z. B. eine bestimmte Menge Lebensmittel einzukaufen und dabei möglichst wenig Geld auszugeben.
- Beim Maximalprinzip wird versucht, mit gegebenen Mittel ein maximales Ziel zu erreichen, z. B. mit einer Tankfüllung möglichst weit zu fahren.
- Beim Optimumprinzip sind sowohl die eingesetzten Mittel als auch das Ziel variabel. Es wird versucht, einen angemessen Kompromiss aus **Input** und **Output** zu erreichen.

Input:
Alle materiellen und immateriellen Mittel und Leistungen, die zur Produktion gebraucht wurden

Output:
Produzierte Menge

Sie planen einen Tagesausflug mit Ihrer Klasse. Beschreiben Sie, wie bei der Planung nach dem Minimal-, dem Maximal- und dem Optimumprinzip verfahren werden kann.

Produktivität

Die Produktivität ist das Verhältnis der produzierten Güter zu den eingesetzten Mitteln.

Mit Hilfe der Produktivität lassen sich betriebswirtschaftliche Entscheidungen planen. Beispielsweise kann die Produktivität zwischen einzelnen Fertigungsverfahren verglichen werden und das bessere davon ausgewählt werden. Je höher die Produktivität ist, desto ergiebiger ist das Verfahren. Eine niedrige Produktivität verschlechtert die Chancen eines Unternehmens am Markt und dessen Zukunftsaussichten. Gesunde und wirtschaftlich starke Unternehmen haben eine hohe Produktivität.

1. Beschreiben Sie eine Maßnahme aus Ihrem Betrieb, mit der in der Vergangenheit die Produktivität gesteigert wurde.
2. Diskutieren Sie, warum eine hohe Produktivität nicht immer wünschenswert ist.

Wirtschaftlichkeit

Ein Unternehmen handelt dann wirtschaftlich, wenn es mit geringem Mitteleinsatz großen Erfolg erzielt. Die Wirtschaftlichkeit lässt sich durch Anwendung des ökonomischen Prinzips steigern.

Soziale und ökologische Ziele

Neben den wirtschaftlichen Zielen, die zähl- und messbar sind, gibt es soziale und ökologische Ziele, die man nicht oder nur schwer beziffern kann. Diese stehen nicht in direktem Zusammenhang mit dem Ziel der Gewinnmaximierung. Sie betreffen zum Beispiel die Interessen der Arbeitnehmer:

- Sicherung der Arbeitsplätze
- Angenehme und ergonomische Gestaltung des Arbeitsplatzes
- Persönliche Mitsprache und Mitbestimmung am Arbeitsplatz

Industrieabgase verursachen gesundheitliche Schäden

Besonders Unternehmen in öffentlicher Hand oder gemeinnützige Unternehmen können das Ziel der Bedarfsdeckung verfolgen.

Ökologische Ziele beziehen sich auf die Auswirkungen, die Unternehmen und Menschen auf die Umwelt haben.

3.2 Zielbeziehungen

Komplementäre Ziele:
Ergänzendes Ziel, die Verfolgung des einen Ziels begünstigt das Erreichen des anderen Ziels

Ziele können im Einklang zueinander stehen. Ökologische Ziele können mit den ökonomischen Zielen eines Unternehmens übereinstimmen. So ist es etwa ökonomisch und ökologisch vorteilhaft, den Stromverbrauch zu reduzieren. Man spricht von **komplementären Zielen**.

Konkurrierende Ziele:
Ziele, die zueinander in Konkurrenz stehen und nicht gleichzeitig verfolgbar sind

Auf der anderen Seite gibt es Ziele, die sich nicht ergänzen, sondern gegenseitig behindern. Solche Spannungsfelder entstehen, wenn ökologische Zielsetzungen den Gewinn eines Unternehmens schmälern, zum Beispiel beim Einbau von Abgasfiltern. Oder wenn die Sicherung von Arbeitsplätzen mit Gewinneinbußen verbunden ist. Man spricht von **konkurrierenden Zielen** oder von Zielkonflikten.

Stehen Ziele in keinerlei Verbindung zueinander, handelt es sich um neutrale Ziele. Diese können unabhängig voneinander verfolgt werden.

1. Ein Unternehmen spart Verpackungsmaterial ein, indem es seine Produkte nur noch einfach verpackt. Erörtern Sie, welche Ziele es dabei verfolgt.
2. Analysieren Sie die Zielbeziehung in diesem Fall.

Zusammenfassung

Unternehmen streben u. a. nach der Maximierung ihres Gewinns.

Zur Gewinnmaximierung zieht man unterschiedliche Kennziffern heran, um Gewinne vergleichbar zu machen.

Die Rentabilität setzt das investierte Geld ins Verhältnis zum erzielten Gewinn des Unternehmens.

Das ökonomische Prinzip ist eine Annahme über das Verhalten von Menschen. Es besagt, dass diese mit vorhandenen Mitteln optimal wirtschaften.

Die Produktivität setzt die eingesetzte Menge ins Verhältnis zur produzierten Menge.

Soziale und ökologische Ziele stehen oft in einem Konkurrenzverhältnis zum ökonomischen Ziel der Gewinnmaximierung.

Wissens-Check

1. Stellen Sie in einer Übersicht die wesentlichen Ziele von Unternehmen dar und kennzeichnen Sie, wo Konflikte entstehen könnten.
2. Begründen Sie, warum Produktivität und ökologische Ziele im Widerspruch stehen können.

PRÜFUNG WISO

http://www.pruefungsvorbereitungaktuell.de

HOT

HOT – Kind und Karriere – Das geht nicht zusammen? (Partnerinterview)

Ausgangslage:

In den vergangenen Jahren wurde die Vereinbarkeit von Familie und Beruf immer wichtiger. Damit ist die Möglichkeit gegeben, auch mit Kind zu arbeiten. Der Staat unterstützt junge Familien mit dem Elterngeld, damit diese in der ersten Zeit ganz oder teilweise auf die Erwerbstätigkeit verzichten können. Das Elterngeld wird einkommensabhängig gezahlt (maximal jedoch 1.800 €) und ist eine Entgeltersatzleistung für bis zu 24 Monate. Zudem besteht seit dem 1. August 2013 ein Rechtsanspruch auf einen Betreuungsplatz für Kinder ab dem ersten Lebensjahr. Hiermit soll es den Eltern erleichtert werden, ihrem Beruf nachzugehen.

Während der Elternzeit muss der Vorgesetzte einen geeigneten Ersatz finden. Wenn die Eltern aus der Elternzeit wieder in den Beruf einsteigen, sind oft flexible Arbeitszeitmodelle wie Teilzeit oder Gleitzeit gefordert. Manche Eltern möchten einen Teil ihrer Arbeit auch nach Hause in ihr „Home Office“ verlagern.

Ablauf:

In einem Partnerinterview haben Sie die Möglichkeit, sich mit Ihrem Gesprächspartner über dessen Erlebnisse auszutauschen und zu erfahren, wie er/sie die Situation empfunden hat.

1. Einigen Sie sich, wer zunächst fragt und wer antworten möchte.

HOT

2. Lassen Sie sich von Ihrem Gesprächspartner erklären, wie er/sie betreut wurde oder das eigene Kind betreut. Arbeiteten die Erziehungsberechtigten? Nutzen Sie die Hinweise zum Formulieren von Fragen.
3. Notieren Sie sich die Antworten Ihres Interviewpartners objektiv. Die Meinung Ihres Partners muss also nicht Ihrer eigenen entsprechen.
4. Fassen Sie die Antworten Ihres Gesprächspartners zusammen, damit Sie die Situation Ihres Partners in der Gruppe darstellen können.
5. Tauschen Sie nach der Hälfte der Zeit die Rollen.
6. Berichten Sie der Gruppe die Position Ihres Gesprächspartners. Grenzen Sie Ihre Meinung von der Meinung Ihres Gesprächspartners ab. Beurteilen Sie gemeinsam, ob sich Kindererziehung und berufliche Karriere kombinieren lassen und in welcher Form dies möglich ist.

Anwendung:

Beachten Sie die Gesprächsregeln: Ihr Interviewpartner muss die Gelegenheit haben auszusprechen. Hören Sie aktiv zu und fragen Sie im Bedarfsfall nach, ob Sie die Aussagen richtig verstanden haben.

Formulieren Sie ihre Fragen in Form von W-Fragen, damit Ihr Interviewpartner seine Meinungen und Erfahrungen ausführlich schildern kann.

Ergänzungsaufgaben

Geben Sie gemeinsam eine Einschätzung, ob der Rechtsanspruch auf einen Betreuungsplatz und das Betreuungsgeld junge Familien unterstützt. Können diese ihre berufliche und familiäre Situation selbst bestimmen?

Bewerten Sie gemeinsam folgende Aussagen:

1. *„Wer viel arbeitet, kann nicht gleichzeitig für das Kind da sein."*
2. *„Betreuungseinrichtungen helfen Berufstätigen, sich zu organisieren, sie können das Elternhaus aber nicht ersetzen."*
3. *„Wer Kinder hat, möchte ihnen auch etwas bieten und muss darum arbeiten gehen."*
4. *„Eltern müssen Karriere machen können, denn Kinder brauchen Vorbilder."*
5. *„Für Eltern können die Karrierechancen eingeschränkt sein, weil Arbeitgeber langfristig sicher planen wollen."*
6. *„Kinder brauchen ihre Eltern, weil sie erste Ansprechpartner sind."*

LF 3 Medien kritisch reflektieren und nutzen

© georgej-mclitte – Fotolia.com

1 Medien in der Demokratie

Die Demokratie lebt von der Beteiligung ihrer Bürger. Sie wollen über die politische Entwicklung informiert sein. Das geschieht durch Gespräche in der Familie, in der Schule, mit Freunden oder Kollegen, vor allem aber durch Medien.

1.1 Massenmedien

Unter Massenmedien in der Demokratie versteht man Informationsträger, die ein breites Publikum erreichen. Sie werden eingeteilt in:

- Print-Medien (Magazine, Zeitungen oder Zeitschriften)
- Elektronische Medien(Internet, Radio, Fernsehen)

Medien erfüllen vielfältige Funktionen für die Leser, Zuschauer oder Hörer.

Die Funktionen der Medien in der Demokratie

Informationsfunktion

Die Medien sollen vollständig, sachlich und verständlich informieren, damit die Bürger in der Lage sind, das öffentliche Geschehen zu verfolgen. Mit Informationen sollen die Medien dafür sorgen, dass die Bürger die wirtschaftlichen, sozialen und politischen Zusammenhänge erkennen. Um diese Funktion erfüllen zu können, nimmt die Glaubwürdigkeit der Medien einen hohen Stellenwert ein. Im Falle von Fehlinformationen muss die Informationsquelle eine Gegendarstellung veröffentlichen.

Meinungsbildungsfunktion

Medien geben nicht nur Informationen an die Leser, Zuschauer oder Hörer weiter. Darüber hinaus beeinflussen sie Meinung und Willensbildung durch die

- Auswahl,
- Aufmachung,
- Darstellung und
- Kommentierung von Nachrichten.

Es gibt Parteizeitungen, Gewerkschaftszeitungen, Kirchenzeitungen etc., die eine bestimmte Meinung vertreten.

Aber auch die unabhängigen Medien beeinflussen die Meinung. Der Mediennutzer kann sich durch Auswahl und Vergleich der verschiedenen Darstellungen seine eigene Meinung bilden.

Kontrollfunktion

Obwohl von der Verfassung nicht vorgesehen, nehmen die Medien eine gewisse Kontrollfunktion wahr. Oftmals werden so Missstände in Politik und Gesellschaft aufgedeckt.

Dadurch werden Politiker zum Handeln veranlasst. Die unabhängigen Medien werden auch als vierte Gewalt neben den drei Staatsgewalten (Legislative, Exekutive, Judikative) bezeichnet. Sie hinterfragen, kontrollieren und kritisieren, was politisch in der Welt geschieht und informieren die Öffentlichkeit darüber. Viele politische Affären in der Bundesrepublik sind durch Journalisten aufgedeckt worden. In manchen Fällen haben dabei Politiker oder politische Institutionen versucht, die Journalisten einzuschüchtern oder als unglaubwürdig darzustellen.

Investigative Journalisten, wie Hans Leyendecker von der Süddeutschen Zeitung, haben schon viele politische und wirtschaftliche Skandale an die Öffentlichkeit gebracht.

Investigativ:
Nachforschend, aufdeckend, enthüllend

PRESSESCHAU

Vor zehn Jahren begann mit einer Festnahme die CDU-Spendenaffäre.

Die ersten Tage im November 1999 haben keinen besonderen Platz im Gedächtnis der meisten Deutschen. Und doch ist in dieser Zeit ein Stück Geschichte geschrieben worden. Ohne die Ereignisse damals wäre Helmut Kohl sicher noch Ehrenvorsitzender der CDU und auf seiner Kanzlerschaft läge vermutlich kein Schatten. Angela Merkel wäre womöglich nicht Bundeskanzlerin geworden, und Wolfgang Schäuble wäre möglicherweise jetzt nicht nur der Älteste im Kabinett, sondern der Regierungschef.

An einem Donnerstag ... reisten zwei Augsburger Steuerfahnder und die Staatsanwältin Barbara Pöschl ins hessische Kronberg, um den ehemaligen Bundesschatzmeister der CDU, Walther Leisler Kiep, festzunehmen. Er war in eine Affäre verwickelt, die mit dem Namen des Kauferinger Unternehmers Karlheinz Schreiber verbunden wird. Im Zusammenhang mit dem Verkauf von 36 Panzern an Saudi-Arabien sollen verdeckte Provisionen an Manager und Politiker gezahlt worden sein.

Von Hans Leyendecker in www.sueddeutsche.de, Zugriff: 10.12.2015

1. Nennen Sie weitere Beispiele, in denen die Medien ihre Kontrollfunktion erfüllen und Politiker zum Handeln fordern.
2. Recherchieren Sie im Internet die „Spiegel-Affäre“ von 1962. Fassen Sie diese in einem Kurzreferat zusammen und bewerten Sie die damaligen Vorgänge aus Ihrer Sicht.

1.2 Das Grundrecht der Pressefreiheit

In Deutschland gibt es eine große Auswahl an Zeitungen und Zeitschriften

Art. 5 GG (Auszug)

1. ... Die Pressefreiheit und die Freiheit der Berichterstattung durch Rundfunk und Film werden gewährleistet. Eine Zensur findet nicht statt.
2. Diese Rechte finden ihre Schranken in den Vorschriften der allgemeinen Gesetze, den gesetzlichen Bestimmungen zum Schutze der Jugend und in dem Recht der persönlichen Ehre.

...

Landespressegesetze, Rundfunkgesetze und Mediengesetze sowie Rundfunkstaatsverträge regeln die rechtliche Stellung der Medien noch ausführlicher. Das Recht auf freie Meinungsäußerung ist im GG verankert und gilt als ein wichtiger Bestandteil der Demokratie. Die Pressefreiheit ist ein Maßstab für den Entwicklungsstand der Demokratie in einer Gesellschaft.

Recht am eigenen Bild

Fast jedes Handy hat heute Fotofunktion und Videokameras sind klein und leicht. Schnell lassen sich so Personen fotografieren. Jeder Bürger hat aber das Recht am eigenen Bild.

§ 22 Kunsturheberrechtsgesetz (KUG)

Bildnisse dürfen nur mit Einwilligung des Abgebildeten verbreitet oder öffentlich zur Schau gestellt werden. Die Einwilligung gilt im Zweifel als erteilt, wenn der Abgebildete dafür, dass er sich abbilden ließ, eine Entlohnung erhielt.

§ 23 Kunsturheberrechtsgesetz (KUG)

Ohne die nach § 22 erforderliche Einwilligung dürfen verbreitet und zur Schau gestellt werden: Bildnisse aus dem Bereich der Zeitgeschichte.

1. Recherchieren Sie Beispiele, in denen diese Rechte grob missachtet wurden.
2. Diskutieren Sie die Notwendigkeit der Sorgfalt im Umgang mit personenbezogenen Bildern.

1.3 Medienkonzentration

Die Freiheit und Unabhängigkeit der Medien gehört zu den Eckpfeilern der Demokratie und wird in der Bundesrepublik durch Art. 5 GG geschützt. Die eine Seite dieser Freiheiten ist das ungehinderte Verbreiten von Meinungen. Die andere Seite ist das Recht der Bevölkerung, sich ungehindert zu informieren.

Liegt die Verfügungsmacht über die Medien in nur wenigen Händen, ist die Demokratie in Gefahr. Meinungsvielfalt wäre nicht mehr gegeben, die Menschen würden einseitig informiert, möglicherweise sogar manipuliert. Selbst das Recht der Pressefreiheit wäre nutzlos, weil freie, unabhängige Journalisten kein Medium hätten, in dem sie sich äußern könnten.

Pressekonzentration

> PRESSESCHAU
>
> **Große Vielfalt**
>
> Deutschland ist unverändert das Land mit den meisten Publikumszeitschriften im Vergleich zu den anderen europäischen und außereuropäischen Ländern. Der Markt ist sehr dicht besetzt. In jeder Zeitschriftenkategorie gibt es etliche Wettbewerber.
>
> Quelle: http://www.vdz.de , Zugriff: 15.12.2015

Interpretieren Sie die Karikatur

Das Angebot an Presseerzeugnissen ist sehr umfangreich. Die Frage, ob die großen Pressekonzerne dennoch eine Meinungsmacht haben, sorgt seit langem für politische Diskussionen.

Konzentration auf dem TV-Markt

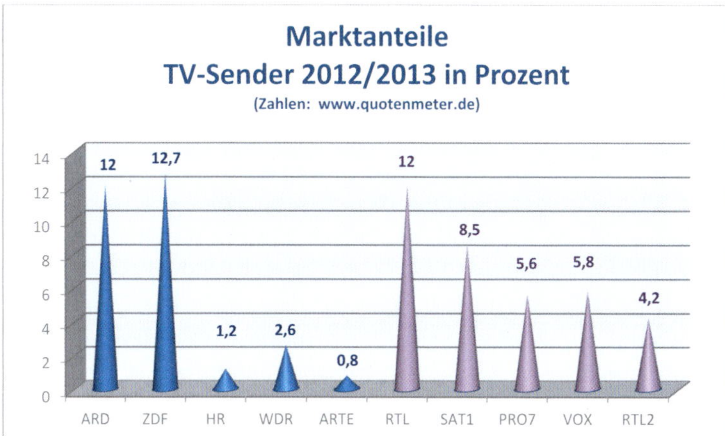

Nach gesetzlicher Lage darf der einzelne private Veranstalter höchstens 30 % aller Zuschauer auf dem deutschen TV-Markt erreichen. Überschreitet er diese Grenze, dürfen ihm keine weiteren Lizenzen zur Veranstaltung von Fernsehprogrammen erteilt werden. Entscheidend ist, ob von einer „vorherrschenden Meinungsmacht" auszugehen ist, die laut Rundfunkstaatsvertrag bei einem Marktanteil von 30 % als gegeben angesehen wird.

Lernfeld 3

Zusammenfassung

Die Medien haben eine Meinungsbildungs-, Informations- und Kontrollfunktion.

Sie werden als „Vierte Gewalt“ im Staat bezeichnet.

Deutschland ist das Land mit den meisten Publikumszeitschriften.

Die Pressefreiheit ist im Grundgesetz verankert.

PRÜFUNG WISO

http://www.pruefungsvorbereitung aktuell.de

Wissens-Check

1. Analysieren Sie, welche Möglichkeiten es gibt, die Meinungsvielfalt einzuschränken.
2. Diskutieren Sie die Sinnhaftigkeit der 30 %-Regelung auf dem privaten TV-Markt.
3. Begründen Sie, warum die Verfügungsmacht über Medien in wenigen Händen demokratieschädlich sein kann.

2 Neue Medienwelt

Wer sich im wirklichen Leben nicht so richtig mag, kann sich – zumindest im Internet – ein neues zweites Leben „erschaffen“. Genau das wird möglich in der Onlinewelt von Second Life.

© dpa

Wer bin ich?

Die so genannten Neuen Medien bestimmen immer mehr unsere Alltagswelt. Rund um die Uhr ist jeder per Mobiltelefon erreichbar oder teilt wie nebenbei Information aus. Stundenlang werden fremde Welten erobert (z. B. das Onlinerollenspiel World of Warcraft, WOW) oder künstliche Identitäten geschaffen (Second life).

Allen voran ermöglicht das Internet eine weltweite Vernetzung und Kommunikation, wie man sie vor einigen Jahren noch nicht erahnt hätte. Für viele, vor allem junge Leute, ist die Benutzung modernster Medien alltäglich und selbstverständlich. Einigen verschließt sich der Umgang deutlich oder wirkt eher abschreckend auf sie. Die Rede ist zuweilen von der „digitalen Revolution“, deren Auswirkungen ähnlich umwälzend sein könnten, wie die der **industriellen Revolution** im 19. Jahrhundert. Der Begriff des „**Informationszeitalters**“ beschreibt diese Veränderungen treffend.

Industrielle Revolution: Einführung der industriellen, arbeitsteiligen Fertigung von Waren und Gütern ab dem 18. Jahrhundert

Informationszeitalter: Allgegenwärtige und umfangreiche Information der Menschen im globalen Rahmen

2.1 Informationsmedien

Während das Fernsehen immer noch als das Leitmedium angesehen werden kann, haben die traditionellen Printmedien stark an Zuspruch verloren. Die gesamte Medienwelt befindet sich in einem bedeutenden Umbruch. Wie die Medienwelt der Zukunft aussehen könnte, darüber streiten die Experten.

Das Internet bietet eine Vielzahl von Möglichkeiten, sich zeitnah, umfassend und standortunabhängig die neuesten Informationen zu beschaffen. Die Kommunikation von Experten in vielen Bereichen – vom Gesundheitswesen bis zur Hilfestellung bei konkreten technischen Anwendungen- ist schnell und umfassend möglich. Kritische Foren von Bloggern oder Online-Portale können helfen, kritischen, unterdrückten Meinungen in Diktaturen un**zensiert** weltweit Gehör zu verschaffen.

Zensur:
Staatliche Kontrolle der Medien

Es gibt aber auch Szenarien, dass in wenigen Jahren die traditionellen auf Papier gedruckten Zeitungen ganz verschwunden sein werden. Der Rückgang der Verkaufszahlen hat zu einem Einbruch der Einnahmen geführt. Hierauf reagieren viele Verleger mit massivem Stellenabbau durch die Zusammenlegung von Redaktionen. Das führt zu einer weiteren Konzentration auf dem Zeitungsmarkt.

Recherchieren Sie im Internet, wie sich die verkauften Auflagen der Tageszeitungen in Deutschland bis heute entwickelt haben.

Aus dieser Entwicklung ergeben sich weitreichende Probleme: Die Medien können ihre oben genannten Aufgaben in der Gesellschaft nur noch eingeschränkt wahrnehmen. Kritischer Journalismus kann durch die „Umsonst-Kultur“ im Internet nicht mehr die gleichen Funktionen erfüllen, wie in der herkömmlichen Medienlandschaft.

PRESSESCHAU

Printmedien wird es auch in ferner Zukunft noch geben: als Statussymbole und für Nostalgiker. Bis dahin schrumpft die breite Masse der Gewohnheitsnutzer, die morgens ihre Tageszeitung lesen, langsam aber stetig. Denn die meisten Menschen bleiben Zeit ihres Lebens dem Medium treu, an das sie sich in der Jugend gewöhnt haben. Die Verlage müssen ihre Marken so gut es geht in die **Onlinewelt** überführen und dort neue Alleinstellungsmerkmale aufbauen, um all jene anzusprechen, die im Internetzeitalter ohne bedrucktes Papier aufgewachsen sind.

Quelle: www.goldmedia.com, Zugriff: 22.09.2015

PRESSESCHAU

Zeitung unter Druck – Plädoyer für ein Kulturgut

Journalismus ist kein Angebot aus dem Online-Dienst-Warenregal, das sich an den Interessen der Leser und User orientiert. Journalismus ist nicht bedürfnisorientiert, behaglich, bequem. Nicht mundgerecht portioniert. Es kommt im guten, beständigen Journalismus nicht darauf an schnell zu sein. Es kommt darauf an, richtig zu recherchieren und Recht zu behalten. Und – mit Ahnung und Haltung Informationen und Kommentare zu liefern, die länger leben als wenige Stunden ...

Quelle: www.fes.de/medienpolitik, Zugriff: 30. 08. 2015

1. Arbeiten Sie die Gefahren und die Chancen heraus, die die veränderte Medienwelt mit sich bringt.
2. Diskutieren Sie, wie sich die Zukunft der Printmedien entwickeln könnte.

Die Zeit, Der Spiegel: Zwei der traditionsreichsten deutschen Wochenzeitungen; beide aus Hamburg

Erfolgreiche Online-Plattformen (Die Zeit; Der Spiegel) zeigen, dass eine Verknüpfung der digitalen und der analogen Darbietung durchaus eine große Leserschaft findet und Erfolg haben kann. Die Entwicklung in diesem Segment ist so rasant, dass langfristige Prognosen kaum zu treffen sind.

2.2 Mediennutzung

Die Veränderungen in der Medienlandschaft bringen nicht nur Umwälzungen im publizistischen Bereich mit sich, sondern greifen tief in das Leben der Menschen ein und verändern das Freizeitverhalten vollkommen. So werden vielerlei neue Problemlagen geschaffen.

Der Umgang junger Leute mit Medien ist ein dauerhaftes Thema. Dies umso mehr, weil immer komplexere Spiele Handlungen der realen Welt abbilden. Viele Probleme in der Schule und Erziehung werden häufig mit der Mediennutzung Jugendlicher in Zusammenhang gebracht.

Recherchieren Sie im Internet:

a. den Gerätebesitz Jugendlicher (Handy, PC, Spielkonsole ...) in %,
b. die damit verbundene Medienbeschäftigung Jugendlicher in ihrer Freizeit.

Seit den achtziger Jahren des letzten Jahrhunderts erfolgte ein außerordentlicher Wandel des Medienangebots. Zunächst veränderte sich durch das aufkommende Privatfernsehen die Fernsehwelt stark, gefolgt von einer rasanten technischen und inhaltlichen Entwicklung von World Wide Web und Handy. Verschiedene Anbieter, das Radio, Fernsehen oder Tageszeitung sind inzwischen Multimediaprodukte. Der Nutzer kann überall und immer auf die Inhalte zugreifen.

Erstellen Sie einen tabellarischen Tagesablauf, in dem Sie ihre gewöhnliche Nutzung von Medien auflisten. Analysieren Sie die Gründe Ihrer Mediennutzung.

2.3 Medien und Sucht

Studien belegen, dass mittlerweile viele (ca. 15 %) zumeist junge Menschen die Nutzungsdauer ihrer Medien nicht mehr mit freiem Willen kontrollieren können. Man spricht hierbei vom Internet-Abhängigkeits-Syndrom oder einfach von Internetsucht.

Entzugserscheinungen, wie bei einer Alkoholsucht, treten auf, wenn Mediennutzung aufgegeben oder verringert werden soll. Der unwiderstehliche Lockruf der virtuellen Welt führt bei diesen Personen zu Fluchtverhalten und Vernachlässigung der täglichen Aufgaben und der sozialen Kontakte. Die virtuelle Welt hat mehr Anziehungskraft als die reale. Dies belegen auch Untersuchungen der Gehirnaktivitäten bei Suchtkranken. Die körperlichen Mechanismen bei einem Computerspiel unterliegen den gleichen Funktionsprinzipien wie bei einem Alkoholrausch. Bei beiden wird das Belohnungssystem des Gehirns aktiviert und führt dazu, sich weitere positive Gefühle verschaffen zu wollen.

Was für den einen gefährlich ist, kann für einen anderen harmlos sein.

PRESSESCHAU

... Wer mit dem Spiel klar kommt und die Spielanforderungen erfüllen kann, erfährt ein Gefühl der Selbstwirksamkeit. Das fehlt vielen Jugendlichen im Alltag. Außerdem: Der Erfolg im Spiel ist nur einen Mausklick weit entfernt. Die Spieler erleben Spannung und genießen ihre Erfolge. Kurzfristige Misserfolge stacheln die Anstrengungsbereitschaft an und münden schließlich wieder in Erfolgserlebnisse ein. In der realen Welt ist es wesentlich schwieriger, befriedigende Erfolge zu haben ...

Sie müssten eher komplementär genutzt werden. D. h. der Computerspieler sollte seine Hobbys beibehalten und seine sozialen Kontakte nicht vernachlässigen. Wenn ich meine Freundschaften pflege, den Draht zu meiner Familie halte und mich dann zusätzlich an den Computer setze, sind die Auswirkungen in der Regel unproblematisch. Der Aufenthalt in der virtuellen Spielwelt sollte den in der realen Welt nicht ersetzen, sondern sinnvoll ergänzen. ...

Quelle: Magazin des Kölner Stadt-Anzeigers, Nr. 256, S. 9.

Beurteilen Sie, ob die Kernaussagen des Artikels Ihrer Lebenserfahrung entsprechen.

2.4 Medien und Gewalt

Meine „Angst schlägt so langsam in Wut um. Ich fresse die ganze Wut in mich hinein, um sie irgendwann auf einmal rauszulassen, und mich an all den Arschl**hern zu rächen, die mir mein Leben versaut haben ... Für die, die es noch nicht genau verstanden haben: Ja, es geht hier um Amoklauf! Ich weiß nicht, woran ich bin, ich weiß nicht mehr weiter, bitte helft mir."

Brief des Attentäters aus Emsdetten an eine Beratungsstelle (Internetveröffentlichung o. A.)

Erfurt, Emsdetten, Winnenden sind nur drei der Städte, die einen Amoklauf erleben mussten. Und immer wieder bemüht die Suche nach den Gründen eine Antwort: Killerspiele.

Diese Frage wird in der öffentlichen Diskussion spätestens seit dem Amoklauf von Robert S. in Erfurt immer wieder aufgegriffen. Dies

© Ma. Popov – shutterstock.com

„Call of duty" – millionenfach gespielte Kriegssimulation (Altersfreigabe ab 18 Jahre)

führte sogar zu einer Veränderung des Jugendschutzgesetzes. Die Ansichten über die Gründe von Gewalt unter Jugendlichen und die Wirkung von Computerspielen gehen aber nach wie vor auseinander.

PRESSESCHAU

...Wenn du Fußgänger überfährst, spritzt das Blut auf den Asphalt. Überrolle sie mehrfach, um sicherzugehen, dass sie tot sind. Du musst Druck auf deine Klienten ausüben, damit sie ihren Anteil an die Familie abführen. Die Druckanzeige rechts oben im Bildschirm hilft dir, den richtigen Folterlevel zu finden, bei dem dein Opfer das Geld rausrückt. Du kannst auch beliebige Passanten durch Verbrennen, Erwürgen oder Schläge mit dem Hammer exekutieren. Drücke V oder F8, um die Exekution zu beginnen, sobald du neben einem verletzten Gegner stehst. Wenn du die Passantin von hinten mit einer Klavierseite stranguliers, kannst du ihr Röcheln hören. Das Brechen des Genicks wird durch ein feuchtes Knirschen angezeigt. Gut gemacht. Du erhältst weitere Respektpunkte in *Der Pate.*"

Quelle: Jörg Lau in: www.zeit.de , Zugriff: 20.10.2015

Diskutieren Sie, welche Wirkung solche Spiele auf Kinder und Jugendliche haben können.

Mobbing und Cybermobbing

Mobbing ist ein Verhalten, das sich gegen andere Personen richtet. Durch Aggressionen, Herabwürdigungen und Bloßstellungen wird versucht, andere Menschen körperlich oder psychisch zu beeinträchtigen. Häufig kommt es vor, dass Gruppen (Klasse, Arbeitskollegen) sich gegen einen verbünden. Dabei sind oft äußere Merkmale oder das Verhalten des Opfers ausschlaggebend (Kleidung, Schüchternheit). Was mit kleinen spöttischen Anspielungen beginnt, kann sich zu unbeherrschbaren Aggressionen steigern.

© A. Kleyböcker

Mobbing kommt in jeder Schulform vor und gehört zu den Hauptgewaltformen unter Jugendlichen.

Die zehn häufigsten Mobbinghandlungen (in Prozent):	
1. Hinter dem Rücken sprechen	23,0
2. Gerüchte und Lügen	16,8
3. Spitznamen und Schimpfworte	14,7
4. Lächerlich machen	14,1
5. Vom Lehrer übersehen werden	11,3
6. Abwertende Blicke und Gesten	10,8
7. Nachäffen	10,1
8. Für dumm erklären	7,8
9. Nicht zu Wort kommen lassen	6,8
10. Vom Lehrer angeschrien werden	6,1

Kaspar, Horst, Heinzelmann-Arnold, Irene, Schülermobbing, Buxtehude, S. 20.

Beim Cybermobbing verlagert sich dieses Verhalten ins Internet. In Chatrooms und Diskussionsforen, via MMS oder Boards wird versucht, das Opfer meist anonym bloßzustellen. Das Internet ermöglicht es, unabhängig von der Tageszeit zu agieren und einen unüberschaubaren Personenkreis mit einzubeziehen. Da das Internet nichts vergisst, ist es später kaum möglich, das Cybermobbing zu stoppen. Es ist vorgekommen, dass der Druck die Opfer so beeinträchtigt hat, dass es zu verheerenden Folgewirkungen gekommen ist.

1. Recherchieren Sie folgende Begriffe: Cyberbullying, Cyberstalking.
2. Diskutieren Sie, wie man Cybermobbing persönlich verhindern könnte.

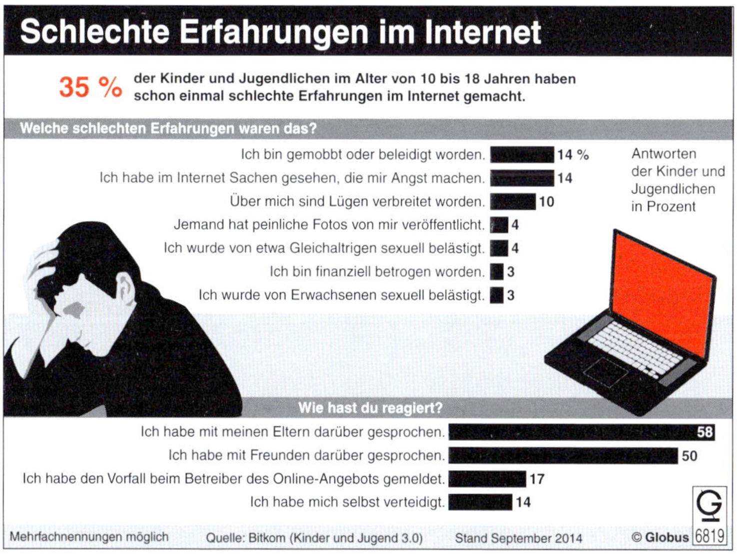

Beurteilen Sie die Angaben des Schaubildes aufgrund Ihrer eigenen Erfahrungen.

2.5 Medien und Macht

Seit den neunziger Jahren des vorigen Jahrhunderts hat sich die digitale Welt elementar verändert. Wie schon geschildert, ist für viele ein Leben ohne Internet nicht mehr vorstellbar. Dabei sind wir angewiesen auf Suchmaschinen, um die schier unbegrenzte Datenflut ordnen zu können und die für uns relevanten Informationen zu erhalten. Große Firmen haben durch geniale Ideen eine fast marktbeherrschende Stellung erlangt. Microsoft kontrolliert mit Windows den Betriebssystemmarkt. Im Bereich der Internetsuche herrscht Google. Es steht zu befürchten, dass diese Vormachtstellung von Google eine Gefahr für die Informationsfreiheit darstellt. Durch das weitreichende

Google

... erklärt Ihnen die Welt.

Immer und überall mit allem verbunden

Wissen über das Nutzerverhalten steht die Freiheit der Bürgerinnen und Bürger in ihrer informellen Selbstbestimmung auf dem Spiel.

Erörtern Sie weitere Gefahren im Umgang mit der Datensicherheit im Internet.

Weitere Datensammler sind die sozialen Netzwerke. Von google+ bis zum größten Anbieter Facebook. Wer sich dort nicht beteiligt, hat schnell das Gefühl, den Anschluss zu verlieren.

Aber: Das Gedächtnis des Netzes ist groß. Es vergisst nichts.

PRESSESCHAU

... Facebook-Gründer Mark Zuckerberg will die vier etablierten Kommunikationsformen der digitalen Zeit zusammenführen: E-Mail, SMS, Instant Messages und die Nachrichten, die man sich bei Facebook schreibt. Was soll der Vorteil sein? Alle elektronische Kommunikation zwischen zwei Menschen, egal, von welchem Gerät aus, liefe dann an einer Stelle zusammen.

... Aus täglich vier Milliarden Nachrichten via Facebook könnten zehn oder zwanzig Milliarden werden ... und damit die Chance auf weitere Werbemilliarden steigen ...

Dann lassen Menschen jegliche elektronische Kommunikation über Facebook laufen, lagern künftig dort auch die schriftlichen Hinterlassenschaften jener Menschen, die sich bisher bewusst ganz oder teilweise fernhalten. Und sie werden es nicht kontrollieren können. Ob ihre Mails über Facebook laufen oder nicht, liegt in der Hand ihrer Korrespondenzpartner, und wer das nicht will, müsste seinen Freunden und Kollegen verbieten, E-Mails über Facebook zu leiten.

Quelle: www.zeit.de, Zugriff: 21.08.2015

1. Soziale Netzwerke – Datenkraken oder traumhafte Kommunikationsmöglichkeiten? Analysieren Sie die Möglichkeiten dieser Technologie.
2. Diskutieren Sie, wie Sie mit Ihren persönlichen digitalen Daten umgehen.

2.6 Neue Medien in der Arbeitswelt

Produktionsvolumen:
Ausstoß an fertigen Produkten in einem bestimmten Zeitraum

Die digitalen Medien sind in einer globalisierten Wirtschaft von großer Bedeutung. Sie dienen der Arbeitserleichterung und Steigerung der Arbeitsproduktivität, zudem erhöhen computergesteuerte Prozesse das **Produktionsvolumen**.

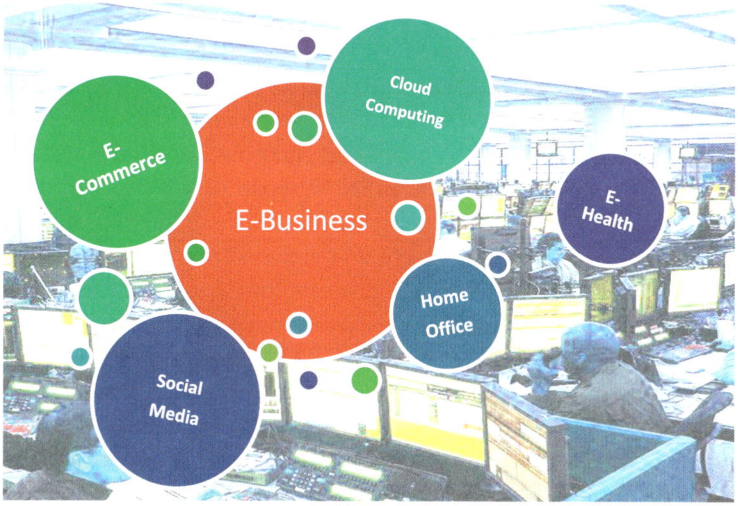

© Dr. Anja Rieck

Arbeitswelt 4.0: IT-Technologie und ihre Einsatzbereiche

1. Recherchieren Sie, was die Begriffe in der Grafik beinhalten.
2. Diskutieren Sie, wie sich deren Zusammenspiel in der „Arbeitswelt 4.0" auswirken könnte.

Die Arbeitswelt wird flexibler. Es gibt weniger **stationäre** Arbeitsplätze und geregelte Arbeitszeiten. Die Anforderungen an die Beschäftigten ändern sich. Termindruck, Eintönigkeit und Störung ihrer Arbeitsabläufe durch die elektronische Kommunikation sowie **Multitasking** sind an der Tagesordnung.

Stationär:
An einem festen Ort, im Berufsleben das Büro oder die Werkshalle

Multitasking:
Gleichzeitiges Erfüllen mehrerer Aufgaben oder Ausführen von Tätigkeiten

Das Internet ermöglicht besonders durch seine mobile Nutzbarkeit Datenaustausch und Kommunikation rund um die Uhr und den Erdball. Entscheidungen in Unternehmen können in Videokonferenzen getroffen werden. Projektunterlagen, Verträge oder Konstruktionspläne sind für Mitarbeiter auf Firmenservern oder in der „Datenwolke" (Cloud) jederzeit zugänglich. Somit führt die intensive Nutzung von Online-Medien im Arbeitsalltag zunehmend zur Vermischung von Beruf und Privatleben. Doch nicht nur die Organisation der Arbeit ändert sich, auch Sicherheitsanforderungen werden immer höher. Internetkriminalität wird zum bestimmenden Thema. So müssen Online-Systeme der Unternehmen wirksam vor Hackerangriffen geschützt werden, um Industrie- und Wirtschaftsspionage zu vermeiden.

Schwachstelle Mensch

Für den Menschen ist die rasante Veränderung der Arbeitswelt durch das Internet und die Digitalisierung eine große Herausforderung. In der computergesteuerten Produktion verliert der Mensch als Arbeitskraft an Bedeutung. Nur noch wenige Beschäftigte werden für das **Monitoring** eines Herstellungsprozesses benötigt.

Monitoring:
Ständige Überwachung, Beobachtung

Die neuen Medien führen außerdem zu einer permanenten Erreichbarkeit des Arbeitnehmers. Chefs versenden E-Mails nach Dienstschluss, mancher Mitarbeiter bleibt selbst in seiner Freizeit verfügbar. Er sieht sich dazu entweder moralisch verpflichtet oder verspricht sich davon einen Karrieresprung. Möglicherweise hat er auch einfach nur Sorge, etwas zu verpassen. Erholungspausen, Zeit zum Abschalten und Kraft tanken, fallen weg. Auf diese Weise überfordert sich der Beschäftigte dauerhaft. Er ermüdet und erkrankt im schlimmsten Fall. Untersuchungen von Krankenkassen und Versicherungsträgern belegen die Zunahme von psychischen Erkrankungen wie dem **Burnout**. Diese werden auch auf die Flexibilisierung der Arbeitswelt zurückgeführt. Die Auswirkungen der psychischen Fehlbelastung sind drastisch. Folgekosten für Therapien und Lohnersatzzahlungen belasten Krankenkassen, Versicherungsträger und Unternehmen. Dort erhöht sich zudem die Mehrbelastung der Kollegen. Es droht der Verlust von eingearbeiteten Fachkräften durch Ausfall oder Frühverrentung. In einigen Konzernen wird diesem Risiko bereits entgegen gesteuert.

Burnout:
„Ausgebrannt sein", Erschöpfung aufgrund seelischer oder körperlicher Überbelastung

PRESSESCHAU

Stille Nacht für VW-Mitarbeiter

Endlich Ruhe: Mehr als tausend Mitarbeiter von Volkswagen sind neuerdings nach Feierabend geschützt vor E-Mails vom Chef. Ihre Blackberrys haben nachts Sendepause. Der Betriebsrat hat der dauernden Verfügbarkeit der Angestellten den Kampf angesagt.

www.sueddeutsche.de, Zugriff 21.11.2015

Nennen Sie Gründe, die für die Sinnhaftigkeit dieser Maßnahme sprechen.

Auch der Mitarbeiter ist in der Verantwortung, sich vor Selbstausbeutung zu schützen und permanenter dienstlicher Inanspruchnahme zu entziehen. Arbeitsrechtler weisen darauf hin, dass kein Arbeitnehmer ständig erreichbar sein muss.

PRESSESCHAU

„Es ist gut, dass Stress in der Arbeitswelt zum Thema gemacht wird. Eine stressfreie Arbeitswelt lässt sich aber nicht verordnen. Hinzu kommt: Stress am Arbeitsplatz ist eine Größe, die sich schlecht objektivieren lässt. Vieles hängt von der körperlichen und seelischen Belastbarkeit des einzelnen Arbeitnehmers ab. Gesetzliche Regelungen werden wenig zur Stressvermeidung beitragen können. Das sehen Sie am Arbeitszeitgesetz. Das Arbeitszeitgesetz hat sehr klare Regelungen und ist leicht kontrollierbar. Das ist Aufgabe der Gewerbeaufsichtsämter."

www.faz.net, Zugriff 12. 02. 2015

Objektivieren:
Vom Persönlichen absehen, allgemeine Gültigkeit haben

Diskutieren Sie, ob gesetzliche Maßnahmen zur Stressvermeidung geeignet sind.

Zusammenfassung

Die digitalen Innovationen führen zu einer drastischen Veränderung der Informationskultur und bieten Möglichkeiten des spontanen Austausches in vielen Bereichen (Gesundheitswesen, Technik, Politik, Freizeit). Der Begriff des „Informationszeitalters“ ist für die Beschreibung dieser Epoche gängig.

Die weit verbreitete Nutzung digitaler Medien führt zu einer Kaufzurückhaltung bei den herkömmlichen Printmedien. Dies führt dort zu großen Umsatzeinbußen. Dies könnte die demokratischen Funktionen der Massenmedien beeinträchtigen.

Die Neuen Medien bieten positive Nutzungsmöglichkeit, bergen aber auch vielfältige Gefahren (Online-Sucht, Spielsucht).

Die weltweite Kommunikation kann gleichzeitig zu Machtkonzentration und zu umfassender Kontrolle führen.

Wissens-Check

1. Diskutieren Sie, wie sich die permanente Erreichbarkeit eines Arbeitnehmers auf seine Psyche auswirken könnte.
2. Nennen Sie Möglichkeiten, wie Sie sich dem entziehen können.
3. Welche positiven und welche negativen Möglichkeiten bietet die Entwicklung zur Informationsgesellschaft?

http://www.pruefungsvorbereitung aktuell.de

3 Das Internet: Information und Kommunikation

Das Internet verfügt über eine weltweite Vernetzung und ermöglicht Kommunikation über Ländergrenzen hinweg. Die Kommunikation hat eine neue Dimmension erreicht.

3.1 Sichere Informationsquellen

Beim persönlichen Umgang mit dem Internet liegt der Schwerpunkt häufig auf Chatten, dem E-Mail-Verkehr oder Surfen. Bei der fachlichen Arbeit in der Schule werden zumeist andere Nutzungen verlangt. Dabei nimmt die Internetrecherche einen großen Raum ein.

Nicht alle Informationsquellen im Internet sind seriös.

Internetrecherche

Suchmaschine

www.ixquick.de
www.google.de
www.bing.de
www.wegtam.de
www.ecosia.org

Suchbegriffe

Die Eingabe mehrerer Wörter konkretisiert die Suche im Internet.

Wenn vor jedes Wort ein + gesetzt wird, müssen alle Worte im Suchergebnis vorkommen.

Durch ein - (Minus mit Leerzeichen davor) vor dem Wort werden unerwünschte Treffer ausgefiltert.

Mit Anführungszeichen vor und nach mehreren Suchwörtern („Phrasen") sucht die Suchmaschine nach genau diesem Ausdruck.

In der „erweiterten Suche" sind bei jeder Suchmaschine weitere Möglichkeiten, die Sucheinstellungen zu optimieren.

Glaubwürdigkeit der Suchergebnisse

Wer ist der Anbieter der Information? Ist er bekannt und seriös (z.B. öffentlicher Träger, große Tages- oder Wochenzeitungen)?

Hat die Seite ein Impressum oder einen Kontakthinweis (z.B. „über uns"), in dem steht, wer Anbieter der Seite oder für den Inhalt verantwortlich ist? Kein Impressum: unseriöse Seite.

Wie aktuell sind die Informationen?

Werden Quellen oder Verfasser angegeben?

Um welche Art von Information handelt es sich (wissenschaftlicher Beitrag, Original-Quelle, Presseberichte, Kommentare, private Meinungsäußerungen)?

Sind die Informationen überprüfbar, widerspruchsfrei und überzeugend?

Wird das Thema kontrovers dargestellt? Sind erkennbar Informationen weggelassen?

> Begründen Sie, welche Kriterien der Glaubwürdigkeit für Sie die wichtigsten sind.

3.2 Urheberrecht im Internet

Beim Erstellen von Hausarbeiten und Referaten stellt sich die Frage, was man aus dem Internet übernehmen darf und was nicht. Auch bei Übernahmen aus dem Internet für den persönlichen Gebrauch sollte man sich am Urheberrecht orientieren.

Grundsätzlich gilt, dass jede persönlich-geistige Schöpfung dem Urheberrecht unterliegt. Nur der Schöpfer ist befugt, über die Nutzung und Verwertung seiner Werke zu verfügen. Er alleine kann die Berechtigung zur Nutzung geben, oder diese an Verwertungsgesellschaften abgeben (z. B. an die GEMA). Das gilt für Werke der Kunst, Literatur, Musik, und Wissenschaft.

Auch das Herunterladen von mp3-Dateien und Computerprogrammen ist durch das Urheberrecht geschützt.

> 1. Recherchieren Sie, was der Begriff GEMA bedeutet.
> 2. Nennen Sie weitere Nutzungs- und Verwertungsgesellschaften.
> 3. Das Urheberrechtsgesetz (§ 51) regelt, was Sie beim Zitieren beachten müssen. Diskutieren Sie, welche Bestimmungen in diesem Paragrafen für Sie von Bedeutung sind.

3.3 Internet und Arbeitswelt

Betriebe und Unternehmen ohne Anschluss an das Internet sind heutzutage unvorstellbar. Die Globalisierung hat dazu beigetragen, dass die Wirtschaftsunternehmen sich weltweit vernetzt haben. Das hat auch Auswirkungen auf die Arbeitsplätze. Die Arbeit kann zunehmend auch von zu Hause geleistet werden. Dadurch kann die Grenze zwischen Arbeit und Freizeit flexibler gehandhabt werden. Der Gebrauch von privaten und dienstlichen Geräten und Daten kann hohe Risiken bergen. Die Sicherheitsanforderungen in der gesamten Arbeitswelt sind insgesamt stark gestiegen.

3.4 Private Internetnutzung am Arbeitsplatz

Viele Arbeitgeber beklagen sich, dass die private Nutzung des Internets durch ihre Arbeitnehmer viel Geld kostet, weil diese Zeit ungenutzte Arbeitszeit ist. In der Rechtsprechung hat sich herauskristallisiert, dass das private Surfen am Arbeitsplatz grundsätzlich nicht erlaubt ist. Es gibt Unternehmen, die die Nutzung des Internets zu privaten Zwecken unter bestimmten Umständen erlauben. Zu beachten ist, dass es zu Haftungsansprüchen des Arbeitgebers durch privaten Internetgebrauch vom Firmenrechner kommen kann.

> Beschreiben Sie die Situation an Ihrem Arbeitsplatz hinsichtlich privater Nutzungsmöglichkeiten des Internets.

Damit es zu keinen arbeitsrechtlichen Konsequenzen kommt, empfiehlt es sich für Unternehmen, die Möglichkeiten der privaten Internetnutzung vertraglich zu regeln. Auch die Nutzung privater Geräte während der Arbeitszeit ist problematisch, weil dies ebenso eine Verletzung des Arbeitsvertrages darstellen kann. Bei der Kommunikation via Internet oder Intranet mit den Kollegen ist stets darauf zu achten, dass dafür ein dienstlicher Bezug vorliegt. Wenn es im Betrieb einen Datenschutzbeauftragten gibt, ist es in Zweifelsfällen ratsam, diesen zu befragen.

Dem Arbeitgeber ist es nicht erlaubt, durch ständige Protokollierungen des Internetzugangs des Arbeitnehmers die Internetnutzung zu überwachen.

3.5 Das Internet im Arbeitsprozess

Ein Betrieb oder Unternehmen ohne Internetanbindung wird heute schwer zu finden sein. Die Chancen, die die Digitalisierung bietet, sind beträchtlich, ihre Anwendung hat die Arbeitswelt durchdrungen.

Große Datenmassen werden in Sekunden verschoben, Maschinen können untereinander kommunizieren. Der Einsatz von Robotern in der modernen Industrie ist nicht mehr wegzudenken.

Roboter in der Produktion

Mittlerweile gibt es Vorstellungen, das einzelne Gegenstände direkt miteinander kommunizieren und den Menschen dazu nicht mehr brauchen: das Internet der Dinge.

PRESSESCHAU

Was eigentlich ist das Internet der Dinge?

Ein Schlagwort macht Karriere: Im „Internet der Dinge" kommuniziert alles mit allem. Bloß ohne Menschen. Und nun stellen Sie sich vor, dass alle Dinge um Sie herum – das Besteck, der Toaster, die Hundeleine des Nachbarn, der Regenschirm Ihres Gegenübers in der U-Bahn, die Parkbank, vielleicht sogar die Narzissen auf der Wiese im Park – mit dem Internet verbunden sind und sich in ständigem Dialog miteinander befinden. Ihr Besteck ist mit Sensoren ausgestattet, die registrieren, was und wie schnell Sie essen, und sendet diese Daten an einen Cloud-Server, wo sie mit den Daten verknüpft werden, die Toaster, Kühlschrank und Kochtöpfe über Ihre Essgewohnheiten sammeln. Essen Sie zu schnell, zu viel oder das Falsche, piepst Ihre Gabel. Oder der Toaster weigert sich, eine weitere Scheibe Toast zu produzieren, bevor Sie nicht eine Runde joggen waren – eine Information, die Ihre internetfähigen Socken sofort an den Toaster übermitteln.

Das Hundehalsband registriert, dass der Hund zum Tierarzt muss, gleicht die Datenbank der Arztpraxis mit dem Kalender des Nachbarn ab und macht eigenständig einen Termin. Der Regenschirm der Dame in der U-Bahn färbt sich eben blau, weil er dem Online-Wetterbericht entnommen hat, dass es gleich anfangen wird zu regnen. Und die Sensoren an der Parkbank und an den Narzissen übermitteln die Lichtverhältnisse im Park an eine Lampe, die sie auf dem Nachttisch eines Freundes auf der anderen Seite der Erde reproduziert ...

Das ist die Welt, die den Vordenkern des sogenannten „Internets der Dinge" vorschwebt – oder des „Internet of Everything", wie besonders ambitionierte Vertreter sagen

Quelle: www.faz.net, Zugriff: 19.01.2016

1. Diskutieren Sie, ob das „Internet der Dinge" Einzug in unser Alltagsleben haben könnte.
2. Erörtern Sie die Vorteile und die Nachteile, die eine solche Entwicklung mit sich bringen würde.

Schon heute laufen in der Industrie Fertigungsprozesse unabhängig vom jeweiligen Standort ab. So können Produktionsprozesse in Brasilien durchaus digital von einem Rechner in Köln gesteuert werden. Dabei werden zeitliche und räumliche Hürden gegenstandslos.

PRESSESCHAU

Intelligente und flexible Produktionsprozesse

... In der Industrie 4.0 verzahnt sich die Produktion mit modernster Informations- und Kommunikationstechnik. Das ermöglicht maßgeschneiderte Produkte nach individuellen Kundenwünschen – kostengünstig und in hoher Qualität. Die Fabrik der Industrie 4.0 sieht folgendermaßen aus: Intelligente Maschinen koordinieren selbstständig Fertigungsprozesse, Service-Roboter kooperieren in der Montage auf intelligente Weise mit Menschen, (fahrerlose) Transportfahrzeuge erledigen eigenständig Logistikaufträge. Industrie 4.0 bestimmt dabei die gesamte Lebensphase eines Produktes: Von der Idee über die Entwicklung, Fertigung, Nutzung und Wartung bis hin zum Recycling. Über die „intelligente Fabrik" hinaus werden Produktions- und Logistikprozesse künftig unternehmensübergreifend vernetzt, um den Materialfluss zu optimieren, um mögliche Fehler frühzeitig zu erkennen und um hochflexibel auf veränderte Kundenwünsche und Marktbedingungen reagieren zu können ...

Quelle: www.bmwl.de, Zugriff: 19.01.2016

© Fotohandel – Fotolia.com

1. Informieren Sie sich über den Stand der Umsetzung von „Industrie 4.0" in deutschen Unternehmen.
2. Diskutieren Sie mögliche Auswirkungen der Umsetzung von „Industrie 4.0" auf den Arbeitsmarkt.

Ein großes Problem stellt in solchen Prozessen das Sicherheitsrisiko dar. Es gibt technische Möglichkeiten, die Datenströme abzufangen und zu verändern. Auch **Industriespionage** wird so in größerem Maße möglich, ohne vor Ort in die Unternehmen eindringen zu müssen.

Industriespionage:
Dies ist das rechtswidrige Beschaffen von Daten eines Unternehmens durch nicht dazu berechtigte Personen. Meistens kommen diese Aktivitäten von Unternehmen, die im Wettbewerb zueinander stehen.

3.6 Industriespionage

Je stärker die Unternehmen vernetzt sind, umso größer ist die Gefahr, dass sie ausgespäht werden können. In Deutschland hat fast die Hälfte der Unternehmen schon einmal einen Spionageangriff über das Internet erfahren.

Es ist schwer, einen Spionageangriff zu bemerken. Oft wird er erst festgestellt, wenn Wettbewerber ein ähnliches Produkt anbieten. Der Schaden kann beträchtlich sein, weil der Wettbewerber häufig sogar preiswerter anbieten kann: Die Planungskosten hat er sich durch den Datendiebstahl erspart.

Dr. Sandro Gaycken (**BKA**) bemerkte in einem Vortrag 2013 hierzu:

„... China etwa wurde 2012 mit einer militärischen Cyberwar-Truppe bei hochwertiger Industriespionage erwischt. Dieser ‚APT-1' genannte Angreifer horchte systematisch Hochtechnologieunternehmen aus, mit dem inzwischen aus China bekannten Ziel, die eigenen Unternehmen zu Marktführern in globalen Hochtechnologiemärkten zu machen ..."

Quelle: www.bka.de, Zugriff: 20.01.2016

BKA:
Bundeskriminalamt

Die Forschungs- und Entwicklungsabteilungen der Unternehmen sind ein beliebtes Angriffsziel. Gelingt es den Angreifern, in den Bereich der Kundendaten zu gelangen, kann dies für das betroffene Unternehmen existenzbedrohend werden. Durch die weltweite Verbreitung des Internets, können die Angriffe auf Datenbanken von fast jedem Ort der Welt aus vorgenommen werden.

Da auf Smartphones und Laptops große Mengen von Firmendaten gespeichert werden können, kann der Diebstahl dieser Geräte ein lohnendes Ziel sein. Sind diese dann nicht umfassend gesichert, kann es zu unabsehbaren Folgen kommen.

> Nennen Sie Maßnahmen, wie sich Ihr Arbeitgeber gegen Datendiebstahl über das Internet schützt.

3.7 Cyber-Terrorismus

Nicht nur die Unternehmen sind Angriffsziele von Internet-Attacken, auch der Staat kann bedroht sein.

Angriffe von außen habe im Jahre 2015 dazu geführt, dass der Deutsche Bundestag sein internes Datennetz neu aufbauen muss.

PRESSESCHAU

Cyberangriff auf den Bundestag: Hacker kopierten Abgeordneten-E-Mails

Bei der Späh-Attacke auf das deutsche Parlament entwendeten die Täter offenbar große Mengen vertraulicher E-Mails. Der Bundestag will jetzt damit beginnen, sein internes Datennetz „Parlakom" teilweise neu aufzubauen.

... Die Hacker, die vermutlich mithilfe eines in einer E-Mail versteckten Trojaners in das Bundestagsnetz „Parlakom" eingedrungen waren, konnten nach bisherigen Erkenntnissen Daten in einer Größenordnung von rund 16 Gigabyte abzweigen ...

Quelle: www.spiegel.de, Zugriff: 20.01.2016

> Diskutieren Sie mögliche Folgen, die ein Datendiebstahl von vertraulichen Informationen aus dem Parlament haben kann.

Wenn Einrichtungen des Staates, die das öffentliche Leben der Bürger garantieren, betroffen sind, kann dies unabsehbare Folgen haben. Attacken auf Atomkraftwerke, Wasserwerke, Flughäfen und Bahnhöfe könnten das gesamte öffentliche und private Leben zum Erliegen bringen.

3.8 Das Internet in der Schule

Das Internet ist aus der Schule nicht mehr wegzudenken. Es gibt kaum noch ein Unterrichtsfach, das ohne Anbindung an das Internet stattfindet. Dennoch gibt es unterschiedliche Meinungen zur Sinnhaftigkeit dieses Zustandes.

© Ullsteinbild – Günter Peters

Ein Schüler bedient ein interaktives Whiteboard in einer Berliner Grundschule

PRESSESCHAU

Streitgespräch Internet raus aus den Schulen?

Der Umgang mit dem Internet sollte ein fester Bestandteil des Unterrichts werden – oder doch nicht? Zwei Redakteure, zwei Meinungen.

Jasper von Altenbockum: *Unsere Schulen lassen sich viel zu sehr auf den Fetisch unserer Gesellschaft ein: das Netz. Das interaktive Whiteboard verdrängt die Tafel. Und transportiert einen Irrtum ins Klassenzimmer: dass die virtuelle Realität die maßgebliche sei.*

Matthias Müller von Blumencron: Die virtuelle Welt ist Teil unserer Realität, ob wir wollen oder nicht. Sie ist machtvoll, faszinierend, erschütternd, kriminell, hochintelligent und dumm zugleich. Und sie ist expansiv. Sie prägt die Welt, sie ist die Zukunft. Es ist die Welt unserer Kinder. Ich möchte, dass sie lernen, sich dort besser zurechtzufinden als viele ihrer Eltern. Und leider auch Lehrer.

von Altenbockum: *Viele Eltern (und hoffentlich auch die Lehrer) wollen aber, dass Kinder erst einmal in die Lage versetzt werden, ihren Verstand zu benutzen. Dass sie angeleitet werden, sich Wissen anzueignen und darüber nachzudenken. Dazu braucht man weder iPad, Smartphone noch Whiteboard.*

Müller von Blumencron: Völlig richtig: Ich brauche Verstand, ich brauche Kulturfähigkeiten, ich brauche intellektuelle Neugier, um die digitale Welt mit Gewinn zu nutzen. Aber weil das Internet eben nicht so einfach strukturiert ist wie ein Buch, muss ich auch lernen, mit der neuen Sphäre umzugehen. Der Umgang mit der digitalen Welt ist eine Kulturtechnik, die erlernt werden will. Und zwar nicht erst mit 16 oder 14, sondern spätestens nach der Grundschule. Dann toben die meisten Kinder nämlich schon darin herum.

von Altenbockum: *Sie toben leider schon dann darin herum, wenn sie noch nicht einmal richtig lesen, schreiben und rechnen können – wenn sie das denn je richtig lernen, weil „ja alles im Internet steht". Die Schule unterstützt das auch noch: Referate („Präsentationen") werden in blindem*

PRESSESCHAU

Vertrauen auf Wikipedia oder sonstige Inhalte erstellt, die auch noch irrtümlich als „Quellen“ empfohlen werden. Die Reihenfolge muss also heißen: erst Denken, dann Wissen, dann Kulturtechnik.

Müller von Blumencron: In der Zeit des lebenslangen Lernens würde das bedeuten: Mit dem Internet beginnen wir am Lebensabend. So kann es nicht sein. Schulen haben die Pflicht, unsere Kinder rechtzeitig auf die Herausforderungen der Gesellschaft vorzubereiten. Und sie tun das nicht gut genug, wie die internationalen Vergleichsstudien etwa für Computerkompetenz zeigen. Ich habe das Gefühl, dass sich etliche Pädagogen vor dieser Herausforderung wegducken, weil es auch für sie bedeuten würde, ständig Neues zu lernen. Wie es übrigens auch in jedem anderen Beruf verlangt wird.

von Altenbockum: *Lernen setzt Fähigkeiten voraus, für die man nicht mehr oder weniger braucht als ein Stück Papier und einen Bleistift – und Lehrer, die ohne „Medien“ auskommen... Nur wer netzfrei denken, fühlen und handeln kann, hat die nötige Distanz, um damit frei und kompetent umgehen zu können. Das ist übrigens auch die Lehre aus der Netzgeschichte: Viele Digital Natives wollen lieber nicht an ihr Geschwätz von gestern erinnert werden ...*

Quelle: www.faz.net, Zugriff: 19.01.2016

1. Diskutieren Sie die Positionen der beiden Redakteure und begründen Sie Ihre eigene Meinung zu dem angesprochenen Problem.
2. Erörtern Sie, in welcher Schulform (Grundschule, Hauptschule ...) der Einsatz des Internets sinnvoll oder weniger sinnvoll ist.

Zusammenfassung

Das Internet bietet eine Vielzahl von Möglichkeiten, sich zeitnah, umfassend und standortunabhängig die neuesten Informationen zu beschaffen.

Die Globalisierung hat dazu beigetragen, dass die Wirtschaftsunternehmen sich weltweit vernetzt haben.

Viele Probleme in der Schule und Erziehung werden häufig in Zusammenhang gebracht mit der Mediennutzung Jugendlicher.

Mobbing ist ein Verhalten, das sich gegen andere Personen richtet.

Beim Cybermobbing verlagert sich dieses Verhalten ins Internet.

Nicht alle Informationsquellen im Internet sind seriös.

Auch bei Übernahmen aus dem Internet für den persönlichen Gebrauch sollte man sich am Urheberrecht orientieren.

In der Rechtsprechung hat sich herauskristallisiert, dass das private Surfen am Arbeitsplatz grundsätzlich nicht erlaubt ist.

Zusammenfassung

Der Einsatz von Robotern in der modernen Industrie ist nicht mehr wegzudenken.

Industriespionage kann Unternehmen in wirtschaftliche Schwierigkeiten bringen.

Nicht nur die Unternehmen sind Angriffsziele von Internet-Attacken, auch der Staat kann bedroht sein.

Mit größter Wahrscheinlichkeit ist das Internet aus der Schule nicht mehr wegzudenken.

Wissens-Check

1. Erläutern Sie, was man unter Neuen Medien versteht.
2. Nennen Sie Verhaltensweisen, die zur Mediensucht führen können.
3. Beschreiben Sie, was Sie bei der Internetrecherche beachten sollten.
4. Nennen Sie Beispiele, wo Sie das Urheberrecht beachten müssen.
5. Diskutieren Sie, warum es sinnvoll ist, die private Internetnutzung am Arbeitsplatz zu reglementieren.
6. Begründen Sie, warum Industriespionage den Wettbewerb verzerren kann.
7. Diskutieren Sie, ob Cyber-Terrorismus eine Gefahr für das öffentliche Leben darstellen kann.
8. Nennen Sie Unterrichtsfächer, die Ihrer Meinung nach ohne Zugang zum Internet auskommen könnten.

PRÜFUNG WISO

http://www.pruefungsvorbereitung aktuell.de

HOT

HOT – Informationsflut – wie verarbeiten wir sie? (Cluster)

© Tsiumpa – Fotolia.com

© MEV Verlag GmbH

Ausgangslage:

06.00 Uhr: Zeit zum Aufstehen. Vor dem Duschen wird der PC angestellt, kurz nachgesehen, ob E-Mails gekommen sind. Ein kurzer Blick auf das Handy, um zu sehen, ob jemand geschrieben hat. Gibt es neue WhatsApp-Nachrichten? Ist etwas Neues bei Facebook passiert?

07.00 Uhr: Beim Frühstück wird die Zeitung geöffnet, erste Schlagzeilen werden aufgenommen und Nachrichten gelesen.

07.30 Uhr: Auf dem Weg in den Betrieb die gleichen Themen im Radio, Plakate preisen die neusten Produkte an.

08.00 Uhr: Im Betrieb angekommen weiterer Informationsaustausch durch Gespräche mit Kollegen.

12.00 Uhr: Mittagspause

Innerhalb dieser kurzen Zeitspanne zwischen Aufstehen und Mittagspause haben Sie bereits vielfache Informationen aufgenommen.

Die Informationsflut vermittelt den Eindruck, dass die genannten Inhalte lebensnotwendig sind. Durch die weltweite Vernetzung ist Kommunikation rund um die Uhr und überall möglich. Über zahlreiche Kanäle können umfassende Informationen abgerufen werden.

Ablauf:

1. Listen Sie auf, wo Sie in Ihrem Alltag überall auf Medien treffen. Wie würde sich ein Tag ohne Informationen auf Sie auswirken?
2. Stellen Sie in einer Tabelle Nutzen und Gefahren der digitalen Medien gegenüber.
3. Überlegen Sie, wie man mit der Verarbeitung der Informationsflut umgehen kann.
4. Erstellen Sie ein Cluster zum Thema „Informationsflut".
5. Vergleichen Sie Ihre Ergebnisse mit denen der anderen Gruppen und diskutieren Sie darüber.

Anwendung:

Cluster, allgemeine Kriterien:

- Das Cluster ist eine Möglichkeit, sich einem Thema gedanklich zu nähern.
- Das Thema steht in einem Kreis in der Mitte.
- Unterpunkte (z. B.: „Printmedien", „PC", usw.) werden in Kreisen um das zentrale Thema angeordnet.
- Weitere Untergliederungen (z. B.: Zeitungen, Zeitschriften, Magazine) werden daneben gruppiert.

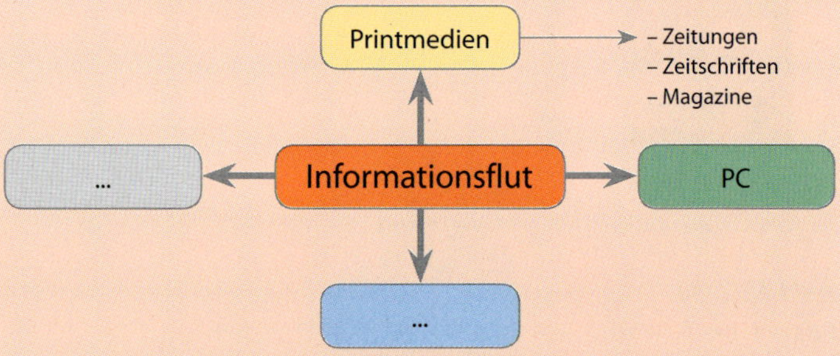

- Das so entstandene Custer kann nun durch logische Verknüpfung zur Beantwortung der zentralen Fragestellung weiterverwendet (z. B. Mindmap) werden.

LF 4 Verantwortungsvoll wirtschaften

1 Rechtsformen der Unternehmen
2 Zukunft von Arbeit und Beruf
3 Der Verbraucher in der Demokratie
4 Wirtschaftsformen
5 Wirtschaftspolitik

1 Rechtsformen der Unternehmen

Unternehmen haben verschiedene Rechtsformen, für die unterschiedliche gesetzliche Bedingungen gelten. Je nachdem wie ein Unternehmen organisiert ist und welche Ziele es verfolgt, kann eine andere Rechtsform die optimale sein.

Zur Findung der Rechtsformen stellen sich folgende Fragen:

- Wer erhält Anspruch auf Gewinne des Unternehmens?
- Wie haftet der Einzelne im Falle einer Insolvenz?
- Wer trifft Entscheidungen im Unternehmen?
- Wer bringt das Eigenkapital auf?
- Wie sind die steuerlichen Voraussetzungen?

Für unterschiedliche Ziele und Gegebenheiten kann also eine andere Rechtsform erforderlich sein.

Rechtspersönlichkeit:
Eine Rechtspersönlichkeit ist eine Person, die rechtsfähig ist und somit Träger von Rechten und Empfänger von Pflichten sein kann.

Personengesellschaft:
Mindestens zwei Personen schließen sich zur Erreichung eines gemeinsamen Zweckes zusammen.

Ein wesentliches Unterscheidungsmerkmal ist die **Rechtspersönlichkeit**. Personengesellschaften (Einzelunternehmung, OHG, KG, GbR) haben keine Rechtspersönlichkeiten. Sie können nicht vor Gericht auftreten und keine Verträge abschließen. Dies kann nur durch die Eigentümer bzw. deren Bevollmächtigte passieren. Bei **Personengesellschaften** haften die Gesellschafter persönlich mit ihrem Privatvermögen. Kapitalgesellschaften (GmbH, AG, SE) sind eigene Rechtspersönlichkeiten. Sie können vor Gericht agieren und (vertreten durch ihre Geschäftsführer) gültige Verträge abschließen. Im Verlustfall haften die Gesellschafter lediglich mit ihrer Kapitaleinlage.

1.1 Einzelunternehmen

Die Einzelunternehmung ist die einfachste Form eines Unternehmens. Eine Person bringt das Eigenkapital auf und hat die alleinige Verantwortung.

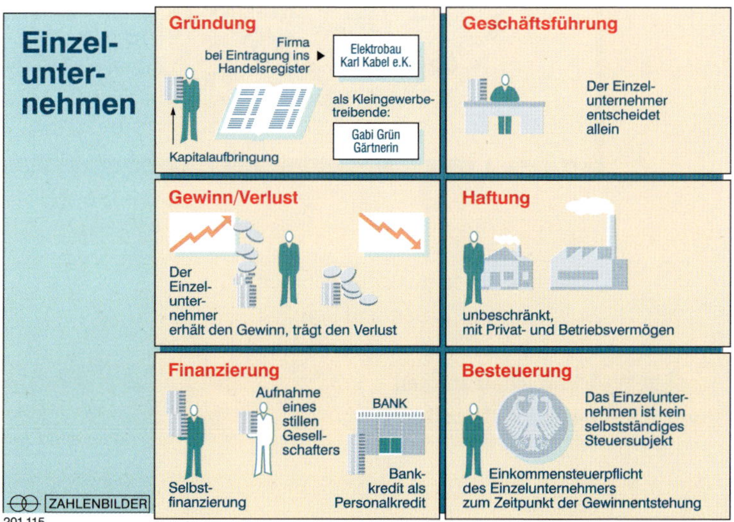

Sie trifft die unternehmerischen Entscheidungen alleine und haftet im Verlustfall mit ihrem privaten Vermögen. Der Namen der Einzelunternehmung muss mit einem Zusatz ergänzt werden, z. B. „eingetragener Kaufmann" (e. K.). Vorteil der Einzelunternehmung ist die große Selbstständigkeit, die der Unternehmer bei betrieblichen Entscheidungen besitzt. Er ist niemandem Rechenschaft schuldig.

Der größte Teil der in Deutschland tätigen Unternehmen sind Einzelunternehmen. Dies gilt auch für die gesamte EU. Dabei ist der prozentuale Anteil der Einzelunternehmen in den südeuropäischen Ländern noch höher als in den nordeuropäischen.

Wenn zwei oder mehr Personen ein Unternehmen gründen, entsteht eine Personengesellschaft. Die Gründung erfolgt formlos. Die persönliche Mitarbeit der Gründer steht dabei im Vordergrund. Sämtliche Personen haften mit ihrem Privatvermögen, die Aufnahme zusätzlicher Gesellschafter ist von der Zustimmung aller Gesellschafter abhängig.

> Ca. 70 % aller in Deutschland angemeldeten Unternehmen sind Einzelunternehmungen. Analysieren Sie die möglichen Gründe.

1.2 Offene Handelsgesellschaft

Die klassische Form der Personengesellschaft ist die Offene Handelsgesellschaft (OHG). Hier sind alle Gesellschafter zur Geschäftsführung berechtigt und verpflichtet. Sie haften direkt und unmittelbar mit ihrem Privatvermögen. Gläubiger können sich direkt an jeden Gesellschafter wenden und die Schulden einklagen. Eine Beschränkung der Haftung einzelner Gesellschafter nach außen ist nicht gültig. Jeder Gesellschafter tätigt eine **Kapitaleinlage**. Bei ausreichendem Gewinn verzinst sich die Kapitaleinlage. Gewinne und Verluste verteilen sich gleichmäßig auf die Gesellschafter.

Kapitaleinlage:
Einbringung von Geld oder anderen Wertgegenständen in das Unternehmen

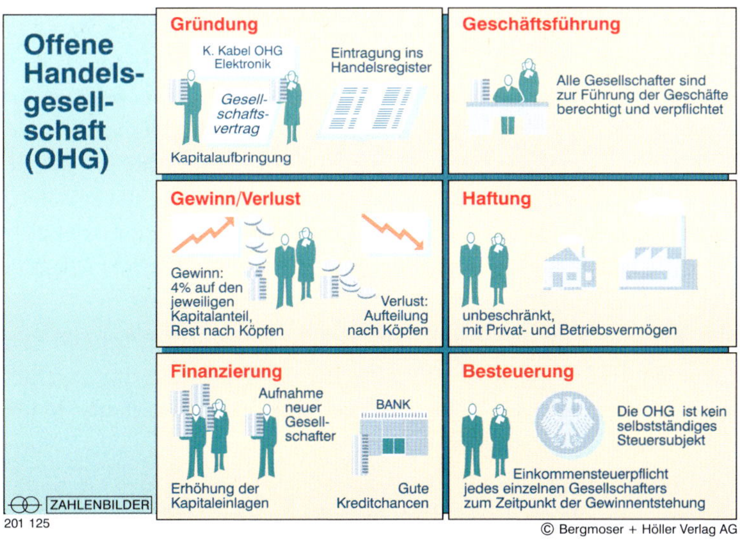

1.3 Kommanditgesellschaft

Bei einer Kommanditgesellschaft haftet im Unterschied zur Offenen Handelsgesellschaft nur ein Teil der Gesellschafter mit seinem Privatvermögen. Sie wird häufig dann gewählt, wenn nicht alle Gesellschafter uneingeschränkt haften sollen. Es gibt zwei Arten von Gesellschaftern:

- Komplementäre haften persönlich mit ihrem Privat- und Betriebsvermögen. Ihnen obliegt das Recht, Entscheidungen im Unternehmen zu treffen und sie vertreten die Gesellschaft nach außen.
- Kommanditisten haften mit dem Betrag ihrer Kapitaleinlage. Sie haben das Recht, die Bilanzen und Bücher des Betriebs einzusehen. Mitsprache steht ihnen bei wichtigen Entscheidungen wie einer Auflösung des Unternehmens zu.

Sämtliche Kapitalanlagen werden wie bei der OHG bei ausreichendem Gewinn zu 4 % verzinst. Der restliche Gewinn wird gemäß Gesellschaftervertrag in angemessenem Verhältnis aufgeteilt. Verluste werden entsprechend in angemessenem Verhältnis aufgeteilt, Kommanditisten werden nur bis zur Höhe ihrer Einlage beteiligt. Im Namen der Firma muss ein Hinweis auf die Rechtsform (Kommanditgesellschaft oder KG) enthalten sein.

Lernfeld 4

Kapitalgesellschaft:
Rechtlich selbstständige Gesellschaften, deren Kapital von einem größeren Personenkreis aufgebracht wird

Bei allen Personengesellschaften gibt es mindestens eine Person, die vollständig mit ihrem Privatvermögen haftet. Bei **Kapitalgesellschaften** haftet jeder Anteilseigner in Höhe seiner Einlage. Die Gesellschafter müssen nicht öffentlich benannt werden und können anonym bleiben.

1. Diskutieren Sie mögliche Gründe, warum Kommanditgesellschaften gegründet werden.
2. Begründen Sie, welches Gründungsmitglied Ihrer Ansicht nach die Rolle des Komplementärs einnehmen sollte.

1.4 Gesellschaft mit beschränkter Haftung

Juristisch selbstständig:
Jemand ist dann juristisch selbstständig, wenn er rechtsgültige Verträge abschließen kann.

Handelsregister:
Amtliches Verzeichnis mit allen Kaufleuten, das von jedem eingesehen werden kann

Als Kapitalgesellschaft ist die Gesellschaft mit beschränkter Haftung (GmbH) eine **juristisch selbstständige** Person. Sie kann Eigentum oder Rechte erwerben und vor Gericht klagen und beklagt werden. Bei der Gründung wird die Gesellschaft ins **Handelsregister** eingetragen, bei deren Auflösung wieder gelöscht. Bei der Gründung wird ein Stammkapital von mindestens 25.000 € vorausgesetzt. Das Stammkapital ist der anfängliche Beitrag der einzelnen Gesellschafter zum Startkapital des Unternehmens.

Gewinne werden, wenn nicht anders vereinbart, entsprechend dem eingezahlten Kapital an die Gesellschafter ausbezahlt. Verluste werden aus dem Vermögen der Gesellschaft getragen, die Gesellschafter haften nicht mit privatem Vermögen.

Seit 2008 besteht die Möglichkeit, eine Sonderform der GmbH zu gründen, die Unternehmergesellschaft. Diese setzt bei Gründung lediglich einen Euro Stammkapital voraus. Durch Beschränkung der Gewinnausschüttung soll es allmählich die bei einer GmbH üblichen 25.000 € erreichen. Die Anzahl der Gesellschafter ist auf maximal drei beschränkt.

Die GmbH bietet sich durch die Beschränkung des Haftungsrisikos an, wenn keiner der Gesellschafter haften will. Ihre gesetzlichen Vorschriften sind relativ einfach erfüllbar. Durch Änderungen im Gesellschaftsvertrag kann man flexibel auf Besonderheiten Rücksicht nehmen.

1. Analysieren Sie, welchen Nachteil die GmbH im Vergleich zu Unternehmensformen, in denen der Eigentümer mit dem Privatvermögen haftet, hat.
2. Erörtern Sie die Gründe, die zur Schaffung der Unternehmergesellschaft geführt haben.

1.5 Aktiengesellschaft

Wie die GmbH ist die Aktiengesellschaft (kurz AG) eine Kapitalgesellschaft und eine rechtlich eigenständige Person. Die Anteilseigner haften mit ihrer Kapitaleinlage, nicht mit ihrem persönlichen Vermögen. Die Anteilsscheine einer Aktiengesellschaft heißen **Aktien**.

Zur Gründung einer Aktiengesellschaft ist ein Stammkapital von mindestens 50.000 € festgeschrieben. Gewinne werden gemäß des Aktienanteils an die Aktionäre ausbezahlt. Verluste werden mit Firmenvermögen bezahlt.

Im Vergleich zur GmbH gibt es bei Aktiengesellschaften mehr Auflagen, die erfüllt werden müssen. Aktiengesellschaften haben umfassende Pflichten und müssen ihre wirtschaftliche Lage veröffentlichen. In der Hauptversammlung wählen die Aktionäre den Aufsichtsrat und treffen Entscheidungen, wie der Gewinn verwendet wird. Der Aufsichtsrat einer Aktiengesellschaft überwacht den Vorstand der Aktiengesellschaft, welcher wiederum das Unternehmen leitet.

Aktie:
Der Inhaber einer Aktie ist Teilhaber am Vermögen und dem Gewinn der AG.

Börse:
Ein organisierter Markt an dem u. a. Aktien gehandelt werden

Deutsche Börse in Frankfurt am Main

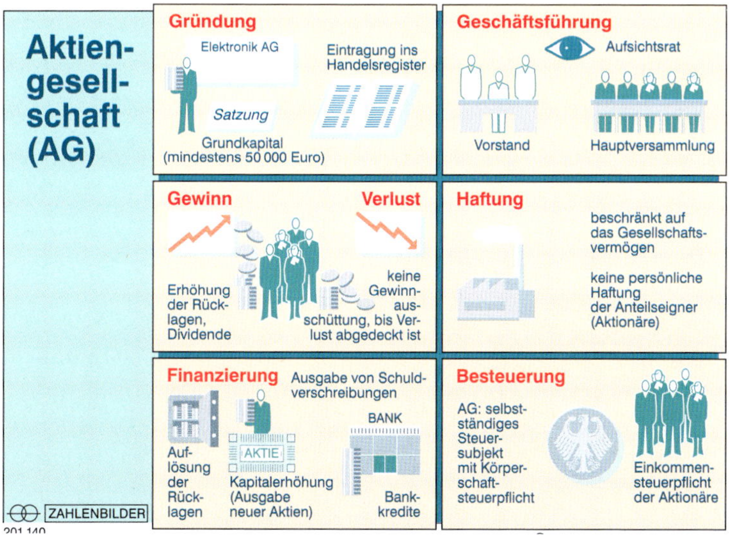

1.6 Europäische Gesellschaft

Tochtergesellschaft:
Eine Tochtergesellschaft ist ein rechtlich eigenständiges Unternehmen, das wirtschaftlich zu einem größeren Unternehmen gehört, dem Mutterkonzern.

www.unternehmensformen-deutschland.de

Die Europäische Gesellschaft (kurz SE für Societas Europaea) ist eine Kapitalgesellschaft auf europäischer Ebene. Ziel der Europäischen Gesellschaft ist es, länderübergreifende Geschäfte in Europa zu vereinfachen. Die Gründung von Niederlassungen innerhalb der Europäischen Union ist ohne die Gründung von **Tochtergesellschaften** möglich.

Zusammenfassung

Die Wahl der Unternehmensform hat Auswirkungen auf die Verteilung des Gewinnes, die Haftung im Insolvenzfall und die Mitbestimmungsrechte.

Die Einzelunternehmung besteht aus einer Person, welche die alleinige Geschäftsführung besitzt und mit ihrem Privatvermögen haftet.

Personengesellschaften sind Zusammenschlüsse mehrerer Personen. Die Gesellschafter haften mit ihren Privatvermögen.

Bei der Offenen Handelsgesellschaft sind alle Gesellschafter zur Geschäftsführung berechtigt.

Bei der Kommanditgesellschaft gibt es zwei Arten von Gesellschaftern. Dem Komplementär obliegt die Geschäftsführung. Ihm steht ein höherer Gewinnanteil zu und er haftet mit seinem Privatvermögen. Der Kommanditist hat lediglich Mitspracherechte und haftet mit seiner Kapitaleinlage.

Kapitalgesellschaften sind rechtlich selbstständige Personen, in denen die Haftung der Gesellschafter auf deren Kapitalanlage beschränkt ist.

Bei der Gesellschaft mit beschränkter Haftung müssen ein oder mehrere Gesellschafter 25.000 € Startkapital aufbringen. Sie haften nur mit ihrer Kapitaleinlage.

Bei Aktiengesellschaften ist ein Startkapital von 50.000 € erforderlich. Anteile an Aktiengesellschaften werden an der Börse gehandelt.

Wissens-Check

1. Erklären Sie, worin sich Personen- und Kapitalgesellschaften unterscheiden.
2. Erläutern Sie, welche Vorteile eine Aktiengesellschaft gegenüber der GmbH hat.
3. Diskutieren Sie die Vorteile der Societas Europaea innerhalb der EU.

PRÜFUNG WISO

http://www.pruefungsvorbereitung aktuell.de

2 Zukunft von Arbeit und Beruf

Industrielle Revolution:
Dies ist der Übergang von landwirtschaftlicher Produktion in industrielle/maschinengebundene Produktion Ende des 18. Jahrhunderts. Folgen waren massive soziale Veränderungen, die zu einem starken Wachstum der Städte führten.

*Das Arbeitsleben ist gekennzeichnet von Veränderungen und Weiterentwicklungen. Die **industrielle Revolution** machte aus Bauern in großem Maße Industriearbeiter. Seit Ende des zweiten Weltkriegs führt der immer stärkere Einsatz von Maschinen dazu, dass immer weniger Arbeiter benötigt werden. Dienstleistungen gewinnen zunehmend an Bedeutung. Darauf müssen die Arbeitnehmer reagieren.*

2.1 Lebenslanges Lernen

Technische Neuerungen werden immer schneller entwickelt. Wissen und Kenntnisse können rasch veraltet sein. Dinge wie Computer oder das Internet sind aus dem Berufsalltag nicht mehr wegzudenken. Vor dreißig Jahren sah dies vollkommen anders aus. Der technische Fortschritt wird sich auch in Zukunft nicht verlangsamen. Hinzu kommt, dass die Menschen in den Industrieländern immer älter werden. Die Anhebung des Renteneintrittsalters auf 67 Jahre ist eine Reaktion darauf. Es ist daher nicht auszuschließen, dass kommende Generationen noch länger arbeiten müssen. So ist es erforderlich, auch im hohen Alter noch auf dem neuesten Stand der Technik zu sein und den Umgang mit Neuerungen zu erlernen.

Mit dem technischen Fortschritt verliert **manuelle Arbeit** an Bedeutung. Die Berufsbilder haben sich verändert. In den letzten Jahren wurden die Ausbildungsberufe immer wieder den Änderungen in der Berufswelt angepasst. Alte Ausbildungsberufe verschwanden und neue sind entstanden. Aus einem Kfz-Mechaniker beispielsweise wurde der Kfz-Mechatroniker, der viel mehr Wissen und Fertigkeiten über die Elektronik eines Autos haben muss.

Manuelle Arbeit:
Handarbeit

Recherchieren Sie im Internet Ausbildungsberufe, die in den letzten 10 Jahren neu entstanden sind.

Die Neuerungen in der Berufswelt betreffen auch ausgelernte Kräfte. Für diese werden Fort- und Weiterbildungen immer wichtiger.

1. Nennen Sie die wichtigsten Gründe für Fort- und Weiterbildungen aus Ihrer persönlichen Sicht.
2. Diskutieren Sie, wer Fortbildungen Ihrer Ansicht nach bezahlen sollte.

PRESSESCHAU

Fachkräftemangel

Zaubermittel Weiterbildung

... Oberbauleiter im Straßenbau ist ein guter Job. Thomas Hartmann *(Name von der Redaktion geändert)* hat ihn. Seit einer Woche arbeitet der 39-Jährige bei seinem neuen Arbeitgeber. Hartmann ist hochqualifiziert. Acht Jahre sammelte der Bauingenieur Erfahrungen bei verschiedenen Firmen. „Im Februar habe ich zwölf Bewerbungen abgeschickt. Daraufhin bekam ich zwei Absagen und zwei Zusagen. Die anderen Firmen horten meine Bewerbungen und hoffen auf Aufträge", sagt Hartmann. „Auch Headhunter melden sich immer wieder mal bei mir." Ausbildung und Qualifikation zahlen sich aus ...

„Ureigenste Aufgabe der Betriebe"

Funktioniert Weiterbildung wenigstens bei denen, die Arbeit haben? Firmen müssten die eigenen Leute betriebsintern noch viel intensiver qualifizieren ...

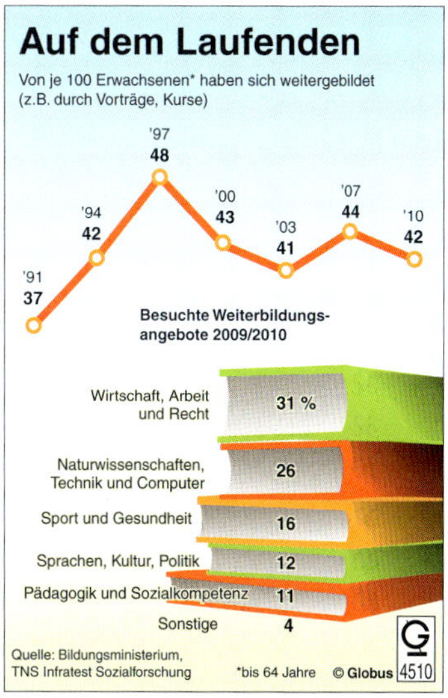

PRESSESCHAU

Aber auch die Betriebsfremden müssten sich ihr technisches Wissen in den Unternehmen holen. Zum Beispiel der selbstständige Servicetechniker, den ein Gerätehersteller in Seminaren und Kursen auf den neuesten technischen Stand der Modellpalette bringt.

Nicht nur Ingenieure sind gefragt. „Auch der Handwerker, der sich nicht weiterbildet, wird künftig große Probleme haben, sich im Service zu behaupten", sagt Hayo. „Die Komplexität technischer Geräte wird größer." Es sei eine ureigenste Aufgabe der Betriebe, ihre Beschäftigten auf dem neuesten Stand zu halten ...

www.focus.de, Zugriff 04.08.2015

1. Recherchieren Sie im Internet den Begriff „Headhunter"
2. Beschreiben Sie, welche Bedeutung Weiterbildungen für den Einzelnen haben.
3. Begründen Sie, warum Weiterbildungen für die deutsche Wirtschaft so wichtig sind.

2.2 Berufs- und Arbeitsplatzwechsel

Früher war es die Regel ein Leben lang in einer Firma, oft auch am gleichen Arbeitsplatz zu arbeiten. Heutzutage ist dies anders. Es ist nicht ungewöhnlich, mehrfach im Leben den Arbeitgeber zu wechseln. Viele Menschen wechseln auch den Berufszweig. Für den Arbeitnehmer entstehen daraus Vor- und Nachteile. Auf der einen Seite ist er flexibler, die Wahl einer falschen Ausbildung ist auch später noch zu korrigieren. Auf der anderen Seite schwindet Sicherheit im Leben, Zukunftsplanung wird schwieriger und unsicherer.

Erläutern Sie, warum immer weniger Menschen ein Leben lang dieselbe Anstellung haben.

Ein weiterer Wandel der Beschäftigungsverhältnisse ist das vermehrte Auftreten von Zeit- und Leiharbeitern. Zeitarbeitsfirmen verleihen ihre Arbeitnehmer an andere Unternehmen. Die Zeitarbeitsfirma stellt dem ausleihenden Unternehmen die Einsatzzeit des Zeitarbeiters in Rechnung. Dieser ist für das Zeitarbeitsunternehmen beschäftigt und erhält auch von diesem seinen Lohn.

1. Beschreiben Sie, wie sich die Zeitarbeit in den letzten Jahren entwickelt hat und nennen Sie die Gründe hierfür.
2. Diskutieren Sie, ob Sie gerne als Zeitarbeiter beschäftigt wären.
3. Beschreiben Sie, was ein Zeitarbeitsverhältnis für einen Arbeitnehmer bedeutet.

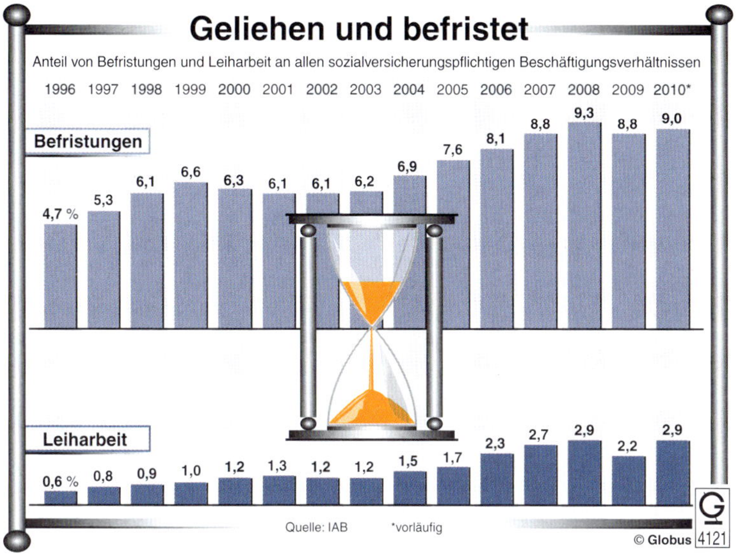

www.lebenslanges-lernen.eu

2.3 Existenzgründung – Wege in die Selbständigkeit

Die Möglichkeiten, sich selbstständig zu machen, sind vielfältig. Möchte der Gründer eigene Ideen verwirklichen, handelt es sich um eine Neugründung.

PRESSESCHAU

Das Ziel von „Jugend gründet" ist es, junge Menschen für das Thema Unternehmertum/Entrepreneurship zu interessieren. Warum? Im globalen Wettbewerb ist es nicht mehr genug, das Gleiche einfach nur besser zu machen. Wenn die Wirtschaft mit den Veränderungen Schritt halten will, wächst die Notwendigkeit des kreativen Denkens an jeder Stelle des Arbeitsprozesses. Unternehmer, aber auch die Beschäftigten, müssen Initiative entwickeln, Ideen in die Tat umsetzen und Verantwortung übernehmen. All das sind unternehmerische Eigenschaften im positiven Sinn, so genannte Entrepreneureigenschaften, und die können bei „Jugend gründet" trainiert werden.

Bundeszentrale für politische Bildung 2015

Fast 90 % aller Existenzgründungen im Jahre 2015 waren Neugründungen, 10 % waren Pacht, Kauf oder Erbfolge. Mehr als die Hälfte der Neugründungen wurde von Einzelpersonen unternommen, die ohne Mitarbeiter begonnen haben.

Bei einer Betriebsübernahme führt der neue Besitzer die Geschäfte des bereits bestgehenden Unternehmens weiter. Das „Franchise-System" ermöglicht es dem Existenzgründer, in ein bereits funktionierendes Geschäftsmodell einzusteigen (z. B. SUBWAY eat fresh).

Lernfeld 4

Diskutieren Sie die möglichen Vor- und die möglichen Nachteile einer Neugründung im Vergleich zu einem „Franchise-Unternehmen".

HOT

HOT – Projektvorschlag:

Planspiel

www.jugend-gruendet.de

„Jugend gründet" ist ein zweistufiger bundesweiter Online-Wettbewerb des Bundesministeriums für Bildung und Forschung (BMBF) für Schülerinnen, Schüler und Auszubildende. Ab September startet „Jugend gründet" in das Wettbewerbsjahr mit der Ideenfindungs- und Businessplanphase. Jeweils im Februar beginnt mit dem Unternehmensplanspiel die zweite Wettbewerbsphase.

Am Anfang steht die Idee: Bei „Jugend gründet" werden aus innovativen Geschäftsideen in den Sektoren Industrie, Dienstleistung und Handel Businesspläne entwickelt. In der Unternehmenssimulation führen die Teilnehmer anschließend ihr virtuelles Unternehmen über acht Perioden durch die Höhen und Tiefen der simulierten Konjunktur zum wirtschaftlichen Erfolg.

Nach der Jury-Bewertung lädt „Jugend gründet" die Teams mit den besten Businessplänen ein. Bei drei Events (Süd, Mitte, Nord) präsentieren diese ihre Geschäftsideen der „Jugend gründet"-Jury. Im Anschluss an die Unternehmenssimulation werden die gesamtbesten Teams aus beiden Wettbewerbsphasen zum Bundesfinale eingeladen, wo auf der „Jugend gründet Unternehmertalente Messe" das Siegerteam ermittelt wird.

Quelle: www.jugend-gruendet.de/wettbewerb, Zugriff: 11.08.2015

Persönliche Voraussetzungen

Neben der fachlichen Qualifikation muss der Unternehmensgründer sich selbstkritisch fragen, ob er die „Unternehmer-Persönlichkeit" ist. Die folgenden Eigenschaften dienen einer ersten Orientierung:

- Leistungsmotivation
- Realismus
- Kreativität
- Durchhaltevermögen
- Eigeninitiative
- Stressresistenz

Häufig verbunden sind diese Grundvoraussetzungen mit einem – zumindest in den Anfangsjahren – geringeren persönlichen Einkommen. Auch der Urlaub und die tägliche Freizeit können weniger werden.

Nennen Sie Argumente, die für oder die gegen eine eigene Existenzgründung sprechen könnten.

Wirtschaftliche Aspekte

Ohne ein ausreichendendes Startkapital sollte der Schritt in die Eigenständigkeit nicht unternommen werden. Banken, Sparkassen und die entsprechenden Kammern bieten hierzu gute Informationen und Beratungen an. Auch die Standortwahl ist gründlich zu bedenken. Nur so ist es gewährleistet, dass das Produkt die Kunden findet und das Unternehmen Arbeitskräfte anstellen kann. Ein großes Autohaus wird in einem kleinen Dorf, weit von einer großen Stadt entfernt, nicht ideal angesiedelt sein. Ein Überblick über die Wettbewerbssituation ist ebenfalls erforderlich.

Geschäftsplanung

Ein Geschäftsplan/Businessplan ist mit eine Grundvoraussetzung zur Existenzgründung. Folgende Kriterien sollte ein Geschäftsplan enthalten:

- Formulierung der Geschäftsidee
- Beschreibung der Produktidee und des Wettbewerbs
- Wahl der Rechtsform
- Standortwahl
- Überlegungen zu Kunden und Marktchancen
- Marketingformen und Kapitalbedarf
- Möglichkeiten der Finanzierung

www.hk24.de/unternehmensfoerderung_und_start/einheitlicher_ansprechpartner/allgemeine/genehmigungspflichtige_gewerbe/1156838

1. Erstellen Sie einen möglichen Geschäftsplan für ein fiktives Unternehmen. Sie können sich dabei an die Erfahrungen aus Ihrem Ausbildungsberuf anlehnen.
2. Recherchieren Sie im Internet, welche staatlichen Hilfen es für Ihre Planung geben könnte. (http://www.existenzgruender.de/DE/Weg-in-die-Selbstaendigkeit/Finanzierung/Foerderprogramme/Wichtige-Foerderprogramme/inhalt.html)

Rechtliche Bedingungen

Die Meisterprüfung ist für viele Existenzgründungen Voraussetzung. Neben dem Nachweis der vollen Geschäftsfähigkeit gibt es Branchen, die eine behördliche Zulassung benötigen.

So gibt es besondere Vorschriften für den Handel mit Waffen und Munition. In § 22 Waffengesetz (WaffG) sind diese detailliert beschrieben. Die Genehmigung zum Handel mit Waffen und Munition wird nur erteilt, wenn mindestens folgende Voraussetzungen erfüllt sind:

- Ablegung einer Fachkundeprüfung
- Vorlage eines Führungszeugnises mit Vermerk der Zuverlässigkeit

Diskutieren Sie, für welche Berufe es Ihrer Meinung nach besondere behördliche Voraussetzungen geben sollte.

Zusammenfassung

Veränderungen in der Arbeitswelt fordern vom Arbeitnehmer ständiges Lernen, Fort- und Weiterbildung.

Der technische Fortschritt lässt manuelle Arbeit immer mehr in den Hintergrund treten und verlangt von Arbeitnehmern eine schnelle Anpassung an technologische Neuerungen.

Neue Formen der Beschäftigungen sind auf dem Vormarsch und bieten neben Chancen auch viele Risiken für die Beschäftigten.

Die Existenzgründung erfordert rechtliche und persönliche Voraussetzungen.

Wissens-Check

PRÜFUNG WISO

http://www.pruefungsvorbereitung aktuell.de

1. Erläutern Sie, welche Ereignisse und Entwicklungen dazu geführt haben, dass lebenslanges Lernen immer wichtiger wird.
2. Zählen Sie die Vorteile und die Nachteile von Zeit- und Leiharbeit auf.
3. Nennen Sie Risiken, die gegen eine Existenzgründung sprechen.

3 Der Verbraucher in der Demokratie

Am 15. März 1962 verkündete der damalige US-Präsident John F. Kennedy vor dem amerikanischen Kongress vier Grundrechte des Verbrauchers. Dadurch verankerte er erstmals den Verbraucherschutz in Politik, Gesellschaft und Recht. Der Tag dieser ***Proklamation*** *gilt seit 1983 als Weltverbrauchertag. Er dient der Aufklärung und Information der Bürger.*

Proklamation:
Ausruf, öffentliche Bekanntmachung

John F. Kennedy

Der Staat soll den Verbrauchern durch diese Grundrechte Transparenz und Schutz garantieren. Ihre Selbstbestimmung im eigenen Konsumverhalten lässt sie zur einflussreichen Marktmacht werden.

3.1 Bedürfnisse, Bedarf, Werbung

Bedürfnisse

Menschen verspüren im Laufe ihres Lebens unterschiedliche Wünsche. Sie empfinden einen Mangel, möchten diesen beheben und richten ihr wirtschaftliches Handeln auf dessen Erfüllung aus. Man bezeichnet solche Wünsche als Bedürfnisse. Zu den menschlichen Grundbedürfnissen gehören neben Schlaf, Sexualität, Sicherheit, sozialer Anbindung und Wertschätzung auch materielle Existenzbedürfnisse.

Bedürfnispyramide

Interpretieren Sie, warum die Existenzbedürfnisse das Fundament der Pyramide darstellen.

Luxusgut Sportwagen

Hat ein Mensch seine Existenz gesichert, möchte er seine Kultur- und Luxusbedürfnisse befriedigen. Voraussetzung hierfür ist, dass er über das nötige Geld verfügt.

Die Erfüllung von Kulturbedürfnissen dient der Bildung und der sozialen Teilhabe. Der Mensch geht unter Menschen, trifft Freunde,

Verwandte, Bekannte. Er nutzt Kulturbedürfnisse auch zur Pflege seiner Beziehungen.

Luxusgüter demonstrieren das Selbstverständnis und den Wohlstand des Besitzers nach außen. Sie verschaffen ihm persönlich Zufriedenheit, Aufmerksamkeit und soziale Anerkennung.

1. Erläutern Sie, welche Bedürfnisse Sie persönlich haben.
2. Ordnen Sie diese jeweils den drei Bedürfnisarten zu und begründen Sie Ihre Kategorisierung.

Vom Bedarf zur Nachfrage

Fixkosten:
Regelmäßig zu leistende, feststehende Ausgaben

Bedürfnisse, die man sich mit Geld erfüllen kann, werden als Bedarf bezeichnet. Das Taschengeld, das man nach Abzug seiner **Fixkosten** vom Gehalt übrig hat, ist nicht zweckgebunden. Dieses zur Verfügung stehende Einkommen entspricht der Kaufkraft von Haushalten oder Einzelpersonen.

Kaufkraft wird zur Bedürfnisbefriedigung eingesetzt. Bewerten Sie diese Aussage.

Durch seine Kaufkraft ist es dem Verbraucher möglich, seinen Bedarf an Gütern oder Dienstleistungen zu decken. Seine Nachfrage und ein bestimmtes Angebot treffen auf dem Markt aufeinander. Ist das Angebot günstig und wirtschaftet der Konsument sparsam, hält seine Kaufkraft entsprechend länger an.

Werbung

Historische Backin-Tüte

Der Bielefelder Apotheker August Oetker war 1893 der Ansicht, dass nicht nur der Bäcker für sein Brot Backtriebmittel verwenden sollte, sondern auch die Hausfrau zum Kuchen backen. So startete er die erste Marketingkampagne in Deutschland für sein Backpulver Backin, das der heutige Nahrungsmittelkonzern Dr. Oetker noch immer produziert.

Erstmals wurde dem Privatkunden durch Massenwerbung ein Produkt zur Arbeitserleichterung angeboten. Es war ihm in dieser Form bisher noch nicht bekannt. Oetkers Motto lautete: „Wie kann die Welt wissen, dass du etwas Gutes tust, wenn du es ihr nicht anzeigst?"

Werbung dient der Gewinnung von Kunden. Sie macht Verbraucher auf ein bestimmtes Produkt aufmerksam und liefert vom Hersteller ausgewählte Angaben über dessen besondere Eigenschaften. Durch diese Beeinflussung sollen Konsumenten zum Kauf angeregt werden.

Marketing ist der Transport von Werbebotschaften. Hierfür setzen Werbefachleute Instrumente wie Werbemittel und Werbeträger, sogenannte Multiplikatoren, ein.

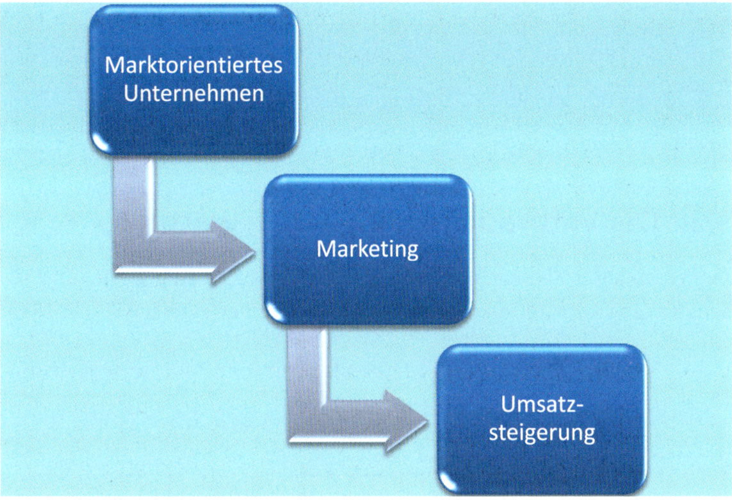

Umsatzsteigerung durch Marketing

1. Erläutern Sie, warum Unternehmen mehr Kunden gewinnen wollen.
2. Analysieren Sie, wie Sie sich durch Werbung beeinflusst fühlen, wenn Sie Ihre Kaufentscheidungen treffen.
3. Beschreiben Sie, welche Multiplikatoren Werbeleuten zur Verfügung stehen.
4. Diskutieren Sie, wie sinnvoll und wirksam die einzelnen Maßnahmen sind.

Unlauterer Wettbewerb

Erdbeerjoghurt ohne Erdbeeren, Schlankheitsmittel ohne die angepriesene Wirkung oder bereits am ersten Geltungstag ausverkaufte Sonderangebote: Falsche Werbeversprechen täuschen und verärgern Konsumenten immer wieder. Hier wird Werbung für den sogenannten unlauteren Wettbewerb instrumentalisiert. Ein Unternehmen verschafft sich durch falsche Werbeaussagen oder unzulässige Werbemethoden unrechtmäßig einen **Wettbewerbsvorteil**.

Wettbewerbsvorteil:
Vorsprung eines Marktakteurs gegen über seinen Mitbewerbern

Die Wettbewerbshandlungen werden durch das Gesetz gegen den unlauteren Wettbewerb (UWG) geregelt und unter anderem von der Wettbewerbszentrale in Bad Homburg überwacht.

Die Wettbewerbszentrale ist die größte und einflussreichste bundesweit und grenzüberschreitend tätige Selbstkontrollinstitution zur Durchsetzung des Rechts gegen den unlauteren Wettbewerb. Grundlage ihrer Tätigkeit ist die Verbandsklagebefugnis gemäß § 8 Abs. 3 Nr. 2 UWG und § 33 Abs. 2 GWB (Gesetz gegen Wettbewerbsbeschränkungen). Es ist ihr Auftrag, durch Rechtsforschung, Rechtsberatung, Information und Rechtsdurchsetzung zur Förderung eines lauteren Geschäftsverkehrs und eines fairen wirtschaftlichen Wettbewerbs beizutragen.

www.wettbewerbszentrale.de, Zugriff 22.10.2015

1. Informieren Sie sich auf der Internetseite der Wettbewerbszentrale, ob auch Verbraucher solche Verstöße melden können.
2. Bewerten Sie, ob die Preisangabenverordnung (PAngV) ebenfalls eine Vorschrift ist, die dem Verbraucherschutz dient.

3.2 Der Verbraucher als Vertragspartner

Beim Einkauf im Discounter oder im Warenhaus, bei der Bestellung aus dem Katalog oder im Internet kann der Verbraucher Verträge abschließen.

Vertragsschluss

Ein rechtswirksamer Vertrag kann mündlich und schriftlich abgeschlossen werden. Grundsätzlich sind alle Verträge bindend und müssen von den Vertragspartnern eingehalten werden. Nur in besonderen Fällen ist es aufgrund der geltenden Gesetzeslage möglich, einen einmal abgeschlossenen Vertrag wieder rückgängig zu machen.

Der Kaufvertrag

Frank entdeckt im Flagship-Store eines angesagten Sportartikelherstellers einen Kapuzenpulli, der ihm gut gefällt. Der Pulli weist keine sichtbaren Materialfehler auf und ein Firmen-Hologramm am Ärmel garantiert Originalware. Nach der Anprobe geht er damit direkt zur Kasse und bezahlt. Die Verkäuferin nimmt sein Geld entgegen und händigt ihm eine Quittung aus. Frank hat einen Kaufvertrag geschlossen und verlässt mit seinem neuen Eigentum den Laden.

Achtung Kleingedrucktes: Der Teufel liegt im Detail.

Der bekannteste Abschluss ist der Kaufvertrag, der in der Regel formlos erfolgt. Der Verbraucher möchte dem Händler (Unternehmer) die angebotene Ware abnehmen und der Händler stimmt der Abnahme zu. Das heißt, er nimmt den Antrag des Kunden an. Die Pflichten, die Konsument und Händler zu erfüllen haben, sind gesetzlich geregelt:

§ 433 BGB, Vertragstypische Pflichten beim Kaufvertrag

(1) Durch den Kaufvertrag wird der Verkäufer einer Sache verpflichtet, dem Käufer die Sache zu übergeben und das Eigentum an der Sache zu verschaffen. Der Verkäufer hat dem Käufer die Sache frei von Sach- und Rechtsmängeln zu verschaffen.

(2) Der Käufer ist verpflichtet, dem Verkäufer den vereinbarten Kaufpreis zu zahlen und die gekaufte Sache abzunehmen.

Die Auflösung eines Kaufvertrags

Frank hat seinen fabrikneuen Hoody ohne sichtbare Löcher oder Textilfehler gekauft. Die Ware weist somit keinen Sachmangel auf. Nach einigen Tagen stellt er allerdings fest, dass ihm der Pulli doch nicht so gut gefällt und will ihn daher gegen Geldrückgabe umtauschen. Er ist überzeugt, dass ihm ein vierzehntägiges Rückgaberecht zusteht. Außerdem hat er den Kassenbon aufgehoben. Doch der Händler gibt ihm kein Bargeld zurück und bietet lediglich einen Gutschein an. Frank beschwert sich, er sieht das Recht auf seiner Seite.

Der Verbraucher hat nicht generell das Recht, einen abgeschlossenen Kaufvertrag nach zwei Wochen wieder zu lösen. Nur bei **Fernabsatzverträgen** kann er innerhalb von zwei Wochen bis auf wenige Ausnahmen von seinem Kaufvertrag zurücktreten oder diesen widerrufen. Der Gesetzgeber hat diese Frist eingeräumt, da er dem Kunden die Gelegenheit geben will, sich die bestellte Ware anschauen zu können. Reisen oder entsiegelte CD oder DVD zum Beispiel, die im Internet gebucht bzw. bestellt wurden, sind davon ausgenommen. Im Einzelhandel jedoch kann der Konsument die Handelsgüter im Laden betrachten und sich *vor* Vertragsschluss genau überlegen, ob er die Ware kaufen will. Hier gilt: Gekauft wie gesehen, egal ob im Kaufhaus, beim Bäcker oder im Möbelgeschäft.

Fernabsatzverträge:
Verträge, die ohne persönlichen Kontakt entweder per Brief, Fax, Internet oder Telefon geschlossen werden

Bei mängelfreier Ware erfolgt die Rücknahme durch den Händler gegen Gutschein oder Bargeld stets freiwillig. Er zeigt sich **kulant**, was letztendlich der Kundenbindung dienen kann.

Kulant:
Entgegenkommend, großzügig

Reklamation und Umtausch bei Mängeln

Bereits nach dem ersten Tragen geht der Reißverschluss an Franks neuem Kapuzenpulli kaputt. Diesen Defekt kann er beim Händler reklamieren, schließlich hat er als Kunde Anspruch auf mängelfrei gelieferte Ware.

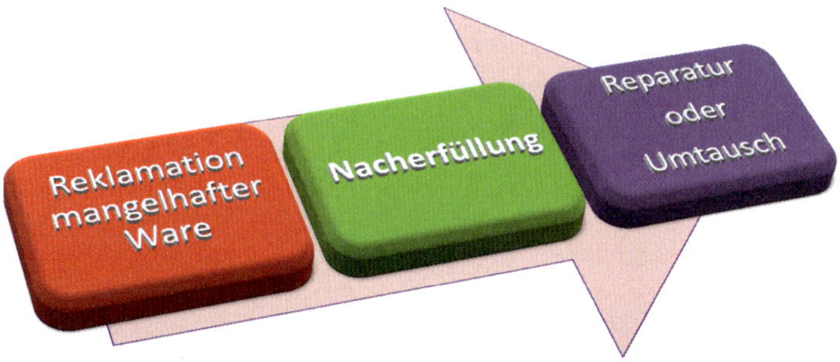

Mängelansprüche: Der Weg zu einwandfreier Ware

Das BGB definiert in den Paragrafen 437 ff. die Gewährleistungsrechte des Kunden. Dieser hat bei Neuware einen gesetzlichen Anspruch auf zwei Jahre Gewährleistung. In den ersten sechs Monaten

Nacherfüllung:
Der Verkäufer und nicht der Hersteller muss Sach- oder Rechtsmängel beheben, um den Vertrag ordentlich zu erfüllen.

liegt die Beweislast beim Händler. Er muss belegen, dass der Mangel nicht schon beim Kauf vorgelegen hat. Nach einem halben Jahr wird die Beweislast umgekehrt. Nun muss der Kunde nachweisen, dass der Defekt bereits bei der Übergabe vorhanden gewesen ist. Die Kosten für die **Nacherfüllung** trägt der Händler.

Diskutieren Sie, wie sich der Händler gegenüber Frank vermutlich verhalten wird: Austausch oder neues Kleidungsstück?

Schlägt die Nacherfüllung fehl, kann der Verbraucher entweder den Kaufpreis mindern oder vom Kaufvertrag zurücktreten. Voraussetzung ist, dass er zuvor dem Händler eine angemessene Frist zur Nacherfüllung gesetzt hat (§ 440 BGB).

© Dave Vaughan

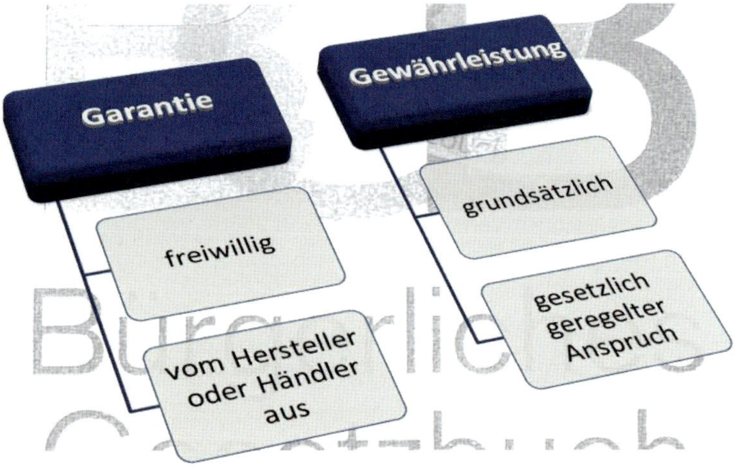

© Dr. Anja Rieck

Garantie und Gewährleistung

Der Ratenkaufvertrag

Nicht immer kann eine größere Anschaffung sofort in voller Höhe bezahlt werden. Daher schaffen zum Beispiel Elektronikmärkte, Möbelhäuser oder Autohändler Kaufanreize und bieten den Erwerb auf Kredit an.

Vertragspartner sind hier in der Regel Banken, die für den Ratenkauf Verbrauchern ein Darlehen geben. Die Rückzahlung erfolgt regelmäßig in festgelegten und gleich bleibenden Raten.

Rechte und Pflichten der Vertragspartner, die sich aus einem Kreditvertrag ergeben, regeln die Paragrafen 488 bis 510 des Bürgerlichen Gesetzbuches (BGB).

© Dave Vaughan

3.3 Zahlungsverkehr

Was haben Rinder, Salz, Gold, Baumwolle, Kaurischnecken und Schekel gemeinsam? Es waren oder sind allesamt Zahlungsmittel, die im Lauf der Jahrhunderte als Tauschmittel zum Erwerb von Waren oder Dienstleistungen eingesetzt wurden.

Heute wird kein Kunde mit einer Kuh in den Laden spazieren, um mit ihr seinen Einkauf zu bezahlen. Warentausch ist keine gültige Zahlungsweise mehr. Der Konsument bezahlt mit Bargeld oder nutzt in zunehmendem Maße den bargeldlosen, elektronisch geführten Zahlungsverkehr.

Ab 2014 wurde der Euro-Zahlungsverkehr einheitlich geregelt. Erklären Sie, was in diesem Zusammenhang SEPA, IBAN und BIC bedeuten (Internet-Recherche).

Münzen und Geldscheine sind Bargeld und in den meisten Ländern der Welt gesetzliche Zahlungsmittel in körperlicher Form. Früher waren Münzen aus Edelmetallen wie zum Beispiel Gold, Silber und Kupfer geprägt. Heute bestehen sie aus **Legierungen**.

Legierung:
Durch Verschmelzen mehrerer Metalle entstehendes Gemisch

Banknoten bestanden ursprünglich aus Papier. Sie haben den Wert des auf ihnen ausgewiesenen runden Betrags. Erstmals eingesetzt wurde das Papiergeld vor mehr als tausend Jahren in China. In Europa setzte es sich erst im 17. Jahrhundert durch. Die heutigen Euroscheine hingegen sind aus reiner Baumwolle hergestellt und mit zahlreichen Sicherheitsmerkmalen ausgestattet.

Bargeldloses Zahlen

Der bargeldlose Zahlungsverkehr wird je nach Zahlungsart durch Banken oder entsprechende Kreditkartenorganisationen abgewickelt. Händler oder Dienstleister bieten in der Regel mehrere Zahlungsmöglichkeiten an.

Die Voraussetzung für das bargeldlose Bezahlen ist ein eigenes Girokonto.

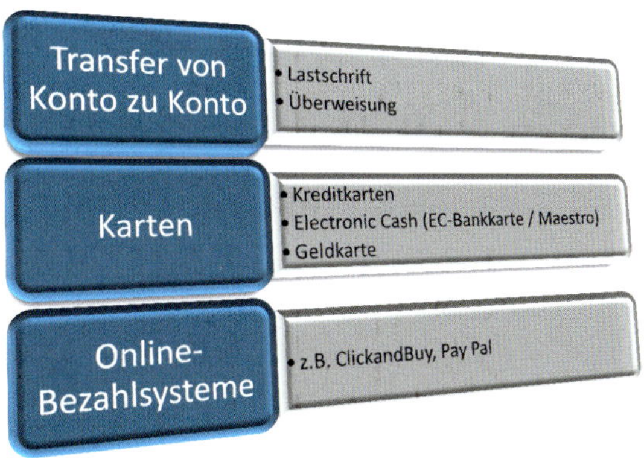

Übersicht bargeldloses Zahlen

Recherchieren Sie, was Verbraucher bei der Nutzung von Kredit- oder Geldkarten beachten sollten, um Datenklau zu vermeiden.

Girokonto

Nicht nur zur Abwicklung des bargeldlosen Zahlungsverkehrs, sondern auch für Gehaltsempfang, Mietzahlungen etc. wird heutzutage ein Girokonto benötigt. Die Kontoführung erfolgt direkt in den Filialen der Hausbank oder kann vom heimischen PC aus über das Internet getätigt werden. Kontobewegungen wie Gutschriften, Abbuchungen und Überweisungen werden auf dem Konto dokumentiert und belegt.

Ab 2016 haben alle EU-Bürger ein Recht auf ein eigenes Konto.

1. Erklären Sie, ob Sie diese gesetzliche Vorgabe für angebracht halten.
2. Begründen Sie, warum Banken zunehmend Online-Banking anbieten.

3.4 Verbraucher und Schulden

Ein Mensch gerät in die Schuldenfalle, wenn er z. B. über seine Verhältnisse lebt. Reichen die Geldmittel zur Befriedigung der Bedürfnisse nicht aus oder hat er sein finanzielles Budget deutlich überzogen, droht die Verschuldung. Seine Ausgaben sind regelmäßig höher als seine Einnahmen. Er ist nicht mehr in der Lage, seinen auflaufenden Zahlungsverpflichtungen nachzukommen.

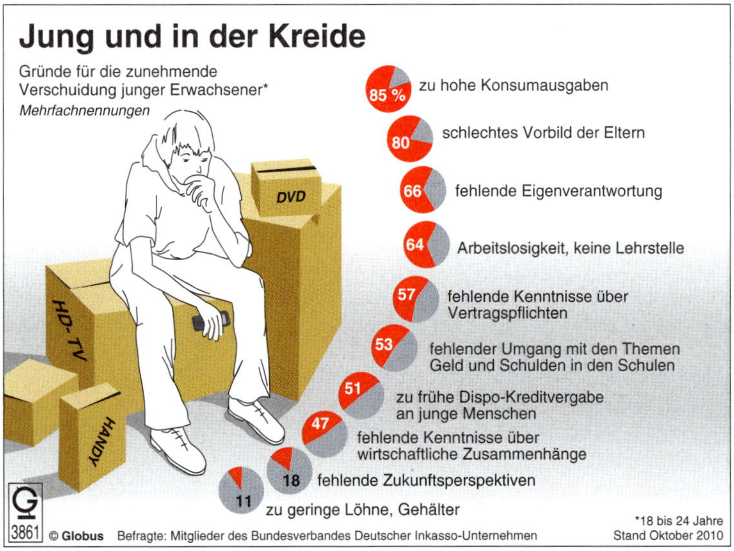

Der Rettungsanker für den Schuldner ist dann eine professionelle Schuldnerberatung, die Verbraucher- und Wohlfahrtsverbände, aber auch soziale Einrichtungen anbieten. Die Bundesarbeitsgemeinschaft Schuldnerberatung nennt Adressen der nächstgelegenen Beratungsstelle.

1. Interpretieren Sie die Aussage: „Auskommen mit dem Einkommen schützt vor Problemen."
2 Diskutieren Sie über Auswege aus der Schuldenfalle: Wie kann man Schulden vermeiden?
3. Recherchieren Sie auf *www.verbraucherfenster.de*, wie Sie in Niedersachsen eine Schuldnerberatungsstelle finden können.

Schuldnerberatung

Um eine erfolgreiche Entschuldung anzugehen, verschafft sich ein seriöser Schuldnerberater einen Überblick über die Höhe der aktuellen Forderungen und die Anzahl der Gläubiger. Im zweiten Schritt werden die bestehenden Forderungen auf ihre Rechtmäßigkeit überprüft und gegebenenfalls korrigiert. Auch die gespeicherten Daten des Schuldners bei der Schufa werden hier von den Beratern überprüft.

Schufa und Scoring

Die meisten Verbraucher haben schon von der „Schutzgemeinschaft für allgemeine Kreditsicherung" (Schufa) gehört. Bei einer Kontoeröffnung, dem Abschluss von Miet-, Handy- oder Kreditverträgen wird in der Regel die Zustimmung zur Datenabfrage bei der Schufa oder einer anderen Auskunftei eingeholt.

Sie ist keine Behörde, sondern eine von vielen Auskunfteien, die aufgrund der gespeicherten Daten die Kreditwürdigkeit (Bonität) des Verbrauchers bewerten. Diese Bewertung geschieht im Rahmen des so genannten Scorings. Hier wird von der Auskunftei anhand der Unternehmensmeldungen ein Wert zwischen 1 und 100 ermittelt. Je niedriger dieser Score-Wert ist, desto weniger kreditwürdig ist der Kunde. Die Schufa darf nur berechtigte Forderungen speichern. Daher ist es sinnvoll, einmal im Jahr von der Schutzgemeinschaft eine Selbstauskunft anzufordern, die gespeicherten Daten zu kontrollieren und gegebenenfalls korrigieren zu lassen. Diese jährliche Selbstauskunft ist gemäß § 34 des Bundesdatenschutzgesetzes (BDSG) kostenlos.

Recherchieren Sie im Internet Erfahrungen von Bürgern mit der Schufa. Bewerten Sie diese.

Steht der Gesamtschuldenstand fest, wird ein Schuldenregulierungsplan erstellt, der die finanziellen und persönlichen Verhältnisse des Schuldners berücksichtigt. Kann anschließend eine außergerichtliche Einigung mit den Gläubigern nicht erzielt werden, besteht die Möglichkeit, ein **Privatinsolvenzverfahren** zu beantragen. Ob die Voraussetzungen für ein solches Verfahren gemäß der Insolvenzordnung (InsO) erfüllt sind, klärt der Berater mit dem Schuldner ab.

Privatinsolvenzverfahren: Vereinfachtes Verfahren zur Schuldenbereinigung einer Privatperson

Gewerbliche Schuldnerberater oder sogenannte Kreditvermittler bieten den in Not geratenen Menschen durch vielversprechende Anzeigen ebenfalls ihre Hilfe zur Schuldenregulierung an. Doch hier ist Vorsicht geboten. „Schwarze Schafe" dieser Branche gestalten fragwürdige Kreditverträge mit undurchsichtigen Kosten. Dadurch wächst der Schuldenberg der Hilfesuchenden nur weiter an.

3.5 Verbraucherschutz

Transparenz:
Durchsichtigkeit, hier: übersichtliche und verständliche Gestaltung von Verträgen

Für den Verbraucher wird es zunehmend schwieriger, sich in dem wachsenden Angebot von Waren und Dienstleistungen zu orientieren. Er wünscht sich gesunde Lebensmittel, sichere Finanzprodukte, ein gutes Preis-Leistungsverhältnis beim Einkauf und **Transparenz** beim Abschluss von Telefon- oder Stromverträgen. Verbraucherschutz in Deutschland dient der Aufklärung und dem Schutz des Konsumenten. Seine Rechte als Verbraucher sollen definiert, gestärkt und vertreten werden.

Verbraucherschutz in Deutschland

1. Recherchieren Sie, welches Ministerium in Niedersachsen die oberste zuständige Behörde für den Verbraucherschutz ist. (Hilfestellung gibt Ihnen die Internetseite; *www.verbraucherzentrale-niedersachsen.de*)
2. Nennen Sie die Aufgaben dieses Ministeriums in Bezug auf den Verbraucherschutz.

4 Wirtschaftsformen

Die Marktwirtschaft ist das vorherrschende Wirtschaftssystem. Kennzeichnend für die Marktwirtschaft ist das private Eigentum an den Produktionsmitteln und die dezentrale Planung und Koordination der Wirtschaftsprozesse. Betriebe und Fabriken gehören Privatpersonen und Unternehmen, nicht wie in der Zentralverwaltungswirtschaft (Planwirtschaft) dem Staat. Planung und Koordination der Güterherstellung erfolgt über den Marktpreis. Angebot und Nachfrage bestimmen den Preis.

4.1 Marktwirtschaft

Voraussetzung für die Marktwirtschaft sind Entscheidungs- und Handlungsfreiheit der beteiligten Akteure, also insbesondere der Konsumenten. Eine völlig freie Marktwirtschaft existiert nur in der Theorie, praktisch greift ein Staat immer mehr oder weniger stark in das Wirtschaftsgeschehen ein. Die Rolle des Staates ist auf wenige Aufgabenbereiche beschränkt, beispielsweise die Gewährleistung der äußeren und inneren Sicherheit.

Adam Smith

Der schottische Philosoph und Ökonom Adam Smith gilt als einer der Begründer der Marktwirtschaft. Er kritisierte allzu starke Eingriffe des Staates in das Wirtschaftsleben und vertrat die Auffassung, dass freier Markt und Wettbewerb zum Wohlstand aller Menschen führen würde.

Ferdinand Lassalle

Ferdinand Lassalle war ein deutscher Schriftsteller und Politiker. Aus dem von ihm gegründeten Allgemeinen Deutschen Arbeiterverein ging nach seinem Tod die SPD hervor. Er kritisierte einen auf sein Minimum an Eingriffsmöglichkeiten ins Wirtschaftsleben beschränkten Staat als „Nachtwächterstaat".

Im ausgehenden 19. Jahrhundert wurde man sich immer stärker der Nachteile einer freien Wirtschaft bewusst. Ganze Familien mussten für geringe Löhne fast rund um die Uhr arbeiten. Dies führte zur Entstehung von Arbeiterbewegungen aus denen die Gewerkschaften hervorgegangen sind.

1. Beschreiben Sie das Funktionsprinzip einer Marktwirtschaft und diskutieren Sie, inwiefern der Wohlstand aller dabei gefördert werden kann.
2. Erläutern Sie, was Ferdinand Lassalle mit der Bezeichnung „Nachtwächterstaat" meinte.

4.2 Soziale Marktwirtschaft

Vom deutschen Wirtschaftstheoretiker Alfred Müller-Armack wurde 1947 erstmals die Soziale Marktwirtschaft als Verbindung von Freiheit und sozialem Ausgleich beschrieben. Der freie Markt wird vom Staat „sozial gelenkt". Es soll die Vorteile der Marktwirtschaft wahren und dabei deren Schwächen ausgleichen. Ein wesentliches Merkmal hierbei ist der **Sozialstaat**.

Sozialstaat:
Gewährleistet soziale Sicherheit und Gerechtigkeit. um jedem Bürger die Teilhabe an gesellschaftlichen und politischen Entwicklungen zu ermöglichen

Ab 1948 wurde die Soziale Marktwirtschaft in Deutschland schrittweise umgesetzt. Im Grundgesetz wird diese als Wirtschaftsform nie erwähnt. Dennoch legen einzelne Abschnitte wichtige Eckpfeiler fest, die eine reine Marktwirtschaft ebenso wie eine Planwirtschaft ausschließen. Im Zuge der Wiedervereinigung wurde die Soziale Marktwirtschaft für das gesamte Bundesgebiet zur alleinigen Wirtschaftsordnung bestimmt. Die Zentralverwaltungswirtschaft der DDR war damit offiziell beendet.

Vertrag von Lissabon:
Ein von den damals 27 Staaten der EU unterzeichneter Vertrag; gibt den allgemeinen Rahmen der Europäischen Union und deren grundsätzlichen Absichten wieder.

Auf europäischer Ebene ist die Wirtschaftsordnung jedoch geregelt. Im **Vertrag von Lissabon** heißt es im Zusammenhang mit dem Europäischen Binnenmarkt:

Artikel 3 Vertrag von Lissabon

(3) ... Sie (die EZB) wirkt auf die nachhaltige Entwicklung Europas auf der Grundlage eines ausgewogenen Wirtschaftswachstums und von Preisstabilität, eine in hohem Maße wettbewerbsfähige soziale Marktwirtschaft, die auf Vollbeschäftigung und sozialen Fortschritt abzielt, sowie ein hohes Maß an Umweltschutz und Verbesserung der Umweltqualität hin. Sie fördert den wissenschaftlichen und technischen Fortschritt ...

Sie fördert den wirtschaftlichen, sozialen und territorialen Zusammenhalt und die Solidarität zwischen den Mitgliedstaaten ...

Im Gegensatz zur freien Marktwirtschaft greift der Staat auch in folgenden Bereichen aktiv in die Wirtschaft ein:

Monopol und Oligopol:
Ein (Monopol) oder mehrere (Oligopol) Unternehmen beherrschen den Markt und nutzen ihre Macht zum Nachteil der Verbrauchen aus.

- Wettbewerbspolitik: Um **Monopole** und **Oligopole** zu verhindern greift der Staat ein und zerschlägt große Unternehmen oder verbietet Zusammenschlüsse.
- Konjunkturpolitik: Der Staat greift antizyklisch ins Wirtschaftsgeschehen ein.
- Sozialpolitik: Zur Verbesserung der wirtschaftlichen und sozialen Situation benachteiligter Gruppen ergreift der Staat Maßnahmen (Beispiel: Sozialversicherung).
- Arbeitsmarktpolitik: Um Arbeitslosigkeit zu vermeiden bzw. dessen Folgen abzumildern greift der Staat in die Volkswirtschaft ein.

Lernfeld 4

Bundeskartellamt in Bonn

PRESSESCHAU

Keine Gnade für die großen fünf

Das Bundeskartellamt will die Macht der großen Tankstellenketten zurückdrängen. Die Wettbewerbshüter weisen in einer Studie nach, dass die Verbraucher zu viel für Benzin zahlen, weil der Markt von fünf Ölkonzernen beherrscht wird ...

Kartellamtspräsident Andreas Mundt sagte ..., dass fünf Ölmultis den Markt beherrschten, doch hätten sich keine Hinweise auf illegale Absprachen ergeben. Nur in diesem Fall könnten die Wettbewerbshüter mit empfindlichen Strafgeldern gegen überteuerte Preise an den Zapfsäulen vorgehen.

Die Schlussfolgerungen erlauben dem Kartellamt aber juristische Nadelstiche gegen die Konzerne: Die Wettbewerbshüter können etwa Übernahmen erschweren oder gänzlich unterbinden. Darüber hinaus solle aber die Politik prüfen, wie sich Verbesserungen im Sinne der Verbraucher umsetzen lassen, betonte Mundt.

Nach der Untersuchung des Kraftstoffmarkts in Deutschland kommen die Bonner Wettbewerbshüter zu dem Schluss, dass Aral, Esso, Jet, Shell und Total den Markt beherrschen ...

Quelle: *www.fr-online.de*, Zugriff: 03.11.2015

1. Beschreiben Sie die Situation auf dem deutschen Benzinmarkt.
2. Nennen Sie Möglichkeiten, die der deutsche Staat hat, gegen Oligopole vorzugehen.

www.verbraucherfenster.de

www.verbraucher.de

PRÜFUNG WISO

http://www.pruefungsvorbereitung aktuell.de

Zusammenfassung

In einer reinen Marktwirtschaft erfolgt die Bildung der Preise durch Angebot und Nachfrage. Der Staat greift nicht lenkend in das Wirtschaftsgeschehen ein. Betriebe und Fabriken sind nicht in staatlicher Hand.

Um die negativen Folgen einer reinen Marktwirtschaft abzumildern, wurde in Deutschland das Konzept der Sozialen Marktwirtschaft verankert.

In der sozialen Marktwirtschaft greift der Staat lenkend in das Wirtschaftsgeschehen ein, um Wettbewerbsverzerrungen, Arbeitslosigkeit und soziale Ungerechtigkeit zu bekämpfen.

Wissens-Check

1. Beschreiben Sie die Rolle, die der Staat in einer sozialen Marktwirtschaft einnimmt.
2. Nennen Sie Unterschiede zwischen der reinen Marktwirtschaft und der sozialen Marktwirtschaft.
3. Fassen Sie den Art. 3 des Vertrages von Lissabon mit eigenen Worten zusammen.

5 Wirtschaftspolitik

Wir leben in einer Marktwirtschaft. Ein Unternehmer kann frei darüber entscheiden, wie hoch er den Preis der Waren, die er ansetzt, ob er die Anzahl seiner Mitarbeiter erhöht oder ober neue Produktionsmaschinen anschafft.

Der Staat hat auf diese **Wirtschaftsprozesse** nur wenig Einfluss. Er kann den gesamten Wirtschaftsprozess gezielt beeinflussen; dies nennt man **Wirtschaftspolitik**. Der Staat setzt den Rahmen in dem die einzelnen Wirtschaftssubjekte agieren können.

Wirtschaftsprozesse:
Sich immer wiederholender Ablauf von Produktion und Konsum

Wirtschaftspolitik:
Beeinflussung des Wirtschaftsprozesses durch staatliche Maßnahmen auf bestimmte Ziele hin

1. Überlegen Sie, wo der Staat in das Wirtschaftsgeschehen eingreift.
2. Zeigen Sie anhand von Stichworten die Bereiche staatlichen Eingreifens auf.

5.1 Magisches Viereck

Das Grundgesetz gibt Bund und Ländern das „Gesamtwirtschaftliche Gleichgewicht“ als Ziel vor. Im Stabilitätsgesetz von 1967 wird erklärt, worum es sich beim gesamtwirtschaftlichen Gleichgewicht handelt:

Art. 109 GG

(2) Bund und Länder erfüllen gemeinsam die Verpflichtungen der Bundesrepublik Deutschland aus Rechtsakten der Europäischen Gemeinschaft auf Grund des Artikels 104 des Vertrags zur Gründung der Europäischen Gemeinschaft zur Einhaltung der Haushaltsdisziplin und tragen in diesem Rahmen den Erfordernissen des gesamtwirtschaftlichen Gleichgewichts Rechnung.

§ 1 StabG

Bund und Länder haben bei ihren wirtschafts- und finanzpolitischen Maßnahmen die Erfordernisse des gesamtwirtschaftlichen Gleichgewichts zu beachten. Die Maßnahmen sind so zu treffen, dass sie im Rahmen der marktwirtschaftlichen Ordnung gleichzeitig zur Stabilität des Preisniveaus, zu einem hohen Beschäftigungsstand und außenwirtschaftlichem Gleichgewicht bei stetigem und angemessenem Wirtschaftswachstum beitragen.

Das Stabilitätsgesetz beschreibt die Zielbereiche staatlicher Wirtschaftspolitik. Sind die Preise stabil und herrscht ein hoher Beschäftigungsgrad sowie ein angemessenes Wirtschaftswachstum bei ausgeglichenem Außenhandel, so ist ein „Gesamtwirtschaftliches Gleichgewicht" erreicht. Davon sollen alle Bundesbürger profitieren.

> Prüfen Sie, wo Sie persönlich Vorteile von der Erreichung eines „gesamtwirtschaftlichen Gleichgewichts" haben.

Ziele des magischen Vierecks

Das magische Viereck setzt sich aus den vier im Stabilitätsgesetz angesprochenen Zielen zusammen:

Hoher Beschäftigungsgrad

Hoher Beschäftigungsgrad heißt, dass ein großer Teil der Bevölkerung Arbeit hat. Wenn die Arbeitslosigkeit niedrig (< 5 %) ist, man spricht von Vollbeschäftigung. Der Staat kann durch beschäftigungsfördernde Maßnahmen (z. B. Investitionshilfen) den Beschäftigungsgrad erhöhen.

Stabiles Preisniveau

Preisniveaustabilität ist erreicht, wenn die Preise in einer Volkswirtschaft jährlich im Durchschnitt nur wenig ansteigen. Steigen die Preise im Schnitt um weniger als 2 % an, gilt das Ziel als erreicht. Die Europäische Zentralbank steuert die Menge des Geldes im Euro-Raum und hat damit maßgeblichen Einfluss auf die Preissteigerungsrate (**Inflationsrate**).

Inflationsrate:
Durchschnittliche Änderung der Preise pro Jahr

Stetiges und angemessenes Wirtschaftswachstum

Das Wirtschaftswachstum gibt an, wie sich das **Bruttoinlandsprodukt** (BIP) in einem Jahr verändert hat. Ziel ist ein Anstieg um durchschnittlich 3 %. Durch niedrige Steuern oder hohe Staatsausgaben kann der Staat das Wirtschaftswachstum erhöhen.

Bruttoinlandsprodukt:
Wert der Waren und Dienstleistungen, der in einem Land innerhalb eines Jahres geschaffen wird

Außenwirtschaftliches Gleichgewicht

Der Außenbeitrag gibt an, ob mehr Waren und Dienstleistungen aus dem Ausland gekommen sind (Import) oder ob mehr Waren und Dienstleistungen ins Ausland gingen (Export). Ziel ist ein Gleichgewicht, bei dem etwas mehr exportiert als importiert wird. Der Staat kann den Außenbeitrag beeinflussen, in dem er Einfuhr- oder Ausfuhrzölle festsetzt.

> Recherchieren Sie jeweils das aktuelle Niveau von Beschäftigungsgrad, Preisanstieg (Inflation), Wirtschaftswachstum und Außenbeitrag für Deutschland.

5.2 Wirkungsweise des magischen Vierecks

Es ist nicht möglich allen Forderungen des Stabilitätsgesetzes gleichzeitig nachzukommen. Ursache sind bestehende Zielkonflikte zwischen den vier Einzelzielen.

Angemessenes Wirtschaftswachstum und stabiles Preisniveau

Ein hohes Wirtschaftswachstum führt dazu, dass sich die Nachfrage nach Waren und Dienstleistungen erhöht. Dadurch steigen die Preise und es kommt zu Inflation. Es besteht ein Zielkonflikt zwischen beiden Zielen.

Bei einem hohen Wirtschaftswachstum sind Arbeitskräfte gefragt.

Hoher Beschäftigungsstand und stabiles Preisniveau

Niedrige Arbeitslosigkeit führt zu höheren Einkommen und höheren Ausgaben für Konsumgüter. Unternehmen müssen ihren Mitarbeitern höhere Löhne zahlen. Die Preise steigen, zwischen den Zielen besteht ein Konflikt.

Angemessenes Wirtschaftswachstum und außenwirtschaftliches Gleichgewicht

Subventionen:
Finanzielle Zuwendungen des Staates an Unternehmen ohne Gegenleistung

Starkes Wirtschaftswachstum kann durch Steuervergünstigen oder **Subventionen** erreicht werden. Unternehmen wird es erleichtert, Waren fürs Ausland herzustellen und einen Exportüberhang zu schaffen. Es besteht ein Zielkonflikt.

Magisches Vieleck

Das magische Viereck kann erweitert werden. Je nach Fragestellung werden zu den vier bekannten wirtschaftspolitischen Zielsetzungen weitere dazu genommen. Die bisherigen Ziele waren vorwiegend ökonomischer Natur. Durch die Hinzunahme des Ziels „lebenswerte Umwelt“ werden ökologische Zielsetzungen in das Modell mit eingebracht. Viele der bisherigen Ziele wie Wirtschaftswachstum haben negative Auswirkungen auf die Umwelt. Eine andere Erweiterung befasst sich mit „Gleichmäßiger Einkommens- und Vermögensverteilung“.

1. Erstellen Sie eine Übersicht, wie sich die Ziele „lebenswerte Umwelt“ und „gerechte Einkommens- und Vermögensverteilung“ auf die anderen Ziele auswirken können.
2. Erläutern Sie, worin die „Magie“ im Stabilitätsgesetz besteht.

5.3 Der Euro

Im Zuge der deutschen Wiedervereinigung stimmte Deutschland der Schaffung einer einheitlichen, europäischen Währung in drei Schritten zu:

- Ab dem 1. Juli 1990 wurde innerhalb der Europäischen Gemeinschaft der freie Kapital- und Zahlungsverkehr eingeführt. Geld oder Wertpapiere konnten ab nun beliebig transferiert werden.
- Am 1. Januar 1994 wurde das Europäische Wirtschaftsinstitut gegründet, die Vorgängerinstitution der Europäischen Zentralbank. Aufgabe war die Überprüfung der Haushaltslage der Mitgliedsstaaten.
- In der letzten Stufe am 1. Januar 1999 wurde die Europäische Zentralbank in Frankfurt am Main gegründet. Die endgültigen Wechselkurse werden festgelegt, von jetzt an gab es keine Schwankungen mehr zwischen den einzelnen Währungen der Eurozone.

Die neue EZB am Frankfurter Osthafen

Die ersten Staaten die 1999 den Euro einführten, waren neben Deutschland Finnland, Frankreich, Irland, Italien, Luxemburg, Belgien, Österreich, Portugal, Niederlande und Spanien. Griechenland trat am 1. Januar 2001 bei. Für viele Bürger der europäischen Union war der 1. Januar

2002 der Stichtag zur Euroeinführung. Zu diesem Datum erfolgte die Bargeldeinführung und der Austausch der nationalen Währungen.

Recherchieren Sie im Internet, welche Länder der Eurozone angehören.

Europäische Zentralbank

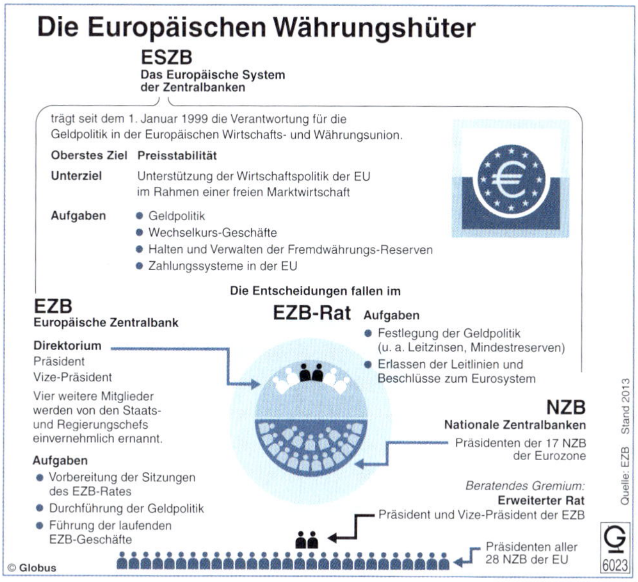

Die Europäische Zentralbank (EZB) ist für die Überwachung des Bankensystems und der Geldmenge des Euro zuständig. Sie übernahm bei ihrer Schaffung viele Aufgaben von den nationalen Zentralbanken wie der Deutschen Bundesbank, die vorher für die Deutsche Mark verantwortlich war. Die EZB ist eine **supranationale** Institution mit Sitz in Frankfurt am Main.

Supranational: Mehrere Länder vereinend, übernational

Das Hauptziel der Europäischen Zentralbank ist die Preisniveaustabilität, also eine geringe Inflationsrate im Euroraum. Als Richtwert gilt eine Inflationsrate unter zwei %.

Zusammenfassung

Laut Grundgesetz muss die Wirtschaftspolitik die Erfordernisse des gesamtwirtschaftlichen Gleichgewichts beachten. Dieses setzt sich aus der Stabilität des Preisniveaus, einem hohem Beschäftigungsstand, einem außenwirtschaftlichem Gleichgewicht und einem angemessenen Wirtschaftswachstum zusammen.

Alle vier Ziele sind nicht unabhängig voneinander, sondern stehen in unterschiedlichen Zielbeziehungen. Man spricht vom magischen Viereck. Manche Ziele stehen in einem Konflikt zueinander.

Werden weitere Ziele (z. B. Umweltschutz) verfolgt, wird das Modell zum magischen Vieleck erweitert.

Der Euro ist die gemeinsame Währung der Eurozone

www.ecb.de

www.bundesbank.de

Lernfeld 4

http://www.pruefungsvorbereitung aktuell.de

Wissens-Check

1. Nennen Sie die vier Ziele des magischen Vierecks und erläutern Sie, wie diese in Beziehung zueinander stehen.
2. Prüfen Sie, ob man in ganz Europa mit dem Euro zahlen kann.
3. Nennen Sie die Ziele der Europäischen Zentralbank.

© Dan Race – Fotolia.com

HOT – Verschuldung von Jugendlichen (Computer-Präsentation)

Ausgangslage:

Was braucht man um glücklich zu sein? Ein schickes Handy, die angesagte neue Jeans, ein Abo im neuen Fitnesscenter um die Ecke oder einfach unbeschwert Ausgehen mit Freunden. Wünsche zu erfüllen kostet Geld, viel mehr Geld als die meisten Jugendlichen besitzen.

Auf einmal hat man Schulden und kann seine Rechnungen und die laufenden Kosten nicht mehr begleichen. Anfangs leihen sich dann viele junge Leute Geld bei Eltern, Verwandten oder Freunden. Jugendliche ab 18 Jahren verschulden sich oftmals bei Versandhäusern oder Kreditinstituten. Mit der Volljährigkeit ist es möglich, Darlehen in Anspruch zu nehmen, eine normale Kreditkarte zu nutzen oder Ratenkäufe zu tätigen. So können Verträge eingegangen werde, die auch größere Anschaffungen möglich machen. Viele junge Menschen sind bereits hoch verschuldet, ehe sie überhaupt die Möglichkeit bekommen, diese Schulden zurück zu zahlen. Ausbildung und Studium kosten auch Geld. Durch die Anhäufung eines Schuldenberges in jungen Jahren kann es durchaus sein, dass viel Träume und Ziele unerfüllt bleiben müssen.

Ablauf:

1. Nennen Sie Gründe, die Ihrer Meinung nach für die Verschuldung junger Menschen verantwortlich sind.
2. Erstellen Sie eine Liste mit Dingen, für die Sie Geld ausgeben. Welche materiellen Wünsche möchten Sie in der nächsten Zeit verwirklichen?
3. Vergleichen Sie Ihre Liste mit anderen Listen innerhalb einer Kleingruppe (max. vier Personen). Einigen Sie sich auf fünf Anschaffungen und entwickeln Sie eine gemeinsame Gruppenliste. Stimmen Ihre Ergebnisse mit den Angaben im Schaubild „Jung und in der Kreide“ (S. 114) überein?
4. Überlegen Sie innerhalb der Gruppe, wie man einer Verschuldung vorbeugen kann und halten Sie Ihre Ergebnisse stichpunktartig fest.
5. Fertigen Sie eine (Computer-) Präsentation an, in der Sie sowohl Ihre gemeinsame Liste als auch Ihre Lösungsansätze darstellen.
6. Stellen Sie abschließend Ihre Ergebnisse im Plenum vor und diskutieren Sie gemeinsam, wie eine Verschuldung verhindert werden kann!

HOT

Anwendung:

Computer-Präsentation

Leiten Sie Ihre Präsentation mit einer kurzen Vorstellung Ihres Themas und Ihrer Person ein.

Gliedern Sie Ihre Präsentation übersichtlich und verlieren Sie nie das Ziel aus den Augen.

Fassen Sie im Schlussteil die wichtigsten Aussagen zusammen und geben Sie eventuell einen Aus- oder Rückblick.

Beantworten Sie am Ende der Präsentation noch eventuelle Fragen aus dem Plenum. Vergessen Sie den Dank an ihre Zuhörer nicht.

Allgemeinde Kriterien:
- *Spannung*: die Präsentation soll interessant für die Zuhörer gestaltet werden
- Blickkontakt
- *Sprechweise*: deutlich, ausgeglichenes Sprechtempo, Pausen, angemessene Lautstärke und Betonung
- *Sicherheit;* frei sprechen – Stichwortzettel erlaubt, Fremdwörter zielgerichtet einsetzen und erklären

Gestalterische Kriterien:
- *Gestaltung*: einheitlich
- *Gliederung*: übersichtlich und klar
- *Schrift*: deutlich lesbar und groß genug
- *Text*: weniger ist mehr (Stichworte, kein Fließtext)
- *Farben*: auch hier gilt „weniger ist mehr“
- *Visualisierung*: Symbole, Fotos, Filme und Grafiken im geeigneten Zusammenhang nutzen

LF 5 Demokratie gestalten und vertreten

1 Staatsordnung uns Staatsziele
2 Repräsentation und Wahl
3 Probleme und Gefahren für die Demokratie
4 Bedeutung von Parteien zur politischen Willensbildung

1 Staatsordnung und Staatsziele

Das Grundgesetz der Bundesrepublik Deutschland ist gleichbedeutend mit einer Verfassung. Damit legt es die Staatsordnung fest, an die alle Bundesländer gebunden sind.

Ordnen Sie die Länderwappen den Bundesländern zu.

1.1 Das Grundgesetz

Das Grundgesetz steht im Rang über allen anderen innerstaatlichen Rechtsgrundlagen.

Aufgaben des Grundgesetzes

Das Grundgesetz hat die Aufgabe:

- Den Staat zu **konstituieren** und **Grundwerte** und Organisationsprinzipien für den Staat festzulegen
- Den bestehenden Staat zu stabilisieren
- Die Freiheit und die Machtbegrenzung zu sichern

Konstituieren:
Festsetzen, feststellen, errichten

Grundwerte:
Normen, und Zielvorstellungen für das Zusammenleben der Menschen

Aufbau des Grundgesetzes

Das Grundgesetz ist nach der Präambel (Vorwort) in verschiedene Teile gegliedert:

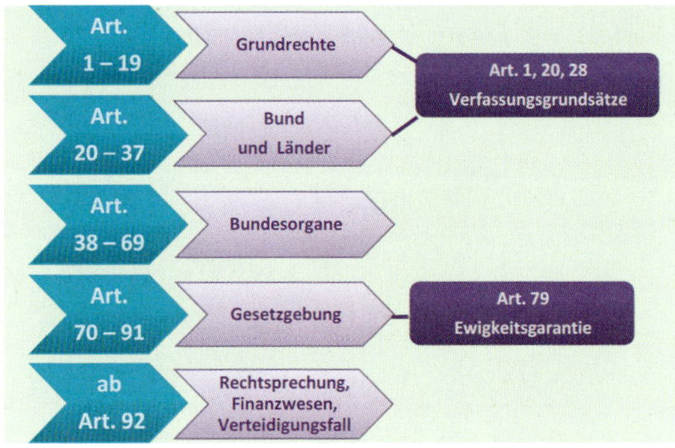

Grundrechte

Integral: Hier: wichtiges Prinzip für eine Gesamtordnung

Neben den in Art. 20 GG festgelegten Grundsätzen gibt es mit dem Grundrechtskatalog ein weiteres **integrales** Prinzip der freiheitlich demokratischen Grundordnung. Die Grundrechte entspringen der Werteordnung unseres Staates und werden jedem Bürger einklagbar garantiert. Die Grundrechte sind für alle staatlichen Institutionen der Orientierungsmaßstab. Der Grundrechtskatalog umfasst Freiheitsrechte, Gleichheitsrechte, Verfahrensrechte und institutionelle Garantien.

60 110

Bedeutung der Grundrechte

Die Grundrechte des Grundgesetzes binden alle Behörden der öffentlichen Verwaltung. Die Gerichte und die Parlamente in Deutschland müssen sich an die Grundrechte halten. Sie sind unmittelbar geltendes Recht und stehen über den anderen Rechtsvorschriften der Rechtsordnung.

Die öffentliche Verwaltung darf nicht gegen das Grundrecht auf Gleichbehandlung verstoßen. Der Bundestag darf keine Gesetze erlassen, die eine Ungleichbehandlung zwischen Männern und Frauen ermöglichen oder eine Benachteiligung wegen der Herkunft beinhalten.

Die Grundrechte lassen sich gerichtlich einklagen. Wenn ein Bürger z. B. von einer staatlichen Behörde **diskriminiert** wurde, kann er sich vor dem Richter auf den Gleichheitsgrundsatz berufen. Wird eine Demonstration ohne ausreichenden Grund verboten, kann gerichtlich die Versammlungsfreiheit eingeklagt werden.

Diskriminiert:
Hier: herabsetzende Behandlung

© dpa

Jugendliche demonstrieren gegen Kürzungen im Bildungsbereich

Fassen Sie zusammen, welche Grundrechte diese Jugendlichen wahrnehmen.

Schutz der Grundrechte

Der Parlamentarische Rat hat das Grundgesetz und besonders die Grundrechte mit einem Schutz versehen. So lässt sich das Grundgesetz nur mit einer Zweidrittelmehrheit jeweils im Bundestag und im Bundesrat verändern. In der Ewigkeitsklausel (Art. 79 Abs. 3 GG) wird festgelegt, dass wesentliche Teile der Verfassung unveränderbar sind.

Art. 79 GG
(3) Eine Änderung dieses Grundgesetzes, durch welche die Gliederung des Bundes in Länder, die grundsätzliche Mitwirkung der Länder bei der Gesetzgebung oder die in den Artikeln 1 und 20 niedergelegten Grundsätze berührt werden, ist unzulässig.

Art. 20 GG:
In diesem „Grundgesetz in Kurzform" werden die wesentlichen Grundsätze der Staatsordnung festgelegt.

Geben Sie wieder, welche Teile des GG unveränderbar sind.

Weil verschiedene Grundrechte mit einem Gesetz eingeschränkt werden können, wurde zum Schutz der Grundrechte ihr Wesensgehalt für unantastbar erklärt (Art. 19 Abs. 2 GG). Der Kern eines Grundrechtes muss unberührt bleiben.

Waterboarding:
Foltermethode zur Simulation des Todes durch Ertrinken

PRESSESCHAU

Folter von Terrorverdächtigen – 183 Mal Waterboarding

Die CIA soll Waterboarding weitaus häufiger angewendet haben, als bislang bekannt – die harte Verhörmethode gerät dadurch erneut ins Kreuzfeuer der Kritik.

Der US-Geheimdienst CIA hat das sogenannte Waterboarding – das simulierte Ertränken – bei Verhören von mutmaßlichen Terroristen nach neuen Informationen viel häufiger angewandt als bisher bekannt.

... Das könnte Fragen nach der Effektivität dieser Verhörmethode aufwerfen

So sei allein der als Chefplaner der Anschläge von 11. September 2001 geltende Chalid Scheich Mohammed 183 Mal im Jahr 2003 dieser umstrittenen Verhörmethode ausgesetzt worden, berichtete die *New York Times*.

Ein anderer mutmaßlicher Terrorist, Abu Subaida, sei 83 Mal auf diese Weise im Jahr 2002 gequält worden. Ein früherer hoher CIA-Mitarbeiter, John Kiriakou, hatte im Jahr 2007 erklärt, Abu Subaida sei nur 35 Sekunden dem Waterboarding ausgesetzt worden, bevor er alles gestanden habe.

www.sueddeutsche.de, Zugriff 17.07.2015

1. Analysieren Sie die Position des GG zu diesen Methoden.
2. Überlegen Sie, ob Sie solchen Foltermethoden unter bestimmten Umständen zur Rettung von Menschenleben zustimmen würden.

Art. 2 GG

(2) Jeder hat das Recht auf Leben und körperliche Unversehrtheit. Die Freiheit der Person ist unverletzlich. In diese Rechte darf nur auf Grund eines Gesetzes eingegriffen werden.

Auch die Bürger können sich für den Schutz der Grundrechte einsetzen. Gewaltlose Demonstrationen z. B. gegen rechtsradikale Gruppen und Aktionen richten sich gegen Diskriminierung und setzen sich für die Achtung der Menschenwürde ein. Für deren Einhaltung in der ganzen Welt kämpfen u. a. die Menschenrechtsorganisationen **Amnesty International** und **Human Rights Watch**.

„Als die Nazis die Kommunisten holten,
habe ich geschwiegen,
ich war ja kein Kommunist.

Als sie die Sozialdemokraten einsperrten,
habe ich geschwiegen,
ich war ja kein Sozialdemokrat.

Als sie die Gewerkschafter holten,
habe ich geschwiegen,
ich war ja kein Gewerkschafter.

Als sie mich holten,
gab es keinen mehr,
der protestieren konnte.“

Angelehnt an ein Gedicht von Martin Niemöller,
www.martin-niemoeller-stiftung.de, Zugriff 17.12.2015

Amnesty international:
(ai) wurde 1961 gegründet. Auf der Grundlage der Allgemeinen Erklärung der Menschenrechte wendet sich ai gegen schwer wiegende Verletzungen der Rechte eines jeden Menschen.

Human Rights Watch:
Untersucht Menschenrechtsverletzungen in allen Regionen der Welt

1. Erläutern sie, welches Grundrecht der Leser des Gedichtes ausüben soll.
2. Werten Sie aus, welches Grundrecht den Personen im Gedicht genommen wurde.

Einteilung der Grundrechte

Die Grundrechte lassen sich in ihrem Inhalt unterscheiden:

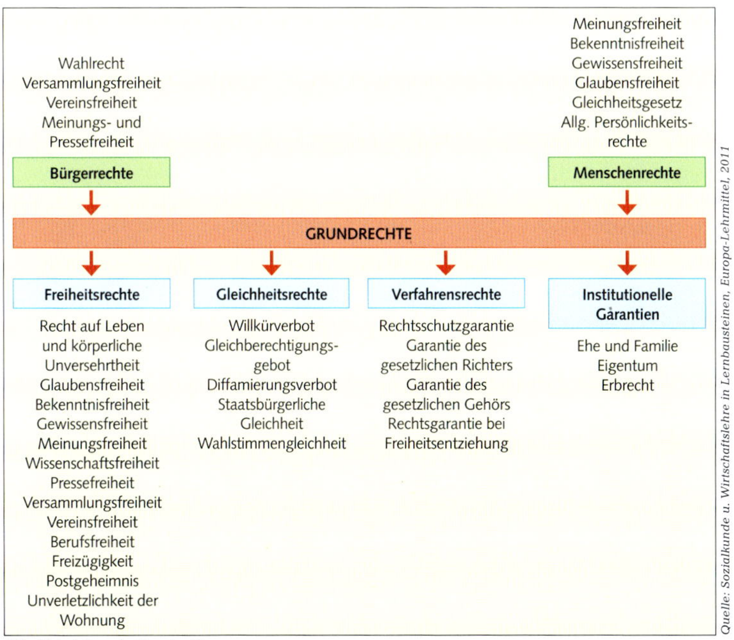

M3 Unterteilung der Grundrechte

1.2 Strukturprinzipien des Grundgesetzes

Art. 20 GG

(1) Die Bundesrepublik Deutschland ist ein demokratischer und sozialer Bundesstaat.

Art. 28 GG

(1) Die verfassungsmäßige Ordnung in den Ländern muss den Grundsätzen des republikanischen, demokratischen und sozialen Rechtsstaates im Sinne dieses Grundgesetzes entsprechen.

Im Grundgesetz wird die Struktur der Bundesrepublik Deutschland mit wenigen Regelungen festgelegt. Als Strukturprinzipien des Grundgesetzes gelten

- die Republik,
- der Sozialstaat,
- der Bundesstaat,
- die Demokratie,
- der Rechtsstaat.

Homogen: Gleichartig, gleichmäßig aufgebaut, einheitlich

Die große Bedeutung dieser Grundsätze drückt sich im **Homogeni**tätsprinzip des Art. 28 Abs.1 Satz 1 GG aus. Es verlangt, dass die staatliche Ordnung in den Bundesländern jener der Bundesrepublik entspricht.

www.bildungsserver.de/Grundgesetz-und-Landesverfassungen-71.html

Diskutieren Sie in diesem Zusammenhang den Art. 21, Abs. 1 der Hessischen Landesverfassung.

Die Republik

Eine Republik ist eine Staatsform, in der niemals ein **Monarch** Staatsoberhaupt sein kann. Die Bundesrepublik Deutschland schützt sich somit vor einer Besetzung des Staatsoberhaupts durch Erbfolge, wie es in einer Monarchie üblich ist.

Monarch: König, Fürst

Das Staatsoberhaupt kann nur durch einen Staatspräsidenten verkörpert werden. Für die Bundesrepublik ist dies der Bundespräsident.

Erstellen Sie eine Liste der bisherigen Bundespräsidenten und deren Amtszeiten. (Internetrecherche)

Der Sozialstaat

Der Sozialstaat bietet den Bürgern unterschiedliche Sozialleistungen, u. a. jene der Sozialversicherungen. Sozial schwache Bürger können bei Bedarf Leistungen beziehen, z. B. Wohngeld. Im Grundgesetz unterstreichen folgende Artikel den Sozialstaatsgedanken:

- Schutz von Ehe und Familie (Art. 6 GG)

- Gleichheitsgrundsatz (Art. 3 GG)
- **Sozialpflichtigkeit des Eigentums** (Art. 14 Abs. 2 GG)
- **Schutz der Menschenwürde** (Art. 1 GG)

Sozialpflichtigkeit des Eigentums:
Dieser Grundsatz hat eine besondere Bedeutung im Mietrecht. Mieten können z. B. nicht beliebig erhöht werden.

© DaveVaughan

Schutz der Menschenwürde:
Das ALG II und die Sozialhilfe sollen ein menschenwürdiges Leben ermöglichen. Der notwendige Lebensunterhalt umfasst insbesondere Ernährung, Unterkunft, Kleidung, Körperpflege, Hausrat, Heizung und persönliche Bedürfnisse des täglichen Lebens.

> Interpretieren Sie die Karikatur.

Der Bundesstaat

Die sechzehn Länder der Bundesrepublik Deutschland bilden den Bundesstaat. Ein derartiger Staatsaufbau wird als föderal bezeichnet. Der Bundesstaat hat in der deutschen Geschichte eine lange Tradition. Auch das Kaiserreich und die Weimarer Republik waren in Länder untergliedert. Die Bundesländer haben das Recht zur eigenen Gesetzgebung (Art. 77 GG).

> Recherchieren Sie im Internet die Bedeutung des Begriffes Föderalismus.

Die Demokratie

Der parlamentarische Rat hat sich 1949 für eine **repräsentative** bzw. mittelbare Demokratie entschieden. Das Volk ist der **Souverän**. Es trifft aber nicht unmittelbar die politischen Entscheidungen, sondern bestimmt dazu in Wahlen seine Vertreter in den Parlamenten. Die Möglichkeit des Volkes durch Abstimmungen mitzuwirken, ist bislang nur sehr beschränkt möglich. Für Bundesgesetze gibt es keine direkte Beteiligungsmöglichkeit der Bürger.

Repräsentative Demokratie:
Politische Entscheidungen werden nicht direkt getroffen, sondern gewählten Vertretern überlassen.

Souverän:
Herrscher

Als weitere Grundgesetzartikel, die den demokratischen Gedanken im Grundgesetz ausdrücken, sind zu nennen:

- Allgemeine, unmittelbare, freie, gleiche und geheime Wahlen (Art. 38 Abs. 1 GG)
- Meinungsfreiheit und Freiheit der Berichterstattung (Art. 5 GG)
- Freie Betätigung und Entfaltung politischer Parteien (Art. 21 Abs. 1 GG)

- Gleichheitsgrundsatz (Art. 3 GG)
- Mitwirkungsmöglichkeiten für die Interessenvereinigungen (Art. 9 GG)

> Wenn Du Dich nicht entscheidest, verlasse ich Dich!
> *Deine Demokratie*
>
> „Demokratie heißt, dass sich die Leute in ihre eigenen Angelegenheiten einmischen."
> *Max Frisch*

Auf welche Kernelemente unserer Demokratie beziehen sich diese Aussagen?

Rechtsstaat

Aus den Prinzipien der Gewaltenteilung und der Grundrechte ergibt sich in Verbindung mit den Art. 97–103 GG das wichtige Prinzip der Rechtsstaatlichkeit. Ein Rechtsstaat ist ein Staat, in dem die öffentliche Gewalt an eine Rechtsordnung gebunden ist. Die Macht des Staates ist begrenzt, Willkürmaßnahmen sind ausgeschlossen.

1.3 Die freiheitlich demokratische Grundordnung der Bundesrepublik Deutschland

Im Grundgesetz wird die Verfassungsordnung als freiheitlich demokratische Grundordnung bezeichnet. Die Basis hierfür liefern die im Folgenden genannten Strukturprinzipien. Das Bundesverfassungsgericht hat im Rahmen eines Parteienverbotsverfahrens bereits 1952 die Elemente der freiheitlich demokratischen Grundordnung festgelegt.

„Die freiheitlich demokratische Grundordnung lässt sich als eine Ordnung bestimmen, die unter Ausschluss jeglicher Gewalt- und Willkürherrschaft eine rechtsstaatliche Herrschaftsordnung auf der Grundlage der Selbstbestimmung des Volkes nach dem Willen der jeweiligen Mehrheit und der Freiheit und Gleichheit darstellt."

Aus dem BVG-Urteil zum Verbot der rechtsextremen SRP Sozialistische Reichspartei) im Jahr 1952.

Die Gewaltenteilung und Machtkontrolle

PRESSESCHAU

Finanzhof erteilt gekürzter Pendlerpauschale Abfuhr

Etappensieg für Millionen Berufspendler in Deutschland: Die Streichung der Pendlerpauschale ist für einen großen Teil der Arbeitnehmer nicht verfassungskonform – meint der Bundesfinanzhof.

Der Bundesfinanzhof (BFH) hält die Abschaffung der Pendlerpauschale für verfassungswidrig. Das sagte der zuständige Richter am höchsten Finanzgericht, Hans-Joachim Kanzler, am Mittwoch in München.

Die endgültige Entscheidung liegt nun beim Bundesverfassungsgericht in Karlsruhe, das noch in diesem Jahr entscheiden will ...

www.sueddeutsche.de, Zugriff 17.12.2015

Diskutieren Sie, wieso das Bundesverfassungsgericht ein Gesetz des Bundestages für nichtig erklären kann.

Im Grundgesetz wird die Gewaltenteilung im Art. 20 Abs. 2 festgelegt und über die Ewigkeitsklausel des Artikels 79 jeder Veränderung entzogen.

In einer parlamentarischen Demokratie müssen die Aufgaben der einzelnen Gewalten auf Staatsorgane übertragen werden. In der Bundesrepublik Deutschland sind dies die **obersten Bundesorgane.** Sie sind für unterschiedliche Aufgaben zuständig, hinsichtlich der Gewaltenverteilung gilt im Wesentlichen Folgendes:

Oberste Bundesorgane:
Bundespräsident
Bundesrat
Bundesregierung
Bundestag
Bundesverfassungsgericht
Bundesversammlung

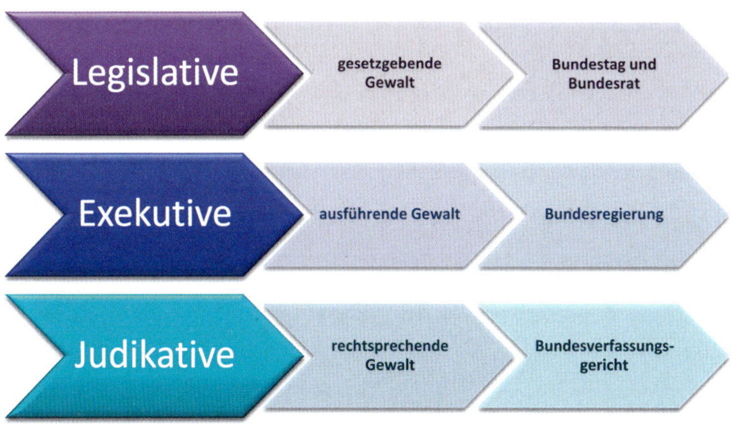

Die Gewaltenteilung regelt nicht nur Zuständigkeiten, sondern dient auch der Machtkontrolle. Die Bundesregierung verkörpert das Machtzentrum in der BRD. Sie wird im Bundestag durch die jeweilige Opposition kontrolliert. Nur in einem Mehrparteiensystem kann eine wirkungsvolle parlamentarische Opposition entstehen. Sie kann beim Bundesverfassungsgericht einen Antrag auf Überprüfung der jeweiligen Gesetze stellen.

In der Verschränkung aller Verfassungsorgane wird sichergestellt, dass in der Bundesrepublik kein Verfassungsorgan die Möglichkeit hat, seine Macht über Gebühr auszubauen.

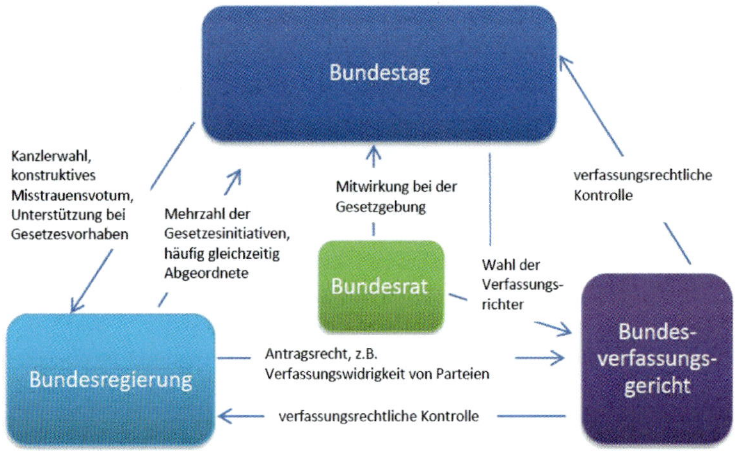

Bei der Aufteilung der Macht auf die drei Gewalten Legislative, Exekutive und Judikative spricht man von der horizontalen Gewaltenteilung. Neben diesen drei Staatsgewalten gelten die Medien als die vierte Gewalt im Staat. Sie informieren die Bürger, kommentieren politische Entscheidungen und beeinflussen die öffentliche Meinung. Diese wirkt sich auf das konkrete Handeln der Politiker aus. Hieraus ergibt sich eine weitere Form der Machtregulierung. Die Freiheit und Vielfalt der Medien ist ein wichtiger Stützpfeiler für die freiheitlich demokratische Grundordnung.

Durch die Bundesstaatlichkeit (Art. 20 GG) soll ebenso eine Machtkonzentration verhindert werden. Bei der Aufteilung der Macht auf Bund, Länder und Gemeinden spricht man von vertikaler Gewaltenteilung.

Nennen Sie die Staatsorgane im System der Gewaltenteilung.

1.4 Oberste Bundesorgane

Jeder Staat benötigt Staatsorgane, um seine Aufgaben auszuführen. In freiheitlichen Staaten werden Staatsorgane durch demokratische Wahlen legitimiert. Das Grundgesetz sieht als Staatsorgane die obersten Bundesorgane vor.

Der Bundestag

© Tiberius Gracchus – Fotolia.com

Reichstagsgebäude in Berlin: Sitz des Bundestages

Wenn vom Parlament der Bundesrepublik Deutschland gesprochen wird, ist der Bundestag gemeint. Er stellt die Volksvertretung Deutschlands dar und wird für vier Jahre gewählt. Die Hauptaufgaben des Bundestages sind:

Gesetzgebungsfunktion

Das Parlament regelt das Zusammenleben der einzelnen Bürger in der Gemeinschaft und die staatliche Ordnung durch Gesetze.

Wahlfunktion

Der Bundestag wählt den Bundeskanzler, wirkt an der Wahl des Bundespräsidenten mit, wählt die Hälfte der Bundesverfassungsrichter und den Wehrbeauftragten.

Kontrollfunktion

Das Parlament soll die Regierung kontrollieren. Dies erfolgt im Bundestag hauptsächlich durch die Oppositionsfraktionen.

Willensbildungsfunktion

Das Parlament soll das „Forum der Nation" sein. Hier werden wichtige politische Themen diskutiert und Konzepte zur Lösung von Problemen entwickelt.

Repräsentationsfunktion

Das Parlament bildet die politische Meinungsvielfalt der Bevölkerung ab. Die Volksvertreter sollen die Anliegen und Interessen ihrer Wähler zur

Geltung bringen und durchsetzen. Diese Form der parlamentarischen Demokratie wird deshalb auch repräsentative Demokratie genannt.

© Dave Vaughan

Erklären Sie, wodurch in der Karikatur die Regierung und die Opposition erkenntlich werden.

Der Bundesrat

www.wahlrecht.de/lexikon/bundesrat.html

Der Bundesrat ist das Mitbestimmungsorgan der Länder auf Bundesebene. Durch ihn wirken die Länder bei der Gesetzgebung und Verwaltung des Bundes mit. Zustimmungsgesetze haben Auswirkungen auf die Länder. Hier muss der Bundesrat zustimmen.

Bei anderen Gesetzen kann der Bundesrat ein Bundesgesetz verhindern, indem er Einspruch einlegt. Der Bundesrat hat auch das Recht zur Gesetzesinitiative, d. h., er kann selbst Gesetze vorschlagen, die dann in einem bestimmten Verfahren beraten werden.

Die Regierungen der Länder entsenden Vertreter in den Bundesrat. Sie müssen Mitglieder der Landesregierungen sein. Bei wichtigen Sitzungen nehmen zumeist die jeweiligen Ministerpräsidenten und ihre Fachminister selbst teil.

Die Stimmenanzahl eines Bundeslandes hängt von seiner Einwohnerzahl ab. Insgesamt haben die 16 Länder 69 Vertreter. Eine Stimmenthaltung wirkt im Bundesrat wie eine Ablehnung. Die Stimmen eines Landes können nur einheitlich abgegeben werden.

Der Bundesratspräsident ist der Stellvertreter des Bundespräsidenten und wird aus den Reihen der Regierungschefs der Länder in festgelegter Reihenfolge für ein Jahr gewählt.

© Frank Bräuer

Sitzung des Bundesrates

1. Recherchieren Sie im Internet, wie viele Stimmen Niedersachsen im Bundesrat hat.
2. Wer entscheidet, wer ein Land im Bundesrat vertritt?

© Dave Vaughan

Erörtern Sie, welches Problem des Bundesrates Sie aus dieser Karikatur ableiten können.

Der Bundespräsident

Der Bundespräsident ist das Staatsoberhaupt der Bundesrepublik Deutschland. Er steht an der Spitze des Staates.

Schloss Bellevue in Berlin: Sitz des Bundespräsidenten

Jeder Deutsche, der das Wahlrecht zum Deutschen Bundestag besitzt und das 40. Lebensjahr vollendet hat, kann für fünf Jahre zum Bundespräsidenten gewählt werden. Der Bundespräsident wird von einem besonderen Wahlorgan, der Bundesversammlung, gewählt. In ihr sind alle Mitglieder des Bundestages vertreten. Mit gleicher Anzahl sitzen Vertreter der Bundesländer in der Bundesversammlung. Diese Personen werden von den Landesparlamenten entsprechend der Größe der einzelnen Landtagsfraktionen entsandt. Verschiedentlich sind dies Personen des öffentlichen Lebens, die nicht Mitglied einer Partei sein müssen.

Lernfeld 5

Der Bundespräsident kann nur ein Mal wiedergewählt werden. Das Grundgesetz verleiht dem Bundespräsidenten nur geringe Macht. Er hat folgende Aufgaben und Befugnisse:

- Vorschlagsrecht bei der Kanzlerwahl, Ernennung und Entlassung der Bundesminister und des Bundeskanzlers
- Auflösung des Bundestages unter bestimmten Bedingungen
- **Ausfertigung** und **Verkündung** der Bundesgesetze
- Völkerrechtliche Vertretung der Bundesrepublik Deutschland nach außen

Ausfertigung:
Unterzeichnung der Originalurkunde des Gesetzes

Verkündung:
Amtliche Bekanntgabe des Gesetzes im Bundesgesetzblatt

Eine Hauptaufgabe des Staatsoberhauptes der Bundesrepublik liegt in der Repräsentation des Staates. Seine Person steht über den tagespolitischen Debatten für das Gemeinsame in der Politik. Der Präsident soll Vertrauen herstellen, moralische Maßstäbe setzen, Rat erteilen, Denkanstöße in grundlegenden Fragen geben und in Kontroversen ausgleichend wirken.

© B. Roder

Bundeskanzleramt

Bundesregierung

Die Bundesregierung stellt das Machtzentrum in der Bundesrepublik Deutschland dar. Sie hat die Aufgabe der politischen Führung und muss den politischen Willen der Parlamentsmehrheit in konkrete Politik umsetzen. Das Ziel der Parteien besteht darin, die Regierungsverantwortung zu übernehmen bzw. zu beeinflussen. Wer sie besitzt, hat Chancen, die eigenen politischen Ziele durchzusetzen. Um die Regierung bilden zu können, entwickelten sich in der Geschichte der Bundesrepublik Deutschland zumeist Koalitionen.

Die Bundesregierung wird formal der Exekutive als vollziehende Gewalt zugeordnet. Ihr obliegt im Wesentlichen die Staatsleitung der Bundesrepublik Deutschland. Für eine **Legislaturperiode** bestimmt die Bundesregierung die politischen Ziele.

Legislaturperiode:
Wahl- oder Gesetzgebungsperiode

Die Bundesregierung vertritt die Bundesrepublik in den Organen der EU, der **NATO**, **OSZE** oder der **UNO**. Bei internationalen Konferenzen wie z. B. zum Klimaschutz, handeln für Deutschland der Bundeskanzler oder der jeweilige Bundesminister. Die Vorbereitung von Verträgen mit anderen Staaten obliegt ebenfalls der Bundesregierung.

OSZE:
Organisation für Sicherheit und Zusammenarbeit in Europa

NATO:
Westliches Militärbündnis

UNO:
Organisation der Vereinten Nationen

Bundeskanzler und Bundesminister

> **Art. 62 GG:**
> Die Bundesregierung besteht aus dem Bundeskanzler und den Bundesministern.

„Willy Brandt muss Kanzler bleiben!“ lautete ein Wahlslogan der SPD zu Beginn der 1970er-Jahre. Obwohl die wahlberechtigten Bürger bei den Bundestagswahlen den Kanzler nicht direkt wählen können, hat die Wahlentscheidung die Bedeutung einer Kanzlerwahl.

Wenn ein neu gewählter Bundestag zusammentritt, ist die Wahl des Kanzlers eine seiner ersten Handlungen. Der Bundespräsident muss zunächst formal dem Bundestag einen Kandidaten vorschlagen. In der Regel schlägt er den Kanzlerkandidaten der Partei vor, die die Bundestagswahl gewonnen hat.

Der Bundeskanzler muss selbst nicht Abgeordneter des Bundestages sein. Für die Wahl ist die **absolute Mehrheit** des Bundestages notwendig. Der gewählte Kanzler wird anschließend vom Bundespräsidenten ernannt.

Absolute Mehrheit:
Mehrheit der gesetzlichen Mitgliederzahl des Bundestages

Die Amtszeit des Kanzlers ist im Regelfall an die vierjährige Legislaturperiode des Bundestages gekoppelt. Das Parlament hat nur zwei Möglichkeiten während der Legislaturperiode einen Kanzlerwechsel herbeizuführen. Dies ist möglich durch das konstruktive Misstrauensvotum (Art. 67 GG), bei dem im Deutschen Bundestag dem amtierenden Kanzler das Misstrauen ausgesprochen wird. Dies geschieht, indem der Bundestag einen Nachfolger wählt, den der Bundespräsident anschließend ernennt.

Darüber hinaus kann der Bundeskanzler im Bundestag die Vertrauensfrage (Art. 68 GG) stellen. Spricht ihm die Mehrheit des Bundestages nicht das Vertrauen aus, kann der Kanzler dem Bundespräsidenten vorschlagen, den Bundestag aufzulösen und Neuwahlen durchzuführen. Der Bundestag kann dies aber abwenden, wenn er einen neuen Kanzler wählt.

Konstruktives Misstrauensvotum und Vertrauensfrage

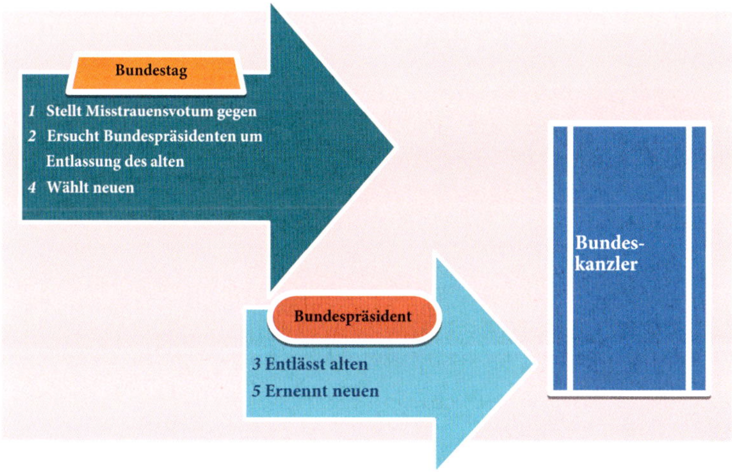

Eine kanzlerlose Zeit wird durch diese Regelungen in der Bundesrepublik Deutschland verhindert. Mit der Beendigung der Amtszeit eines Bundeskanzlers verlieren auch die amtierenden Bundesminister ihre Positionen.

1. Recherchieren Sie im Internet, wann es in der Bundesrepublik Deutschland konstruktive Misstrauensvoten gab.
2. Nennen Sie die jeweiligen Abstimmungsergebnisse.

Das Grundgesetz verleiht dem Bundeskanzler eine hervorgehobene Stellung. Er hat das Vorschlagsrecht für die Bundesminister, die vom Bundespräsidenten ernannt werden. Dieses Recht wird in der politischen Wirklichkeit beeinträchtigt. Jeder Bundeskanzler, der nur mit einer Koalition regieren kann, muss dem Koalitionspartner Ministerämter einräumen. Auch die Wünsche der eigenen Partei hat der zukünftige Regierungschef zu berücksichtigen.

Die Bundesminister können nicht vom Bundestag abgesetzt werden. Ihre Entlassung wird auf Vorschlag des Bundeskanzlers vom Bundespräsidenten ausgesprochen. Ein freiwilliger Rücktritt eines Bundesministers ist jedoch möglich. Der Bundeskanzler ernennt ferner einen Bundesminister zu seinem Stellvertreter und Vizekanzler.

Das Grundgesetz legt die Anzahl der Ministerien nicht fest. Jede Bundesregierung bestimmt sie nach den Erfordernissen der Zeit. Als bedeutende Ministerien gelten u. a. das Innen-, Außen-, Finanz- und Verteidigungsministerium.

Die dominierende Position des Bundeskanzlers innerhalb der Bundesregierung wird durch die Prinzipien des Art. 65 GG deutlich:

- Kanzlerprinzip: Der Kanzler bestimmt die Richtlinien der Politik und trägt dem Bundestag gegenüber die Verantwortung.
- **Ressortprinzip:** Jeder Minister leitet im Rahmen der Richtlinien des Bundeskanzlers seinen Geschäftsbereich selbständig und ist für sein Ministerium verantwortlich.
- Kollegialprinzip: Bei Meinungsverschiedenheiten zwischen den Ministern entscheidet das **Kabinett** als Kollegium.

Ressort:
Amtsbereich, Aufgabengebiet

Kabinett:
Alle Minister einer Regierung

Die Persönlichkeit des Kanzlers prägt die jeweilige Bundesregierung. Wenn er seinen Machtspielraum stark ausnutzt, spricht man von einer Kanzlerdemokratie.

Viele Regierungen bestanden aus Koalitionen. Erörtern Sie, wie sich dies auf die Richtlinienkompetenz des Kanzlers auswirkt.

Das Bundesverfassungsgericht

 129 015

Das Bundesverfassungsgericht (BVG) ist eines der mächtigsten und wichtigsten Bundesorgane, da es über die Einhaltung des Grundgesetzes wacht. Damit steht es in seinen Entscheidungen über allen anderen Verfassungsorganen. Es ist somit das Kontrollorgan der Verfassung und besitzt weitreichende Befugnisse und Aufgaben. Zu den wichtigsten Bereichen zählen die Verfassungsbeschwerden, die Verfassungsstreitigkeiten, die Normenkontrolle, das Parteienverbot und die Aberkennung von Grundrechten.

Bundesverfassungsgericht in Karlsruhe

Im Falle der Normenkontrollverfahren überprüft das Bundesverfassungsgericht, ob bestehende oder neu beschlossene Gesetze im Widerspruch zum Grundgesetz stehen, also verfassungskonform oder verfassungswidrig sind. Dabei besitzt das Verfassungsgericht das Recht, die anderen Verfassungsorgane zu beauftragen, neue Gesetze zu entwickeln.

Das Bundesverfassungsgericht verfügt zudem über die Möglichkeit, einzelnen Personen, die die Grundrechte zum Kampf gegen die freiheitlich demokratische Grundordnung missbrauchen, diese Grundrechte abzuerkennen.

1. Ordnen Sie das Bundesverfassungsgericht in das System der Gewaltenteilung ein.
2. Nehmen Sie Stellung zu der Aussage: Das Bundesverfassungsgericht hat zu viel Macht.

1.5 Die Entstehung eines Gesetzes

Gesellschaft, Wirtschaft und Politik unterliegen ständigen Veränderungen. Dies wirkt sich auch auf die Rechtsordnung aus. Es entstehen neue Gesetze und bestehende Gesetze werden geändert. Dies geschieht in der Bundesrepublik Deutschland in einem vorgegebenen Gesetzgebungsverfahren. An diesem sind der Bundestag, der Bundesrat und die Bundesregierung beteiligt. Interessenverbände, Parteien und die Medien versuchen, die Entstehung von Gesetzen zu beeinflussen und kommentieren diese.

Interessenverbände:
z. B. Gewerkschaften, Arbeitgeberverbände, ADAC, Bauernverband, Sportverbände

Verbandsinteressen im Gesetzgebungsverfahren

Die Bürger und Unternehmen können ihre Vorstellungen bei der Entstehung eines Gesetzes besser zur Geltung bringen, wenn sie durch Interessenverbände vertreten werden.

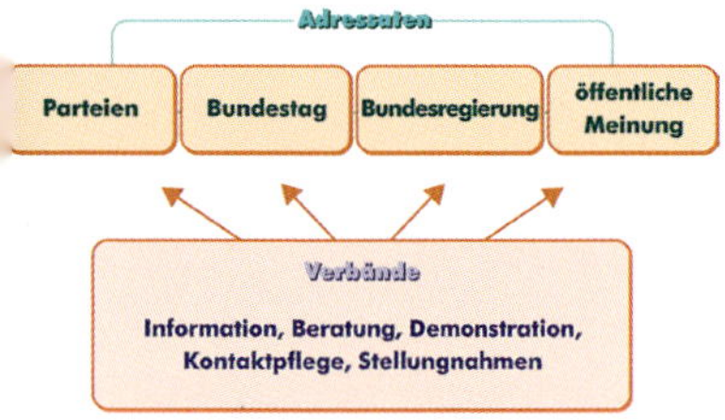

Adressaten und Methoden des Verbandseinflusses

Interessenverbände kommentieren Gesetzesvorschläge in der Öffentlichkeit und werden beim Gesetzgebungsverfahren angehört. Wenn Interessenverbände ihre Vorstellungen im Parlament und gegenüber der Regierung durchsetzen wollen, spricht man von Lobbyismus.

Das System des Lobbyismus steht vielfach in der Kritik. Immer wieder wird versucht, durch Korruption oder andere unerlaubte Maßnahmen (Vorteilsgewährung), Einfluss auf Abgeordnete aller politischen Ebenen zu nehmen.

Öffentliche Meinung und Medien

Die Parteien im Deutschen Bundestag stellen nicht nur beschlossene Gesetze, sondern bereits ihre Gesetzesvorhaben der Öffentlichkeit vor. Dies geschieht insbesondere vor Bundestagswahlen. Die Wähler sollen die Absichten der Parteien kennen. Meinungsforschungsinstitute befragen die Bevölkerung, wie sie zu einem Thema stehen, das mit einem Gesetz geregelt werden soll. In der Regel versuchen die politischen Akteure unpopuläre Entscheidungen zu vermeiden. Die Bürger nehmen somit indirekt Einfluss auf Politik.

Einflussfaktoren im Gesetzgebungsprozess

> Recherchieren Sie im Internet, wie die großen Meinungsforschungsinstitute heißen.

Über die Medien werden die Meinungen zu politischen Themen verbreitet. Aus den Medien können die Politiker zustimmende und ablehnende Reaktionen auf ihre politischen Äußerungen und ihr Verhalten entnehmen.

Insbesondere überregionale Zeitungen, Politikmagazine und die **Boulevardpresse** nehmen großen Einfluss auf die politische Willensbildung des Bürgers.

Boulevardpresse:
z. B. Bild- Zeitung, Superillu

Der Gang der Gesetzgebung

Bei bedeutsamen Gesetzesvorhaben werden im Vorfeld der Gesetzgebung häufig Kommissionen mit Experten gebildet. Bundesregierung, Bundesrat und Bundestag haben das Recht zur Gesetzesinitiative. Im

Bundestag müssen die Gesetzesvorlagen von mindestens 5 % der Abgeordneten oder einer Fraktion unterzeichnet sein. Bei Gesetzesvorschlägen der Bundesregierung muss der Bundesrat Stellung nehmen. **Regierungsvorlagen** sind Gesetzesvorschläge der Bundesregierung. Schlägt der Bundesrat ein Gesetz vor, dann läuft dies über die Bundesregierung, die zum Gesetzesvorschlag Stellung nimmt und den Gesetzentwurf an den Bundestag weiterleitet.

Regierungsvorlagen:
Die Bundesregierung kann ihre Gesetzesvorschläge über die sie stützenden Fraktionen einreichen.

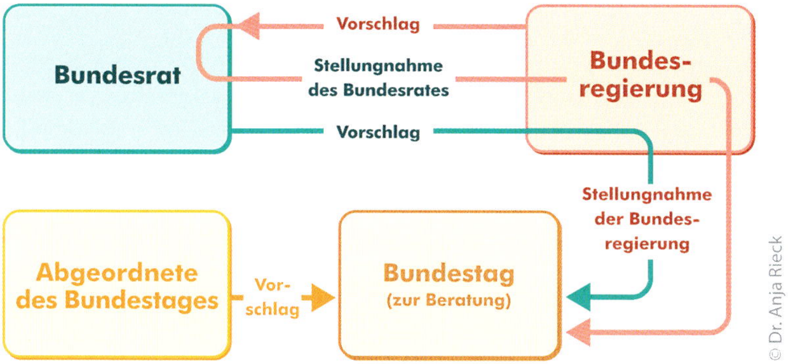

Gesetzesinitiative (Gesetzesvorschlag)

Erklären Sie den Begriff Gesetzesinitiative.

Das Grundgesetz regelt die Verteilung der Gesetzgebungskompetenzen zwischen Bund und Ländern. Hierbei wird unterschieden zwischen der ausschließlichen Gesetzgebung und der konkurrierenden Gesetzgebung. Die ausschließliche Gesetzgebung fällt entweder in die Zuständigkeit des Bund oder der Länder. Bei der konkurrierenden Gesetzgebung sind sowohl der Bund als auch die Länder zuständig.

Beispiele für ausschließliche Gesetzgebung:
- Währungsfragen (Bund)
- Schulrecht (Land)

Beispiel für konkurrierende Gesetzgebung:
- Strafrecht/Strafvollzug
- Bürgerliches Recht

Jeder Gesetzentwurf durchläuft im Bundestag drei Lesungen. Nach der ersten Lesung wird jeder Gesetzentwurf in einem oder mehreren Ausschüssen vertieft behandelt. Ausschüsse sind fachlich spezialisierte Arbeitsgruppen von Bundestagsabgeordneten. Die im Bundestag vertretenen Parteien sind in den Ausschüssen in gleicher prozentualer Stärke vertreten wie im Bundestag insgesamt. Während der Ausschussberatung können Verbände zum Gesetzentwurf angehört werden (Anhörung oder Hearing).

Findet ein Gesetzentwurf im Bundestag nicht die Mehrheit der anwesenden Abgeordneten, so ist er gescheitert. Gibt es eine Mehrheit, wird der Gesetzentwurf an den Bundesrat weitergeleitet.

Bei der Mitwirkung des Bundesrates ist zu unterscheiden, ob das Bundesgesetz der Zustimmung des Bundesrates bedarf oder ob es sich um ein so genanntes **einfaches Gesetz (Einspruchsgesetz)** handelt. Das Grundgesetz legt fest, welche Gesetze Zustimmungsgesetze sind:

- Gesetze, die das Grundgesetz ändern
- Gesetze, die das Steueraufkommen zwischen Bund und Ländern regeln
- Gesetze, die in die Verwaltung der Länder eingreifen

Einfache Gesetze oder Einspruchsgesetz:
Hierbei ist keine Zustimmung des Bundesrates nötig

Wenn ein vom Bundestag beschlossenes Zustimmungsgesetz vom Bundesrat abgelehnt wird, kann der **Vermittlungsausschuss** angerufen werden. Er versucht, in geheimer Sitzung eine Kompromisslösung zu finden. Der Kompromissvorschlag benötigt erneut den Beschluss des Bundestages. Der Bundesrat muss dem Kompromiss zustimmen, damit das Gesetz nicht scheitert.

Vermittlungsausschuss:
Bei Unstimmigkeiten im Gesetzgebungsverfahren vermittelt der Ausschuss zwischen Bundestag und Bundesrat.

Informieren Sie sich über drei zustimmungsbedürftige Gesetze. (Internet-Recherche)

Die Mitwirkung des Bundesrates bei Zustimmungsgesetzen

Die nach den Vorschriften des Grundgesetzes entstandenen Gesetze werden vom Bundeskanzler und den Fachministern gegengezeichnet. Die **Ausfertigung** und **Verkündung** des Gesetzes ist Aufgabe des Bundespräsidenten.

Ausfertigung:
Unterzeichnung der Originalurkunde des Gesetzes

Verkündung:
Amtliche Bekanntgabe des Gesetzes im Bundesgesetzblatt

Das Grundgesetz kann nur durch ein Gesetz geändert werden, das den Wortlaut des Grundgesetzes ausdrücklich ändert oder ergänzt.

Ein solches Gesetz bedarf der Zustimmung von zwei Dritteln der Mitglieder des Bundestages und zwei Dritteln der Mitglieder des Bundesrates. Eine Änderung des Grundgesetzes, die die Gliederung des Bundes in Bundesländer oder zum Beispiel die in Art. 1 GG und Art. 20 GG niedergelegten Grundsätze berührt, ist unzulässig (Art. 79, Abs. 3 GG).

> Nennen Sie Gründe, warum Art. 1 GG und Art. 20 GG nicht verändert werden dürfen.

Verstößt ein Gesetz in seinem Inhalt gegen das Grundgesetz oder kam es in einer Art zustande, die nicht dem Gesetzgebungsverfahren des Grundgesetzes entspricht, kann dagegen beim Bundesverfassungsgericht Klage erhoben werden.

Zusammenfassung

Die Parteien entwickeln zu den Gesetzesvorhaben ihre Vorstellungen.
Interessenverbände versuchen, auf die Gesetzgebung Einfluss zu nehmen.
Die öffentlichen Meinung und die Medien wirken auf die Gesetzgebung ein.
Bundestag, Bundesrat und Bundesregierung können Gesetze vorschlagen.
Gesetzesentwürfe werden im Bundestag beraten und nach drei Lesungen beschlossen.
Die Länder sind über den Bundesrat an der Gesetzgebung beteiligt.
Hinsichtlich des Einflusses des Bundesrates beim Gesetzgebungsverfahren ist zwischen Zustimmungsgesetzen und einfachen Gesetzen zu unterscheiden.
Wenn der Bundesrat bei einem Zustimmungsgesetz die Zustimmung endgültig verweigert, ist es gescheitert.
Die Gesetze werden nach Unterzeichnung durch den Bundespräsidenten im Bundesgesetzblatt verkündet (Art. 82 GG).
Gesetze, die nicht dem Grundgesetz entsprechen, können auf Antrag vom Bundesverfassungsgericht für ungültig erklärt werden.

Wissens-Check

1. Diskutieren Sie, wie Interessenverbände Einfluss auf die Gesetzgebung ausüben können.
2. Beschreiben Sie, welchen Einfluss die Medien bei der Gesetzgebung haben.
3. Erklären Sie, wer Gesetze vorschlagen kann.
4. Fassen Sie zusammen, wer die Gesetze beschließt.
5. Stellen Sie dar, was man unter einer „Lesung" im Gesetzgebungsverfahren versteht.
6. Überlegen Sie, wo im Gesetzgebungsverfahren eine vertiefte Behandlung durch Spezialisten stattfindet.
7. Skizzierten Sie die Aufgabe des Vermittlungsausschusses.
8. Erläutern Sie, wer Bundesgesetze für ungültig erklären kann.
9. Erörtern Sie, was für eine Grundgesetzänderung erforderlich ist.

PRÜFUNG WISO

http://www.pruefungsvorbereitung aktuell.de

2 Repräsentation und Wahl

Wahlen sind das Hauptinstrument der Bürger, um am politischen Willensbildungs- und Entscheidungsprozess teilzunehmen und mitzuwirken.

Funktion der Wahlen und Abstimmungen

Der Wähler gibt seine Rechte und damit die Macht im Staat auf Zeit (Wahlperiode) an die Abgeordneten ab. Damit haben die Wahlen gleichzeitig auch eine Legitimationsfunktion, denn Politiker und Regierungen werden berechtigt, anstelle der Bürger Entscheidungen zutreffen. Deshalb kommt den Wahlen und ihrer Ausgestaltung eine wichtige Bedeutung zu.

Durch das Verfassungsprinzip des Föderalismus ist die Situation in Deutschland recht unterschiedlich. Neben den Bundestagswahlen gibt es Landtags-, Kreistags- und Kommunalwahlen, die je nach Bundesland anders geregelt und gestaltet sein können.

Die Teilhabe am Prozess der politischen Meinungsbildung und Entscheidung beschränkt sich nicht nur auf das demokratische Hauptelement der Wahlen. Die Landesverfassungen sehen weitere Mitbestimmungsmöglichkeiten vor. Im Rahmen von Volksbegehren oder Bürgerbegehren können die Bürger aktiv ihre Ziele, Wünsche und Interessen zum Ausdruck bringen und diese realisieren.

Niedersächsische Verfassung

Volksinitiative, Volksbegehren und Volksentscheid

Artikel 47 Volksinitiative

70000 Wahlberechtigte können schriftlich verlangen, dass sich der Landtag im Rahmen seiner verfassungsmäßigen Zuständigkeit mit bestimmten Gegenständen der politischen Willensbildung befasst. Ihre Vertreterinnen oder Vertreter haben das Recht, angehört zu werden.

Artikel 48 Volksbegehren

(1) Ein Volksbegehren kann darauf gerichtet werden, ein Gesetz im Rahmen der Gesetzgebungsbefugnis des Landes zu erlassen, zu ändern oder aufzuheben. Dem Volksbegehren muss ein ausgearbeiteter, mit Gründen versehener Gesetzentwurf zugrunde liegen. Gesetze über den Landeshaushalt, über öffentliche Abgaben sowie über Dienst- und Versorgungsbezüge können nicht Gegenstand eines Volksbegehrens sein.

(2) Die Landesregierung entscheidet, ob das Volksbegehren zulässig ist; gegen ihre Entscheidung kann der Staatsgerichtshof angerufen werden.

(3) Das Volksbegehren kommt zustande, wenn es von zehn vom Hundert der Wahlberechtigten unterstützt wird. Die Landesregierung leitet dann den Gesetzentwurf mit ihrer Stellungnahme unverzüglich an den Landtag weiter.

Artikel 49 Volksentscheid

(1) Nimmt der Landtag einen Gesetzentwurf, der ihm auf Grund eines Volksbegehrens zugeleitet wird, nicht innerhalb von sechs Monaten im wesentlichen unverändert an, so findet spätestens sechs Monate nach Ablauf der Frist oder nach dem Beschluss des Landtages, den Entwurf nicht als Gesetz anzunehmen, ein Volksentscheid über den Gesetzentwurf statt. Der Landtag kann dem Volk einen eigenen Gesetzentwurf zum Gegenstand des Volksbegehrens zur Entscheidung mit vorlegen.

(2) Ein Gesetz ist durch Volksentscheid beschlossen, wenn die Mehrheit derjenigen, die ihre Stimme abgegeben haben, jedoch mindestens ein Viertel der Wahlberechtigten, dem Entwurf zugestimmt hat. Die Verfassung kann durch Volksentscheid nur geändert werden, wenn mindestens die Hälfte der Wahlberechtigten zustimmt.

1. Erklären Sie, warum Wahlen in einer repräsentativen Demokratie eine besondere Bedeutung zukommt.
2. Nennen Sie die Voraussetzungen für eine direkte Bürgerbeteiligung nach Artikel 47 (Volksinitiative), 48 (Volksbegehren) und 49 (Volksentscheid) der Niedersächsischen Verfassung.
3. Beschreiben Sie, wie diese Instrumente der direkten Bürgerbeteiligung ineinandergreifen.
4. Informieren Sie sich über das letzte Volksbegehren in Niedersachsen.

2.1 Wahlgrundsätze und -systeme

Wahlen sind die wichtigste Möglichkeit, Einfluss auf die Politik zu nehmen und damit zentraler Baustein jeder Demokratie. Das Grundgesetz der Bundesrepublik Deutschland sieht fünf Wahlgrundsätze vor, die eine demokratische Wahl gewährleisten sollen.

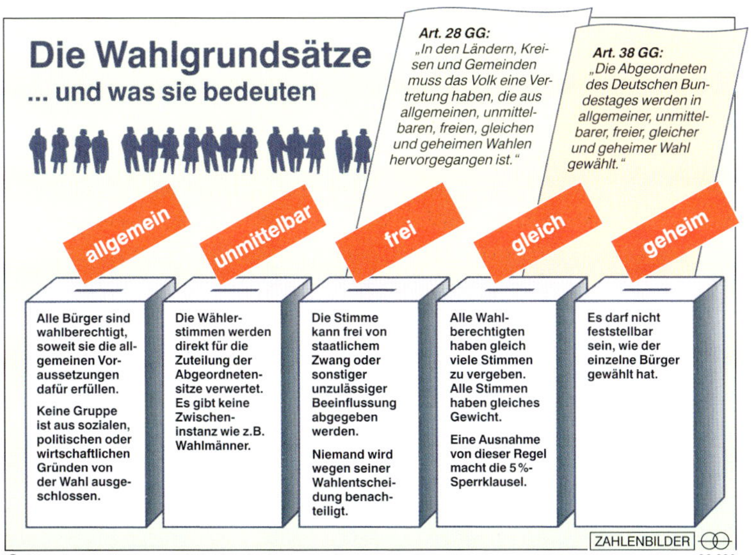

© Bergmoser + Höller Verlag AG

Zu einer demokratischen Wahl gehört zudem, dass der Wähler unter verschiedenen Personen und Parteien auswählen kann. Wenn diese Bedingungen insgesamt erfüllt sind, kann man von demokratischen Wahlen sprechen.

Im Grundgesetz wird zwischen aktivem und passivem Wahlrecht unterschieden.

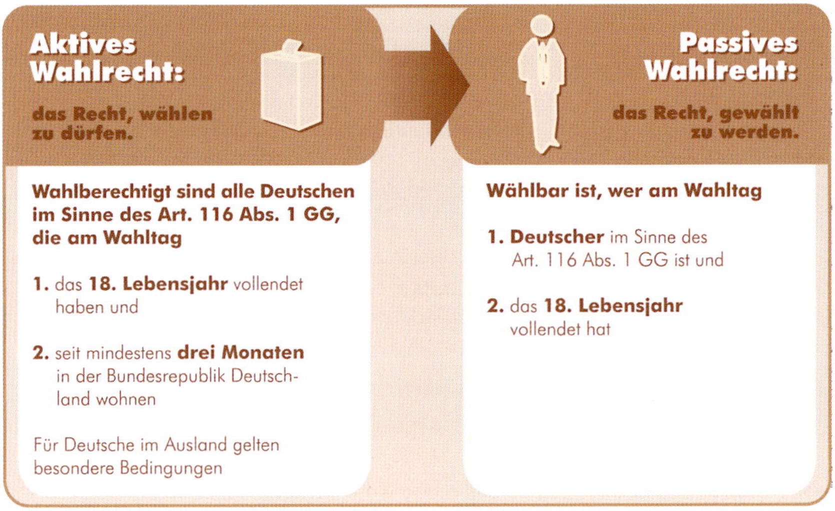

„Wahlrecht ist Wahlpflicht." Nehmen Sie zu dieser Aussage Stellung.

2.2 Die Bundestagswahl

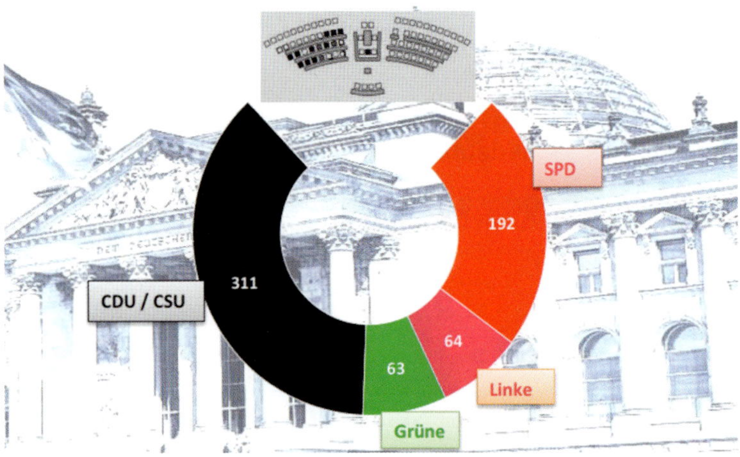

Nach der Bundestagswahl von 2013 haben CDU, CSU und SPD eine große Koalition gebildet.

Die in der Regel alle vier Jahre stattfindende Bundestagswahl wird von vielen als wichtigste Wahl im parlamentarischen System der Bundesrepublik Deutschland angesehen. Dies zeigt sich auch daran, dass die Wahlbeteiligung bei dieser Wahl im Vergleich zu anderen Wahlen ungleich höher ist. Bei der Bundestagswahl werden die Abgeordneten des Bundestags gewählt. Indirekt hat der Wähler dadurch einen gewissen Einfluss auf die Regierungsbildung.

Wahlsysteme

In demokratischen Ländern gibt es je nach Tradition unterschiedliche Wahlsysteme. Großbritannien z. B. hat ein reines Mehrheitswahlsystem. Die Wahl zum EU-Parlament erfolgt im Verhältniswahlsystem. In Deutschland gilt für die Wahlen im Bundestag und in den Länderparlamenten eine Mischung aus beiden Systemen.

Mehrheitswahl

Bei der Mehrheitswahl wird das Land in so viele Wahlkreise eingeteilt, wie Sitze im Parlament zu vergeben sind. Die Person, die im Wahlkreis die meisten Stimmen erhält, bekommt das Mandat. Die für die anderen Kandidaten abgegebenen Stimmen gehen verloren.

Verhältniswahl

Bei der Verhältniswahl stellt jede Partei entsprechend ihres prozentualen Anteils an Wählerstimmen Abgeordnete. Damit sind auch kleine Parteien in den Parlamenten vertreten.

Personalisierte Verhältniswahl

Die Wahlen zum Deutschen Bundestag finden in einer personalisierten Verhältniswahl statt. Das ist ein Wahlsystem, das Elemente der Verhältnis- und der Mehrheitswahl vereinigt. Die Vor- und Nachteile der beiden Systeme sollen dadurch ausgenutzt bzw. abgeschwächt werden. Das ist der Grund, warum der Wähler bei der Bundestagswahl zwei Stimmen abgibt.

Von den Abgeordneten des Bundestages wird die Hälfte über die Erststimme direkt gewählt. Von jedem der 299 Wahlkreise zieht der sogenannte Direktkandidat einer Partei, der die meisten Stimmen erhalten hat, in den Deutschen Bundestag ein; hier handelt es sich um eine Mehrheitswahl. Von diesem Politiker wird erwartet, dass er im Bundestag die Interessen seines Wahlkreises vertritt. Durch die Zweitstimme werden weitere Sitze über die Listen der Länderebene (Landeslisten) der Parteien vergeben; hier gilt das Prinzip der Verhältniswahl. Die Zweitstimme ist die wichtigere der beiden Stimmen, da über sie die Sitzverteilung im Parlament ermittelt wird. Erhält beispielsweise eine Partei 30 % der zu berücksichtigenden Zweitstimmen, erhält sie auch 30 % der Sitze im Parlament. Die Zahl der gewählten Direktkandidaten wird davon abgezogen. Die verbleibenden Mandate sind die Listenmandate der Partei. Sie werden in der Reihenfolge auf die Kandidaten verteilt, in der diese auf der vor der Wahl aufgestellten Liste platziert sind.

Beispielrechnung

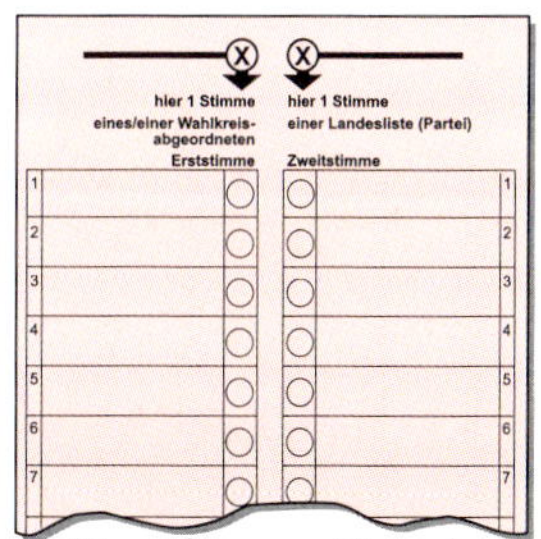

Sitze nach Erststimme 100 | Sitze nach Zweitstimme 120

Der Partei stehen 120 Sitze im Bundestag zu. 100 Sitze werden über die Direktmandate besetzt. 20 Sitze über die Landesliste.

Beispielrechnung (Überhangmandate)

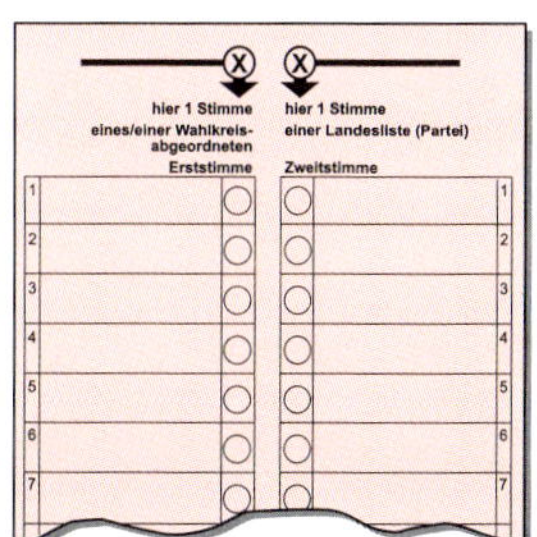

Sitze nach Erststimme 120 | Sitze nach Zweitstimme 100

Der Partei stehen 120 Sitze im Bundestag zu, obwohl der Zweitstimmenanteil nur für 100 Sitze reicht. Die Differenz von 20 Sitzen sind Überhangmandate.

Gewinnt eine Partei in einem Bundesland mehr Direktmandate als ihr dort Mandate nach dem Zweitstimmenergebnis insgesamt zustehen, darf sie diese Mandate dennoch behalten. Über die Landeslisten werden dann keine Mandate mehr vergeben. Die Zahl der Abgeordneten des Bundestages erhöht sich entsprechend. Es entstehen dann sogenannte Überhangmandate. Bei den Bundestagswahlen 2013 entstanden insgesamt 4 Überhang- und 29 Ausgleichsmandate. Der 18. Deutsche Bundestag hat insgesamt 631 Sitze.

Informieren Sie sich im Internet, wie Ausgleichsmandate zustande kommen.

Sperrklausel

Erringt eine Partei weniger als 5 % der Zweitstimmen, kann sie nur in den Bundestag einziehen, falls sie drei Direktmandate erhalten hat. Ist dies nicht der Fall, bleibt die Partei außen vor. Errungene Direktmandate verbleiben aber bei den Kandidaten und diese ziehen in den Bundestag ein.

© Dave Vaughan

Diskutieren Sie die Vor- und die Nachteile der Wahlsysteme.

Die Stellung des Abgeordneten

Freies und imperatives Mandat

Mandat:
Auftrag

Durch die Wahl erhalten die Abgeordneten ihr **Mandat**. Die Mandatsträger, die durch die Stimmen der Bürger in das Parlament gewählt sind, verstehen sich als Beauftragte des Volkes.

> **Art. 38 GG**
> (1) Die Abgeordneten des Deutschen Bundestages ... sind Vertreter des ganzen Volkes, an Aufträge und Weisungen nicht gebunden und nur ihrem Gewissen unterworfen.

Imperatives Mandat:
Die Stimmabgabe des Abgeordneten wird von der Partei vorgegeben.

Dieser Artikel ist Ausdruck des freien Mandates. Das Gegenteil ist das **imperative Mandat**. Es ist in den Verfassungen nicht vorgesehen. Oft stehen aber die Abgeordneten unter dem Druck ihrer Partei, in deren

Sinne abzustimmen. Man spricht dann von Fraktionsdisziplin. Sie ist für eine Regierungskoalition sehr wichtig, wenn sie nur eine knappe Mehrheit hat.

Interpretieren Sie die Karikatur.

Ausgewählte Rechte des Abgeordneten

- **Immunität:** Sie schützt den Abgeordneten vor Strafverfolgung und anderen gerichtlichen Einschränkungen seiner persönlichen Freiheit. Dies gilt nicht, wenn er bei Begehung der Tat oder im Laufe des folgenden Tages festgenommen wird. Der Bundestag kann die Immunität aufheben.
- **Zeugnisverweigerungsrecht:** Es gestattet dem Abgeordneten, über Sachverhalte und deren Herkunft die Aussage zu verweigern, wenn sie ihm in seiner Rolle als Abgeordneter mitgeteilt wurden.
- **Indemnität:** Der Abgeordnete darf wegen seiner Aussagen und seines Abstimmungsverhaltens im Parlament nicht strafrechtlich verfolgt werden.
- **Kündigungsschutz:** Eine Kündigung oder Entlassung ist unzulässig, wenn jemand das Amt eines Abgeordneten übernimmt.
- **Urlaubsanspruch:** Zur Vorbereitung seiner Wahl hat jeder, der sich um einen Sitz im Bundestag bewirbt, Anspruch auf Urlaub.

Die Europawahl

Das Parlament wird alle fünf Jahre gewählt und hat 751 Sitze, davon 96 aus Deutschland. Jeder Mitgliedsstaat entsendet im Verhältnis zu seiner Bevölkerungszahl Abgeordnete. Alle Abgeordneten haben sich zu länderübergreifenden Fraktionen zusammengeschlossen. Diese repräsentieren die in den Mitgliedstaaten der Union vertretenen großen politischen Richtungen.

Die Landtagswahlen

Der Landtagswahlen der einzelnen Bundesländer weisen neben einer vielfachen Übereinstimmung mit den Prinzipien der Bundestagswahl einige Besonderheiten auf. Auch sind die Wahlabläufe und die Wahlvoraussetzungen der Bundesländer in Teilen unterschiedlich.

Dies trifft auch auf Niedersachsen zu.

http://www.wahlrecht.de

1. Informieren Sie sich im Internet über die Systematik der Landtagswahlen in Niedersachsen.
2. Erläutern Sie, welche Unterschiede zu den Bundestagswahlen bestehen (http://www.wahlrecht.de).

Zusammenfassung

Der Wähler gibt seine Rechte und damit die Macht im Staat auf Zeit (Wahlperiode) an die gewählten Abgeordneten ab.

Das Grundgesetz der BRD sieht fünf Wahlgrundsätze vor, die eine demokratische Wahl gewährleisten sollen: allgemein, frei, unmittelbar, gleich und geheim.

Bei der Bundestagswahl wird nach dem personalisierten Verhältniswahlrecht gewählt.

Der Wähler verfügt über zwei Stimmen: die Erststimme für die Wahl eines Direktkandidaten aus dem Wahlkreis (relative Mehrheitswahl), die Zweitstimme für die Wahl einer Landesliste einer Partei (Verhältniswahl). Die Zweitstimme ist die maßgebliche Stimme, da sie darüber entscheidet, mit wie vielen Mandaten eine Partei in den Bundestag einzieht.

Die Landtagswahlen haben zum Teil andere Ablauf- und Organisationsstrukturen.

Wissens-Check

PRÜFUNG WISO

http://www.pruefungsvorbereitung aktuell.de

1. Erklären Sie, wie man das Recht nennt, gewählt werden zu können.
2. Stellen Sie dar, was mit der Erststimme bei der Bundestagswahl gewählt wird.
3. Geben Sie wieder, wie man das Wahlsystem bei Bundestagswahlen bezeichnet.
4. Überlegen Sie, was die Sperrklausel bewirkt.

3 Probleme und Gefahren für die Demokratie

Die Meinungsfreiheit ist ein Merkmal der freiheitlich demokratischen Grundordnung. Kritik an der Demokratie ist erlaubt. Die Idee der abwehrbereiten Demokratie beinhaltet aber, dass ihre Gegner den demokratischen Staat nicht abschaffen können.

3.1 Politikverdrossenheit – Gründe

Der Glaubwürdigkeits- und Ansehensverlust der Politik ist unübersehbar. Spendenskandale der Parteien, Korruptionsaffären in der Wirtschaft und der Bruch von Wahlversprechen münden in einen tiefen Vertrauensverlust der Bürger gegenüber diesen wichtigen Institutionen der repräsentativen Demokratie.

Informieren Sie sich über aktuelle Skandale, die das Vertrauen der Bürger in die Politik erschüttert haben.

3.2 Politikverdrossenheit – Folgen

Die unmittelbaren Folgen der Politikverdrossenheit zeigen sich in der sinkenden Wahlbeteiligung und dem Rückgang der Mitgliederzahlen in Parteien und Gewerkschaften. Dies führt zu einem nachlassenden Interesse an der Politik und kann schlimmstenfalls zur Unterhöhlung oder Ablehnung der Demokratie führen.

1. Analysieren Sie Aussagen im Internet zur Politikverdrossenheit.
2. Kommen Sie zu einer abschließenden Bewertung und machen Sie Vorschläge, wie das Interesse an Politik in der Öffentlichkeit zukünftig gesteigert werden kann.

Sinkende Wahlbeteiligung

In den letzten Jahren hat sich der Trend verfestigt, dass die Zahl der **Stammwähler** zurückgeht. Umgekehrt steigt die Zahl der **Wechselwähler**. Sie entscheiden sich für eine andere Partei oder geben manchmal aus Protest einer Partei an den politischen Rändern ihre Stimme. Aber nicht alle Wechselwähler entscheiden sich für eine andere Partei, sondern viele bleiben aus Frustration auch der Wahl fern. Ihre Zahl ist mittlerweile so groß geworden, dass die „Partei der Nichtwähler“ bei vielen Wahlen die stärkste oder zweitstärkste Partei wäre.

Stammwähler:
Wählen aus Tradition und Überzeugung stets die gleiche Partei

Wechselwähler:
Entscheiden sich vor jeder Wahl neu und wechseln dabei auch die Partei

Erläutern Sie die Folgen und Probleme einer immer geringer werdenden Wahlbeteiligung.

3.3 Extremismus

Die wehrhafte Demokratie ist ein Schutz für den demokratischen Staat.

Die Widersacher der Demokratie sind vor allem extremistische rechte und linke Gruppierungen und Parteien. Gefahren erwachsen auch durch religiös motivierten Extremismus sowie durch einige Sekten.

3.4 Rechtsextremismus

Ideologie:
Weltanschauung, Grundeinstellung

Rassismus:
Fremdenfeindlichkeit

Die Rechtsextremisten haben keine einheitliche **Ideologie**. Sie lehnen die Demokratie ab. Ein Führerstaat soll an ihre Stelle treten. Besondere Merkmale des Rechtsextremismus sind:

- ein übersteigerter, aggressiver Nationalismus,
- Überbewertung einer so genannten Volksgemeinschaft, dies geschieht zu Lasten des Einzelnen,
- offener oder verdeckter **Rassismus** und damit verbundener Missachtung der Menschenwürde und des Gleichheitsgrundsatzes.

Rechtextremistische Organisationen

© dpa

Rechtsextremistischer Aufmarsch

Rechtsextremistische Parteien sind z. B. die Nationaldemokratische Partei Deutschlands (NPD), die Deutsche Volksunion (DVU) und die Republikaner (REP). Sie werden vom Verfassungsschutz der Länder und des Bundes beobachtet. In politischen Kreisen wird häufig die Möglichkeit eines Parteienverbots diskutiert.

Abwehrmöglichkeiten der Demokratie

Das Grundgesetz bietet mehrere Abwehrmöglichkeiten gegenüber Verfassungsfeinden.

Art. 9 GG
(2) Vereinigungen, deren Zweck oder deren Tätigkeit den Strafgesetzen zuwiderlaufen oder die sich gegen die verfassungsmäßige Ordnung oder gegen den Gedanken der Völkerverständigung richten, sind verboten.

Art. 21 GG
(2) Parteien, die nach ihren Zielen oder nach dem Verhalten ihrer Anhänger darauf ausgehen, die freiheitliche demokratische Grundordnung zu beeinträchtigen oder zu beseitigen oder den Bestand der Bundesrepublik Deutschland zu gefährden, sind verfassungswidrig. Über die Frage der Verfassungswidrigkeit entscheidet das Bundesverfassungsgericht.

Informieren Sie sich im Internet über Aktivitäten rechtsextremistischer Gruppen in Niedersachsen.

3.5 Linksextremismus

Auch die Linksextremisten haben keine einheitliche Ideologie. Als Grundlage gilt der **wissenschaftliche Sozialismus bzw. Kommunismus**, der auch maßgebliche Grundlage für die kommunistischen Diktaturen in Osteuropa bis Anfang der 1990er-Jahre des 20. Jahrhunderts war.

Wissenschaftlicher Sozialismus/Kommunismus:
Hauptvertreter sind Karl Marx und Friedrich Engels

Diese Ideen wenden sich gegen eine Ausbeutung des Menschen durch den Menschen. Extremistische Gruppen lehnen die bestehende Staats- und Gesellschaftsordnung ab. Die Linksextremisten behaupten, die Bundesrepublik Deutschland sei

- kapitalistisch, weil sie von den Unternehmern regiert würde,
- rassistisch, weil sie ethnische Minderheiten verfolge,
- imperialistisch, weil sie weltweit für die kapitalistischen Interessen arbeite.

© dpa

Gewalttätige Ausschreitungen in Berlin

Linksextremistische Gruppen missachten demokratische Mehrheitsentscheidungen und das Gewaltmonopol des Staates. Die Linksextremisten üben Gewalt aus, um ihre politischen Ziele zu erreichen.

> Recherchieren Sie im Internet, welche linksextremistischen Gruppen in Niedersachsen aktiv sind.

3.6 Religiös motivierter Extremismus

In Deutschland hat religiös motivierter Extremismus oft einen islamistischen Hintergrund. Die islamistische Szene besteht aus verschiedenen Strukturen, die immer stärker miteinander vernetzt sind. Dies birgt Gefahren für die innere Sicherheit, die jederzeit in Form von Anschlägen real werden können.

Neben international vernetzten Organisationen gibt es in Deutschland islamistische Aktivitäten von Kleingruppen bis hin zu Einzeltätern, die Anschläge selbstständig planen.

Ziel dieser Islamisten ist es, in Deutschland einen islamischen Gottesstaat zu errichten. Der islamische **Fundamentalismus** ist geprägt von Intoleranz gegen Andersgläubige. Nur Muslime können gleiche Rechte haben. Menschenrechte nach westlichem Verständnis werden nur teilweise anerkannt. Die Demokratie wird abgelehnt, wenn sie nicht im Einklang mit der extremen Auslegung des **Koran** und der **Scharia** steht.

Fundamentalismus:
Kompromissloses Festhalten an politischen, ideologischen und religiösen Werten

Koran:
Glaubenswerk des Islam

Scharia:
Islamische Rechtsordnung

PRESSESCHAU

Hassrede eines Predigers der islamischen Gemeinschaft Milli Görus e. V.

„Amerika ist ein großer Teufel, Großbritannien ein kleiner, Israel ein blutsaugender Vampir. Einst waren die Europäer unsere Sklaven, heute

PRESSESCHAU

sind es die Muslime. Dies muss sich ändern. Heute sind wir abhängig von den Ungläubigen. Sie wollen unsere Religion verbieten ... Wir müssen die Ungläubigen bis in die tiefste Hölle treiben. Wir müssen zusammenhalten und uns ruhig verhalten bis es soweit ist. Ihr könnt jetzt noch nichts sehen, aber es ist alles in Vorbereitung. Es läuft im Verborgenen. Ihr müsst euch bereithalten für den richtigen Zeitpunkt. Wir müssen die Demokratie für unsere Sache nutzen. Wir müssen ganz Europa mit Moscheen und Schulen überziehen."

Quelle: www.kas.de, Zugriff 26.07.2015

1. Diskutieren Sie die extremistischen Aussagen des Textes.
2. Analysieren Sie, welcher Zweck der Demokratie zugeschrieben wird.
3. Häufig wird der friedliche Islam mit dem extremistischen, gewalttätigen Islamismus gleichgesetzt. Zeigen Sie Möglichkeiten auf, dieser unzulässigen Gleichsetzung entgegenzuwirken.

Zusammenfassung

Die Folgen der Politikverdrossenheit zeigen sich in der sinkenden Wahlbeteiligung und dem Rückgang der Mitgliederzahlen in Parteien und Gewerkschaften.

Rechtsextremismus, Linksextremismus und religiös motivierter Extremismus richten ihre Aktivitäten gegen das politische System Deutschlands.

Der islamische Fundamentalismus will in allen seinen unterschiedlichen Ausprägungen einen Gottesstaat an die Stelle der Demokratie setzen.

PRÜFUNG WISO

http://www.pruefungsvorbereitungaktuell.de

Wissens-Check

1. Diskutieren Sie, welchen Extremisten Sie die nachfolgenden Parolen zu ordnen.
   „Deutschland den Deutschen!"
   „Gegen die Herrschaft der Reichen in der BRD!"
2. Untersuchen Sie, welche Freiheitsrechte Sie verlieren würden, wenn Extremisten in der Bundesrepublik die Macht erlangten.

4 Bedeutung von Parteien zur politischen Willensbildung

Eine Partei ist der Zusammenschluss von Personen mit gemeinsamen politischen Zielvorstellungen. Durch die Beteiligung an Wahlen versuchen sie, politische Macht zu erlangen, um ihre Ideen zu verwirklichen.

4.1 Aufgaben und Stellung der Parteien

Art. 21 GG
(1) Die Parteien wirken bei der politischen Willensbildung des Volkes mit. Ihre Gründung ist frei. Ihre innere Ordnung muss demokratischen Grundsätzen entsprechen. Sie müssen über die Herkunft und Verwendung ihrer Mittel sowie über ihr Vermögen öffentlich Rechenschaft geben.

Parteien wirken bei der politischen Willensbildung mit, indem sie

- die unterschiedlichen politischen Vorstellungen und Interessen in der Gesellschaft in den jeweiligen Parteiprogrammen zusammenfassen und Lösungsansätze anbieten,
- versuchen, die Bürger von ihrer Politik zu überzeugen,
- den Bürgerinnen und Bürgern Gelegenheit bieten, sich aktiv politisch zu betätigen,
- Kandidaten für die Wahlen bereitstellen,
- als Regierungsparteien die politische Führung unterstützen,
- als Oppositionsparteien die Regierung kontrollieren, kritisieren und politische Alternativen entwickeln,
- die politische Bildung anregen und vertiefen,
- für eine lebendige Verbindung zwischen Volk und Staatsorganen sorgen.

CDU
CSU
SPD
FDP Die Liberalen
BÜNDNIS 90 DIE GRÜNEN
DIE LINKE.

1. Nennen Sie die Parteien, die derzeit im Bundestag vertreten sind.
2. Informieren Sie sich darüber, welche Parteien bei den letzten Wahlen in den Niedersächsischen Landtag gewählt worden sind.

4.2 Parteienfinanzierung

Zur Erfüllung ihrer Aufgaben benötigen die Parteien erhebliche finanzielle Mittel. Sie müssen von der Kommunal- bis zur Bundesebene eine Organisation mit hauptamtlichen Mitarbeitern unterhalten und Wahlkämpfe durchführen sowie Informationsmaterial und Werbematerial bereitstellen.

Die Parteien erhalten staatliche Mittel, nehmen Beiträge ihrer Mitglieder ein und sammeln Spenden. Die Einnahmen und Ausgaben müssen in einem Rechenschaftsbericht jährlich angegeben werden. Die Höhe der staatlichen Parteienfinanzierung hängt von der Verwurzelung einer Partei in der Gesellschaft ab. Dies wird anhand der Wählerstimmen, der Mitgliedsbeiträge und der Spenden der Bürger berechnet. Für eine Bezuschussung benötigt eine Partei bei den Bundestags- und Europawahlen mindestens 0,5 Prozent der Stimmen oder bei Landtagswahlen mindestens 1 Prozent der Stimmen. Pro Wählerstimme erhalten die Parteien bis zu einer Gesamtzahl von 4 Millionen 0,85 Euro, darüber hinausgehende Stimmen bringen

0,70 Euro. Mit dieser Regelung bekommen auch extreme Parteien staatliche Mittel, auch wenn diese Parteien aufgrund der 5 %-Klausel nicht im Parlament vertreten sind.

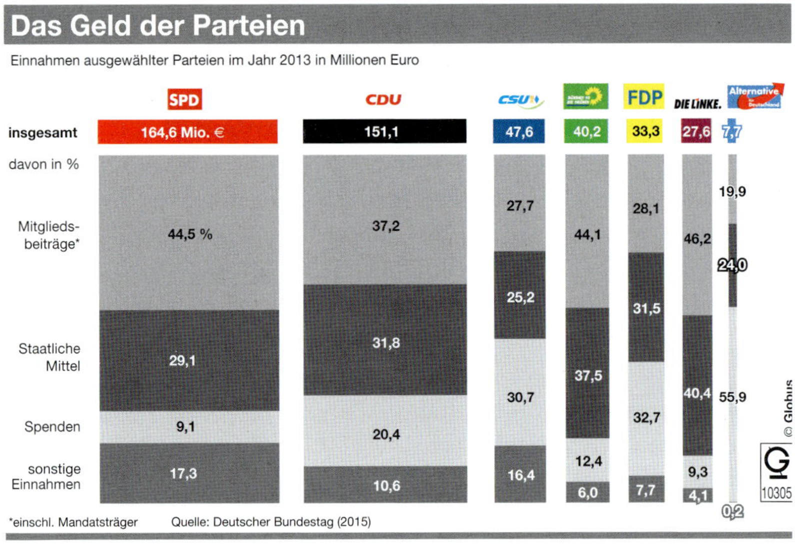

Diskutieren Sie in der Klasse die Vor- und Nachteile von Spenden und einer staatlichen Parteienfinanzierung.

4.3 Mitgliederentwicklung

In den letzten Jahren sind die Zahlen der Parteimitglieder in fast allen Parteien zurückgegangen.

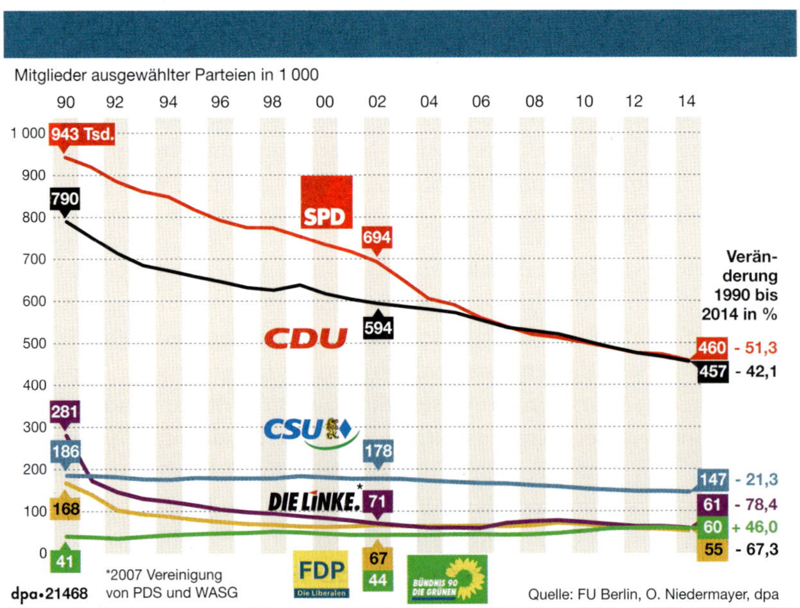

PRESSESCHAU

Parteien leiden unter schlechtem Image und Mitgliederschwund

CDU und SPD setzen auf Nachwuchsprogramme und mehr Beteiligung

Fast alle Parteien ... verlieren weiter Mitglieder. Grund: Es gibt mehr Sterbefälle und Austritte als Neuaufnahmen. Experten glauben nicht, dass sich der Abwärtstrend stoppen lässt. Das Image von Politik und Parteien sei zu schlecht.

Es ist erst einen knappen Monat her, dass sich der CDU-Bundesvorstand auf dem Karlsruher Parteitag eine herbe Niederlage einhandelte. Die Parteioberen scheiterten auch am Widerstand der Trier-Saarburger Delegation mit ihrem Vorhaben, den monatlichen Mindestbeitrag für Mitglieder von fünf auf acht Euro anzuheben. „Der Antrag kommt zur Unzeit", meinte ein Delegierter, „uns laufen so schon die Mitglieder weg."

So wie der CDU geht es auch den meisten anderen Parteien. Die Zahl der Mitglieder geht kontinuierlich zurück – laut Rheinischer Post bei den im Bundestag vertretenen Parteien um 21 Prozent in den vergangenen fünf Jahren. Auch andere große Organisationen wie die Gewerkschaften oder die Kirchen verlören zwar Mitglieder, sagt der Mainzer Politikprofessor Thorsten Faas... Allerdings komme bei den Parteien noch erschwerend hinzu, dass sie und die Politik ein schlechtes Image in der Bevölkerung hätten.

Quelle: www.volksfreund.de, Zugriff: 18.02.2016

1. Nennen Sie die im Text angegeben Gründe für die Parteiaustritte.
2. Recherchieren Sie, welche Partei(en) Mitgliederzuwachs zu verzeicnen haben.
3. Informieren Sie sich über die möglichen Gründe dafür.

4.4 Parteienverbot

Art. 21 GG

(2) Parteien, die nach ihren Zielen oder nach dem Verhalten ihrer Anhänger darauf ausgehen, die freiheitliche demokratische Grundordnung zu beeinträchtigen oder zu beseitigen oder den Bestand der Bundesrepublik Deutschland zu gefährden, sind verfassungswidrig. Über die Frage der Verfassungswidrigkeit entscheidet das Bundesverfassungsgericht.

Die besondere Bedeutung der Parteien wird durch das in Art. 21 GG verankerte Parteienprivileg deutlich. Aus diesem und aus historischen Gründen ist ein Parteiverbot ein politisch sensibles Thema. Daher ist in Deutschland nur das Bundesverfassungsgericht berechtigt, die Verfassungswidrigkeit einer Partei festzustellen und ein Parteiverbot auszusprechen. Die verbotene Partei verliert alle Mandate. Das Parteivermögen wird eingezogen.

Ein Parteiverbotsverfahren kann vom Bundestag, vom Bundesrat und von der Bundesregierung beantragt werden. Ist die Partei nur in einem Bundesland tätig, kann auch die Landesregierung dieses Bundeslandes einen Antrag stellen.

Das Bundesverfassungsgericht hat bisher erst zwei Parteien verboten:

- 1952 die Sozialistische Reichspartei (SRP), eine Nachfolgeorganisation der NSDAP
- 1956 die Kommunistische Partei Deutschlands (KPD).

Ein erstes NPD-Verbotsverfahren scheiterte 2003.

PRESSESCHAU

Bundesverfassungsgericht eröffnet NPD-Verbotsverfahren

Der Antrag des Bundesrats in Karlsruhe war erfolgreich: Das Verfassungsgericht wird im kommenden Jahr über ein Verbot der rechtsextremistischen NPD verhandeln.

Im Verbotsverfahren gegen die rechtsextreme NPD will das Bundesverfassungsgericht das Hauptverfahren eröffnen. Das teilte das Bundesverfassungsgericht mit. In vorerst drei Terminen am 1., 2. und 3. März 2016 will der Zweite Senat einerseits die Voraussetzungen für das NPD-Verbot prüfen, andererseits die Verfassungsfeindlichkeit der Partei beurteilen. Wahrscheinlich ist, dass weitere Termine erforderlich sind. Denn beide Verfahrensgegner haben große Mengen Material gesammelt und sich argumentativ auf eine lange Auseinandersetzung vorbereitet.

In Karlsruhe beantragt hatten das Parteiverbot 2013 die Bundesländer. Sie sehen die rechtsextremistische Partei als verfassungsfeindlich an und wollen verhindern, dass sie im Zuge der Parteienfinanzierung weiterhin Millionensummen vom Staat erhält. Die NPD wehrt sich unter anderem mit dem Argument gegen das Verbot, die Partei sei nicht frei von staatlichem Einfluss. Gemeint sind die V-Leute, die Polizei und Verfassungsschutz als Informationsquellen jahrelang in der Partei führten.

Quelle: www.zeit.de, , Zugriff: 18.02.2016

1. Informieren Sie sich im Internet über den aktuellen Stand des Verbotsverfahrens gegen die NPD.
2. Erörtern Sie die Vor- und die Nachteile, die die Unterwanderung einer Partei durch V-Leute mit sich bringen kann.

„Dran bleiben! Irgendwann habe ich sie alle weg."

Oft wird über Vor- und Nachteile eines NPD-Parteienverbots diskutiert. Im Wesentlichen werden folgende Argumente angeführt:

Der Wolf im Schaftspelz

Pro

- Die Partei verschwindet von der politischen Bühne
- Der Partei entfällt eine öffentliche Plattform
- Der Partei können finanzielle Mittel entzogen werden
- Schwächung extremer Organisationen und deren Infrastruktur

Contra

- Gefahr des Scheiterns eines Parteiverbotsverfahrens
- Neugründung einer eventuell erfolgreicheren, extremeren Partei
- Kontrollverlust durch die Abwanderung von extremen Mitgliedern in den Untergrund
- Radikalisierung der Parteimitglieder
- Auseinandersetzung mit Extremismus nimmt ab

Diskutieren Sie in der Klasse, die Vor- und die Nachteile eines NPD-Parteienverbotsverfahrens.

Zusammenfassung

Eine Partei ist der Zusammenschluss von Personen mit gemeinsamen politischen Zielvorstellungen. Durch die Beteiligung an Wahlen versuchen sie, politische Macht zu erlangen, um ihre Ideen zu verwirklichen.

Jeder Bürger kann Mitglied einer Partei werden und sich so an der politischen Willensbildung beteiligen.

Die Parteien finanzieren sich aus Mitgliedsbeiträgen, Spenden der Bürger und staatlichen Zuwendungen.

Die Mitgliederentwicklung ist in fast allen Parteien rückläufig.

Ein Parteiverbotsverfahren kann vom Bundestag, vom Bundesrat, von der Bundesregierung und von den Landesregierungen beantragt werden. Das Bundesverfassungsgericht entscheidet über die Verfassungswidrigkeit von Parteien.

Wissens-Check

PRÜFUNG WISO

http://www.pruefungsvorbereitungaktuell.de

1. Nennen Sie vier Aufgaben von Parteien.
2. Informieren Sie sich, woher die Parteien ihre finanziellen Mittel für ihre Arbeit und für Wahlkämpfe bekommen.
3. Recherchieren Sie, welche Parteien auf Bundesebene staatliche Zuwendungen erhalten.
4. Stellen Sie dar, wie sich die Mitgliederzahlen der großen Parteien in den letzten Jahren entwickelt haben.
5. Nennen Sie die Voraussetzungen für ein Parteienverbot.
6. Überlegen Sie, wer über ein Parteienverbot entscheidet.

HOT

HOT – Rassistische Mordserie in Deutschland (Wandzeitung)

Ausgangslage:

Auf das Konto der NSU (Nationalsozialistischer Untergrund) gehen 10 Morde, 15 Raubüberfälle und 2 Bombenanschläge. Das sind in Deutschland die schrecklichsten Verbrechen rechtsradikalen Terrors seit der Wiedervereinigung. Die Frage stellt sich, wie diese Ereignisse in Deutschland über so lange Zeit (alle Morde zwischen 2000 und 2007) unaufgeklärt bleiben konnten. Die Täter übten ihren mörderischen Rechtsterrorismus ungehindert aus. Erst im November 2011 wurden die Verbrechen der NSU der Öffentlichkeit bekannt und im Mai 2013 wurde das Gerichtsverfahren am Oberlandesgericht in München eröffnet.

Ablauf:

Entwickeln Sie eine Wandzeitung, die die Chronologie der Geschehnisse (beispielsweise auf einem Zeitstrahl) darstellt. Dazu teilen Sie die Klasse in Gruppen auf, die die folgenden Fragestellungen bearbeiten sollen:

- Wer sind die Täter? Dabei sind auch Jugend und Sozialisation (damit sind Einflüsse auf Erziehung und Lebenswelt gemeint) wichtig.
- Welche Gründe führten zur Radikalisierung der Täter?

- Welche Motivation führte zu den Morden? Wer sind die Opfer?
- Wie waren die Täter vernetzt?
- Wie war es möglich, dass die wahren Hintergründe der Morde so lange nicht verfolgt wurden?
- Wie kam es zur Aufdeckung der ganzen Verbrechen?
- Wie verlief das Gerichtsverfahren (Stand heute)?

Das Recherchieren im Internet ist mit einigen Gefahren verbunden. Die Seiten, Artikel und die Inhalte müssen genau untersucht und Quellen analysiert werden. Auch im Internet können einseitig Meinungen verbreitet werden, wird versucht zu manipulieren und können gezielt Unwahrheiten veröffentlicht werden. Achten Sie besonders darauf, wer was veröffentlicht und hinterfragen Sie Behauptungen, indem Sie zum gleichen Sachverhalt auch andere Seiten besuchen.

Anwendung:

Die Wandzeitung zeigt alle Informationen, die Sie beschafft, untersucht und verarbeitet haben. Sie soll hier als umfassende Hintergrundinformation für eine weitergehende Diskussion in Ihrer Klasse dienen.

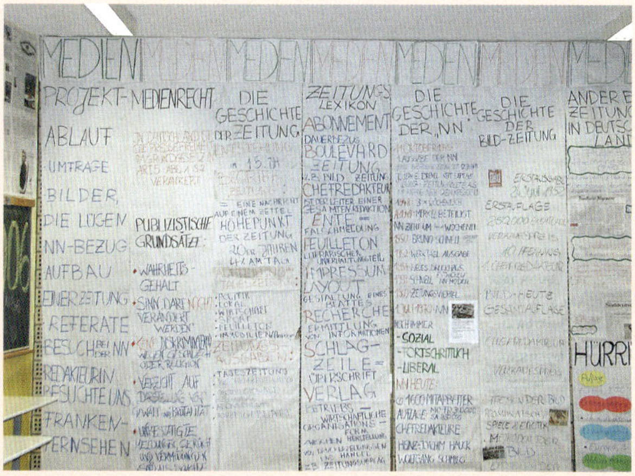

Die Wandzeitung:

- Soll auffallen und zum Lesen animieren
- Soll eine klare und übersichtliche Struktur haben
- Soll eine Textgröße haben, die auch aus dem hinteren Bereich des Klassenraumes gut lesbar ist
- Soll gut zu identifizierende Fotos enthalten
- Soll graphische Elemente (Zeichnungen, Tabellen oder Karikaturen) zur Unterstützung der Aussagen und Inhalte einsetzen
- Soll Farben so einsetzten, dass die damit verbundenen Inhalte ins Auge fallen
- Kann provozierende, zur Diskussion anregende, Aussagen enthalten (etwa in Form von Zitaten oder Thesen)
- Sollte ein Resümee, einen Ausblick und Lösungsmöglichkeiten für dieses gesellschaftliche Problem enthalten

LF 6 In Europa leben und arbeiten

1 Die Europäische Union
2 Institutionen der EU
3 Erwartungen und Ängste
4 Vorteile der europäischen Einigung

1 Die Europäische Union

Über viele Jahrhunderte führten die europäischen Nationen kriegerische Auseinandersetzungen. Die beiden Weltkriege (1914–1918 und 1939–1945) brachten zahlloses Leid, Zerstörung und Tod. Nach dem Zweiten Weltkrieg lag Europa in Trümmern. Aufgrund dieser Erfahrung hofften die Menschen auf ein friedliches Zusammenleben aller Völker Europas. Der britische Premierminister Winston Churchill forderte: „Wir müssen so etwas wie die Vereinigten Staaten von Europa schaffen."

Europäische Integration

Seit 1951 vollzieht sich die europäische Integration in nicht immer einfachen Verhandlungsprozessen. Das folgende Schaubild zeigt die wichtigsten Stationen auf dem Weg zu einem vereinten Europa.

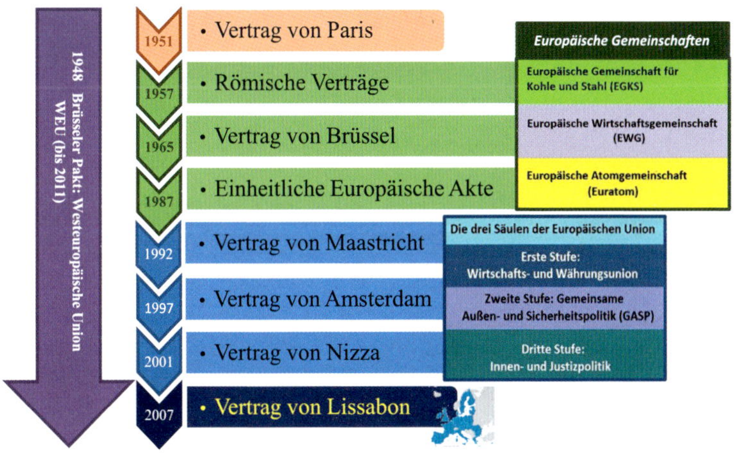

1. Recherchieren Sie im Internet und fassen Sie die wichtigsten Ergebnisse der Verträge von 1992 (Vertrag von Maastricht) und 2007(Vertrag von Lissabon) zusammen.
2. Die Europäische Union basiert auf dem sogenannten Drei-Säulen-Modell. Stellen Sie dar, welche drei Säulen dies sind und welche Ziele jede Säule hat. Nutzen Sie als Informationsquelle die Internetseite der EU.

2 Institutionen der EU

Die Europäische Union ist ein komplexes Gebilde wirtschaftlicher und politischer Partnerschaft der Mitgliedsländer. Bei Entscheidungsprozessen innerhalb der EU geht es um einen Interessenausgleich zwischen den Nationen, der durch eine genaue Aufgabenverteilung auf die Organe und Institutionen sichergestellt wird.

2.1 Der Europäische Rat

Mindestens viermal im Jahr treffen sich die Regierungschefs aller EU-Länder. Sie legen die allgemeinen politischen Zielvorstellungen der EU fest. Diese Zusammenkunft der Staats- und Regierungschefs ist der Europäische Rat. Das Treffen findet unter dem Vorsitz des Landes statt, welches die Ratspräsidentschaft innehat. Der Präsident wird jeweils für zweieinhalb Jahre gewählt.

Die Regierungschefs der EU-Länder bei einem Ratstreffen

2.2 Der Ministerrat

Das eigentliche Machtzentrum für die täglichen Entscheidungen ist der Ministerrat**.** Dieser Rat ist das oberste Entscheidungsgremium der EU. Im Rat ist jeder Mitgliedstaat durch einen Minister vertreten. Diese Minister tragen die politische Verantwortung für ihre Entscheidungen sowohl gegenüber ihrem nationalen Parlament als auch gegenüber den Bürgern, die sie vertreten.

Aufgaben

- Der Ministerrat trifft Entscheidungen und beschließt Gesetze (Rechtsakte).
- Im Ministerrat wird beispielsweise durch die Außenminister der Mitgliedsstaaten die gemeinsame Außen- und Sicherheitspolitik festgelegt. In der Gesetzgebung muss der Ministerrat mit dem Europäischen Parlament zusammenarbeiten.
- Der Ministerrat koordiniert die Wirtschaftspolitik.
- Die Grundzüge der Wirtschaftspolitik der Mitgliedsstaaten werden vom Rat bestimmt. Darin wird z. B. festgelegt, wie hoch die jährliche **Neuverschuldung** im Staatshaushalt der Mitgliedsländer sein darf.
- Der Ministerrat stellt den Haushaltsplan fest.
- Der Rat entscheidet über die so genannten **obligatorischen** Ausgaben. Das sind im Wesentlichen die Ausgaben für die Landwirtschaft und die Drittstaaten, (Staaten, die nicht EU- Mitglied sind). Fast die Hälfte der EU-Ausgaben fließt in die Landwirtschaft.

Neuverschuldung:
Die neuen Schulden dürfen nicht mehr als 3 % des Bruttoinlandprodukts (BIP) ausmachen.

Obligatorisch:
hier: verpflichtend
Damit sind Ausgaben gemeint, über die das Europäische Parlament nicht bestimmen kann.

- Der Ministerrat beeinflusst die Gesetzgebung in den Mitgliedsländern. Viele Beschlüsse und Entscheidungen, die in Brüssel fallen, werden in nationales Recht umgewandelt. Ein Großteil aller Gesetze, die im Bundestag in Berlin verabschiedet werden, sind Umsetzungen von europäischem Recht.

Sitz und Zusammensetzung

Sitz des Rates ist Brüssel. Dort finden in der Regel auch die Ministertagungen statt. Je nach Tagesordnung wechseln die Minister. Am häufigsten tagen die Ministerräte für Landwirtschaft, Wirtschaft und Finanzen, Umwelt und Verkehr.

Sitz der EU-Kommission in Brüssel

2.3 Die Kommission

Die Kommission der Europäischen Union ist vergleichbar mit der Regierung eines Landes. Sie ist die Antriebskraft des wirtschaftlichen Vereinigungsprozesses in Europa. Von ihr kommen Vorschläge zur gemeinsamen EU-Politik. Sie führt die von Rat und Parlament beschlossenen Aktionen durch. Dem Europäischen Parlament gegenüber muss sie sich politisch verantworten. Das Parlament kann der Kommission das Misstrauen aussprechen und diese so zur Amtsniederlegung zwingen.

Die Mitglieder

Die Kommission besteht aus 28 Mitgliedern. Jedes Land entsendet einen Kommissar. Es handelt sich um Persönlichkeiten, die zuvor in ihrem Herkunftsland ein politisches Amt – oft auf Ministerebene – ausgeübt haben. Alle fünf Jahre werden die Kommission sowie das Amt des Kommissionspräsidenten neu besetzt. Das Europäische Parlament hat das Recht, die Auswahl der Kandidaten zu bestätigen.

> Diskutieren Sie die Aussage: Die Kommission ist die „Regierung der EU“.

Die Aufgaben der Kommission

Die Europäische Kommission hat im Wesentlichen vier Aufgaben:

- Sie macht dem Parlament und dem Rat Vorschläge für neue Rechtsvorhaben.
- Sie führt die Gemeinschaftspolitik durch.
- Sie überwacht (gemeinsam mit dem Gerichtshof) die Einhaltung des Gemeinschaftsrechts.
- Sie ist die Sprecherin der Europäischen Union und handelt völkerrechtliche Verträge aus (im Wesentlichen Handels- und Kooperationsabkommen).

Die Tätigkeitsbereiche der Kommissare

Ähnlich wie in einer Regierung die Minister, haben die Kommissare unterschiedliche Aufgabenbereiche.

> Recherchieren Sie im Internet, welche Aufgabenbereiche die Kommissare haben.

Fairer Wettbewerb

Die EU-Kommissare setzen sich für einen fairen Wettbewerb innerhalb Europas unter den einzelnen Mitgliedsstaaten ein. Deshalb werden einzelne Staaten auch mit unterschiedlich hohen Beträgen unterstützt.

> Informieren Sie sich, was mit dieser unterschiedlich hohen Unterstützung bewirkt werden soll.

2.4 Das Europäische Parlament

Das Europäische Parlament in Straßburg

Das Europäische Parlament ist die frei gewählte Vertretung der Bürger aller EU-Staaten. 1979 wurde es erstmals von allen Bürgern der Mitgliedsstaaten nach demokratischen Regeln gewählt.

Wahl und Zusammensetzung

Das Parlament wird alle fünf Jahre gewählt und hat derzeit 751 Abgeordnete, davon 96 aus Deutschland. Jeder Mitgliedsstaat entsendet auf Grundlage seiner Bevölkerungszahl Abgeordnete. Alle Abgeordneten haben sich zu länderübergreifenden Fraktionen zusammengeschlossen. Diese repräsentieren die in den Mitgliedsstaaten der Union vertretenen großen politischen Richtungen.

Die Aufgaben

Das Europäische Parlament hat drei wesentliche Aufgaben:

Die Kontrollfunktion

Das Parlament übt die demokratische Kontrolle über die Kommission aus. Es bestätigt die Kommissionsmitglieder und den Kommissionspräsidenten. Die Kommission ist dem Parlament gegenüber politisch verantwortlich. Das Parlament kann der Kommission das Misstrauen aussprechen und sie dadurch zum Rücktritt zwingen.

> Vergleichen Sie dazu die Möglichkeiten des deutschen Bundestages im Hinblick auf die Bundesregierung.

Die Prüfung der von Bürgern eingereichten **Petitionen** und die Einsetzung von Untersuchungsausschüssen sind weitere Kontrollmöglichkeiten durch das Parlament.

Petition:
Gesuch eines Bürgers an das Parlament, wenn er sich durch Behörden ungerecht behandelt fühlt

Gesetzgebung

Gesetze heißen in der EU Verordnungen oder Richtlinien. Sie werden von der Kommission vorgeschlagen und vom Ministerrat sowie dem europäischen Parlament beschlossen. Das Parlament hat ein Anhörungs- und Mitentscheidungsrecht.

Verordnungen gelten unmittelbar in allen Mitgliedsstaaten und sind verbindlich.

Die Richtlinien müssen in den Parlamenten der EU Mitgliedsstaaten in nationales Recht umgesetzt werden. Kommt ein EU-Staat dieser Pflicht nicht nach, drohen Zwangsgelder.

Außerdem muss das Parlament beteiligt werden, wenn es um wichtige politische Fragen geht, z. B.

- Beitritt neuer Mitgliedsstaaten,
- Abschluss von internationalen Übereinkommen,
- Aufenthaltsrecht der Unionsbürger,
- Aufgaben und Befugnisse der Europäischen Zentralbank.

Kontrolle der EU-Ausgaben

Parlament und Rat sind die Hauptakteure bei der alljährlichen Verabschiedung des **Gemeinschaftshaushalts.** Der Haushaltsplan ist erst gültig, wenn das Parlament ihm zugestimmt hat.

Gemeinschaftshaushalt:
Verteilung der von den EU-Staaten einbezahlten Mittel zur Erfüllung der Gemeinschaftsaufgaben

2.5 Die Europäische Zentralbank

Seit 1999 hat die Europäische Zentralbank (EZB) mit Sitz in Frankfurt/Main die alleinige Verantwortung für die Geldpolitik in der **Euro-Zone**. Sie ist als offizielles Organ im Vertrag von Lissabon anerkannt worden.

Euro-Zone:
Dazu gehören alle die Länder, in denen der Euro als gesetzliches Zahlungsmittel gilt.

Oberstes Ziel ist die Stabilität der europäischen Währung. Daneben sorgt sie für das ordnungsgemäße Funktionieren der Zahlungssysteme. Auch die Versorgung mit Banknoten und Münzen gehört zu ihren Aufgaben. Als Vollendung der Währungsunion gilt die Einführung des Euro als Zahlungsmittel der EU-Länder.

Die EZB entscheidet unabhängig von den anderen europäischen Institutionen und auch unabhängig von den nationalen Regierungen.

Geldpolitik der EZB

- Unter Geldpolitik versteht man die Maßnahmen zur Beeinflussung der Geldmenge und der Zinssätze,
- des Kreditvolumens und der **Bankenliquidität.**

Bankenliquidität:
hier: Zuführung von Bargeld

Ziel ist die Stabilität des Geldwertes. Diese Verpflichtung hat die EZB für die gesamte EU und nicht nur für die Euro-Zone.

Der Vertrag zur Gründung der Europäischen Union legt in Artikel 105 auch die Ziele und Instrumente der Geldpolitik sowie Regelungen über die politische Unabhängigkeit der Notenbank fest. Die EZB kann aufgrund Artikel 108 des Vertrags zur Gründung der Europäischen Union ihre geldpolitischen Entscheidungen vollkommen **autonom** treffen.

Autonom:
selbstständig, unabhängig

Deutsche Bundesbank in Frankfurt/Main

Früher war die Geldmengensteuerung ein wichtiges Instrument der nationalen Notenbanken (wie z. B. der Deutschen Bundesbank). Die Geldmenge sollte höchstens im gleichen Verhältnis wachsen wie die Gütermenge, da man glaubte, nur so könne der Wert des Geldes stabil bleiben. Neben der Geldmengenpolitik bedient sich die EZB weiterer Instrumente, wie etwa dem der Zinspolitik.

Die EZB hat diesbezüglich folgende Aufgaben:

- Sie muss die Wirtschaft ausreichend mit Geld versorgen.
- Sie beeinflusst die Geldmenge, indem sie Zentralbankgeld (Banknoten, Münzen und Einlagen der Kreditinstitute bei der Zentralbank) schöpft oder vernichtet.
- Ferner gibt die EZB die Zinssätze vor, die die Banken gegenüber den Unternehmern und den Konsumenten für Kredite verlangen oder für Einlagen gewähren.

- Banken müssen einen bestimmten Mindestsatz an Geld, die so genannte **Mindestreserve,** bei der EZB anlegen. Dadurch kann die Menge der für die Kreditvergabe verfügbaren Geldmittel der Banken beeinflusst werden.

Mindestreserve:
Verpflichtung der Banken, einen Teil ihres zur Verfügung stehenden Geldes als verzinstes Guthaben bei der EZB zu halten

Diskutieren Sie, ob es richtig ist, dass die EZB einen derartig großen Einfluss auf die Geldpolitik eines einzelnen EU-Staates ausüben kann.

2.6 Der Europäische Gerichtshof

In EU-Rechtsfragen ist der Europäische Gerichtshof (EuGH) in Luxemburg die höchste Instanz. Er steht damit über den nationalen Gerichten. Für Unternehmen und Bürger aus den Mitgliedsstaaten ist der Europäische Gerichtshof die letzte Instanz. Die Entscheidungen des Europäischen Gerichtshofes gelten in der ganzen EU. Seine Urteile führen dazu, dass in der Europäischen Union Rechtsvorschriften vereinheitlicht werden. Damit können die Entscheidungen des EuGH konkrete Auswirkungen auf das tägliche Leben der Bürger haben.

2.7 Der Europäische Rechnungshof

An den EU-Rechnungshof wird von den EU-Mitgliedstaaten je ein Vertreter entsandt. Dem EU-Ministerrat und dem EU-Parlament werden nach Abschluss jedes Haushaltsjahres die Prüfberichte des Rechnungshofs zugestellt. Die Mitglieder des EU-Rechnungshofes sind dabei nicht an Weisungen ihrer Herkunftsländer gebunden.

Es werden alle finanziellen Aktivitäten der EU-Organe auf sachliche und rechtliche Plausibilität überprüft. Auch müssen die allgemeinen Regeln der Wirtschaftlichkeit (Kosten-Nutzen Abwägung) eingehalten werden. Die Organe der EU müssen dem Rechnungshof auf Anfrage ihre Abrechnungen zu Prüfzwecken zur Verfügung stellen.

Der Europäische Rechnungshof in Luxemburg

Die Vertreter der EU-Länder sind in der Regel für sechs Jahre am EU-Rechnungshof beschäftigt.

Recherchieren Sie im Internet: Für welche Projekte werden Fördermaßnahmen auch außerhalb der Europäischen Union bewilligt?

3 Erwartungen und Ängste

Die EU als Institution hat inzwischen eine Machtfülle, die dem Bürger nicht immer bewusst ist. Ein beträchtlicher Teil der für den Bürger politisch wichtigen Entscheidungen wird in Brüssel und in Straßburg gefällt. An diesen Entscheidungen sind immer auch deutsche Politiker beteiligt. Die Bevölkerung erwartet deshalb positive gesellschaftliche und wirtschaftliche Auswirkungen.

3.1 Übertragung nationaler Souveränitätsrechte

PRESSESCHAU

Die ignorierte Macht

Die Bevölkerung unterschätzt den Einfluss der europäischen Institutionen

Es gibt ein krasses Missverhältnis zwischen den Machtbefugnissen der europäischen Institutionen und der Aufmerksamkeit, die die Bevölkerung ihnen angedeihen lässt. Die Verlagerung von Befugnissen von der nationalen auf die europäische Ebene ist enorm weit vorangeschritten. Die Organe der EU machen von ihrem erweiterten Gestaltungsspielraum ausgreifend Gebrauch ...

Die Bevölkerung unterschätzt den Einfluss der europäischen Institutionen ... Die Zahl der Richtlinien, Verordnungen und anderen rechtswirksamen Entscheidungen der Kommission hat sich in den letzten drei Jahrzehnten vervielfacht. Europäische Entscheidungen, die von größter Tragweite für alle Mitgliedsländer sind, werden heute vor der Bevölkerung verborgen getroffen; wie hinter einem Paravent, gewoben aus Desinteresse und Unkenntnis. Dies stellt die Frage nach der Zukunft der europäischen Demokratien!

Quelle: www.dasgelbeforum.net, Zugriff: 27.05.2015

Diskutieren Sie, welche Auswirkungen die Übertragung nationaler Souveränitätsrechte auf die EU in den Mitgliedsstaaten haben könnte.

© dpa

3.2 Probleme und Folgen der EU-Erweiterung

Die Europäische Union kennt keine Bundesländer als Gesetzgebungspartner. Verhandlungspartner für die EU ist stets die Bundesregierung. Auf diese Weise wirkt die Bundesregierung in der EU an Entscheidungen mit, die in die Länderkompetenzen eingreifen können.

Die Bundesrepublik ist verpflichtet, europäische Richtlinien umzusetzen. EU-Recht bricht nationales Recht. Der Vorrang des EU-Rechtes kann Probleme aufwerfen, wenn Interessen der Bundesrepublik den Beschlüssen der EU entgegenstehen.

1. Bilden Sie in Ihrer Klasse Kleingruppen, die jeweils ein Problem darstellen, wo Interessen der BRD mit EU-Recht kollidieren (Internet-Recherche: Stichwort „Vertragsverletzungsverfahren").
2. Stellen Sie Ihr Ergebnis der Klasse vor und zeigen Sie Lösungsmöglichkeiten auf.

Im Juli 2013 ist Kroatien als 28. Staat der EU beigetreten. Auch die Türkei führt seit langem Verhandlungen und hat bisher den Status eines „privilegierten Partners". Über einen Beitritt der Türkei in die EU gibt es sehr unterschiedliche Meinungen.

PRESSESCHAU

Ein möglicher EU-Beitritt der Türkei ist nicht nur unter den politischen Parteien, sondern auch in der deutschen Bevölkerung umstritten. In einer repräsentativen Umfrage der Forschungsgruppe Wahlen für das ZDF lehnten 52 % die Aufnahme der Türkei in die EU ab, während 41 % ihr zustimmen würden. Indessen rechnet die EU schon offenbar fest mit einer Mitgliedschaft der Türkei. „Bald wird Syrien ein Nachbar sein", antwortete der Beauftragte für die gemeinsame Außen- und Sicherheitspolitik, ... auf die Frage nach den zukünftigen Grenzen des strategischen Interessengebietes der EU.

www.faz.net, Zugriff 30.07.15

www.europa.eu.int

www.europarl.de

www.ec.europa.eu

1. Diskutieren Sie, welche Gründe für und welche gegen die Aufnahme der Türkei in die EU sprechen könnten.
2. Bewerten Sie die Aussage „Bald wird Syrien ein Nachbar sein" und zeigen Sie mögliche Folgen auf.

Zusammenfassung

Die Grundsteinlegung für die Europäische Union erfolgt 1951 mit der Gründung der Europäischen Gemeinschaft für Kohle und Stahl.

Das Europäische Parlament wird 1979 erstmals direkt gewählt.

Europäisches Recht bricht Landesrecht.

Für die Preisstabilität in der EU ist die Europäische Zentralbank (EZB) verantwortlich.

PRÜFUNG WISO

http://www.pruefungsvorbereitungaktuell.de

Wissens-Check

1. Analysieren Sie, welche Aufgaben der Ministerrat der EU hat.
2. Erklären Sie die Aufgaben der EU-Kommission.
3. Überlegen Sie, welche Funktionen das Europäische Parlament ausübt.
4. Geben Sie wieder, wer das Europäische Parlament wählt.
5. Diskutieren Sie, welche Vorteile und welche Nachteile der Euro als einheitliche europäische Währung bietet.
6. Stellen Sie dar, welche europäischen Staaten derzeit nicht Mitglied in der EU sind.

4 Vorteile der europäischen Einigung

François Mitterrand (links) franz. Staatspräsident von 1981–1995 und Helmut Kohl (rechts) deutscher Bundeskanzler von 1982–1998

Der europäische Einigungsprozess hat viele Höhen und Tiefen im Laufe der Geschichte erlebt. Sicherlich zählen zu den herausragenden Erfolgen die Friedenssicherung und die Annäherung der Staaten nach den beiden Weltkriegen. Heute werden die Vorteile der EU mit den Nachteilen verglichen und gegenseitig abgewogen. Die Vorteile bleiben in der Überzahl, auch wenn der Prozess der Einigung an Geschwindigkeit zugenommen hat und dadurch Fehler gemacht wurden.

Allein das Ziel eines dauerhaften Friedens und die Erkenntnis, dass dies nur in einer Gemeinschaft zu erreichen ist, lassen am Erfolg der EU keine Zweifel.

4.1 Friedenssicherung und Kriminalitätsbekämpfung

Die längste Friedensphase in der Geschichte des europäischen Kontinents ist mit Sicherheit einer der Haupterfolge der Europäischen Union. Seit über 60 Jahren leben die Völker in Europa friedlich zusammen. Keine Selbstverständlichkeit, wenn man sich an die Grauen der beiden Weltkriege im letzten Jahrhundert zurückerinnert. Frieden wahren ist kein Selbstläufer. Stetes Arbeiten an den Grundzügen der Demokratie und der Menschenrechte sind die Voraussetzungen für ein friedliches Zusammenleben. Durch die gemeinsame Polizeiliche und Justizielle Zusammenarbeit in Strafsachen (PJZS) lassen sich wirksame Maßnahmen gegen den Drogenhandel ergreifen. Auch eine effektivere Bekämpfung der Geldwäsche und Finanzkriminalität ist möglich geworden.

„Die gemeinsame Währung, der Wegfall des Eisernen Vorhangs, die Ausweitung der Europäischen Union nach Osten – dies alles stärkt Europa als Hort von Frieden und Freiheit, im globalen Wettbewerb und als Partner in der Welt ... Wo stünden wir heute in Europa, wenn wir den Kleinmütigen und Bedenkenträgern immer erlegen wären und die große europäische Idee nicht gegen erhebliche Widerstände durchgesetzt hätten?"

Helmut Kohl, 28.2.2012, http://www.n-tv.de

Bewerten Sie die Aussage Helmut Kohls aus heutiger Sicht.

4.2 Europäischer Binnenmarkt

Mit rund 500 Millionen Verbrauchern ist der europäische Binnenmarkt der größte Markt der Welt. Er trägt wesentlich zum Wohlstand in Europa bei.

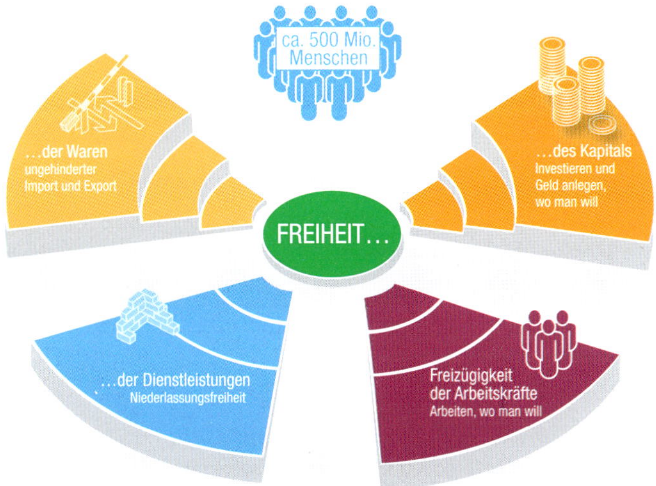

© Dr. Anja Rieck

Im Rahmen *der* Freizügigkeit der Arbeitskräfte (Personenverkehrsfreiheit) genießen alle EU-Bürger das Recht, sich in jedem Land der EU aufzuhalten, einen Beruf auszuüben und dort zu verbleiben. Arbeitnehmer haben das Recht, in jedem Mitgliedsland zu leben und zu arbeiten. Kein Unionsbürger darf aufgrund seiner Staatsangehörigkeit benachteiligt werden (Diskriminierungsverbot).

Der freie Warenaustausch innerhalb der Staaten der EU wird im Rahmen der Warenverkehrsfreiheit gewährleistet. Sie besteht aus:

- der Zollunion und
- dem Verbot, mengenmäßige Beschränkungen der Ein- und Ausfuhr von Waren vorzunehmen.

Ziel ist es dabei, über die Öffnung der nationalen Märkte das Produktangebot auf allen Märkten zu verbessern. Weiterhin soll eine Benachteiligung anderer Mitgliedsstaaten verhindert werden.

AEU-Vertrag: Vertrag über die Arbeitsweise der Europäischen Union

1. Formulieren Sie, was im **AEU-Vertrag** unter Waren verstanden wird. (Internetrecherche)
2. Recherchieren Sie, auf welcher Grundlage der Import von Tabak, Alkohol und Benzin innerhalb der EU beschränkt wird.

Die Dienstleistungsfreiheit bzw. die Niederlassungsfreiheit erlaubt allen Personen aus den Mitgliedsstaaten, sich überall innerhalb der EU zu Erwerbszwecken niederzulassen. Firmen müssen nach den Rechtsvorschriften des jeweiligen Landes gegründet werden.

© Dave Vaughan

Europäische Richtlinien bestimmen, dass die eigene Berufsausbildung im Gastland auch anerkannt wird. Werden massive Unterschiede im Vergleich zur Ausbildung im Aufnahmestaat erkannt, ist eine Eignungsprüfung oder ein Anpassungslehrgang vorgesehen. Für einige Berufe gibt es bereits Richtlinien für die Anerkennung. Sie regeln Inhalt und Dauer der verschiedenen Ausbildungen. Für einige Berufe ist eine inhaltliche Harmonisierung schwierig. Zudem genießen alle Unionsbürger innerhalb der EU das Recht auf Freizügigkeit, d. h. freies Einreisen, freier Aufenthalt, freies Wohnrecht und die freie Wahl des Studien- und Arbeitsplatzes.

Unter der Freizügigkeit des Kapitals versteht man den freien Kapitalverkehr. Er ermöglicht, europaweit offene und wettbewerbsfähige Finanzmärkte und Finanzdienstleistungen (z. B. Darlehen und Kredite) zu nutzen, was viele Vorteile mit sich bringt. So können die Bürgerinnen und Bürger zahlreiche Geschäfte im Ausland tätigen, beispielsweise ein Bankkonto eröffnen oder Aktien ausländischer Unternehmen kaufen.

Den Unternehmen eröffnet der freie Kapitalverkehr vor allem die Möglichkeit, in andere europäische Unternehmen zu investieren.

Fassen Sie die Vorteile, die der Europäische Binnenmarkt für Sie bringt, zusammen.

4.3 Währungsunion

Im Jahr 2002 haben 17 der damals 27 Staaten der EU den Euro eingeführt.

In den letzten Jahren konnte man an den Schlagzeilen der „Eurokrise" und der Finanzkrise nicht vorbeischauen. Rettungsschirme, an denen unvorstellbare Summen an Hilfsgeldern hingen, wurden einer nach dem anderen aufgespannt. Ziel war und ist es, den Euro als Währungseinheit stabil zu halten und finanzschwächere Länder mit hohen Verschuldungen zu unterstützen.

Die drei Stufen der *Wirtschafts- und Währungsunion (WWU)*		
Stufe 1	**Stufe 2**	**Stufe 3**
1. Juli 1990 – Aufhebung aller Beschränkungen des freien Kapitalverkehrs	1. Januar 1994 – Gründung des Europäischen Währungsinstituts, der Vorgängerinstitution der EZB	1. Januar 1999 – Unwiderrufliche Festlegung der Wechselkurse, EZB übernimmt die Verantwortung für die Geldpolitik 1. Januar 2002 – Einführung der Euro-Banknoten und -Münzen

1. Recherchieren Sie, welche Hilfen die EZB den in Finanznot geratenen Ländern der Euro-Zone gewährt hat.
2. Bewerten Sie die Wirkung dieser Finanzhilfen.

PRESSESCHAU

Die europäische Staatsschuldenkrise ist nicht der Anfang vom Ende des Euro. Doch sie sollte uns Mäßigung und mehr Realismus lehren, nicht zuletzt auch deshalb, weil das Vertrauen in „Europa" massiv geschwunden ist ... Der Außenwert des Euro sinkt (durchaus zum Gefallen europäischer Exporteure), als Reservewährung büßt er an Bedeutung ein, internationale Anleger ziehen sich aus dem Euroraum zurück ...Wenn Europas Weltmachtstatus wenigstens zum guten Teil auf dem Euro beruht, wie das ja vermutet worden ist, dann zeigt die jüngste Entwicklung, was viele davon halten: Europa wird als Sorgenkind der Weltwirtschaft wahrgenommen, nicht als beherzt und selbstbewusst agierende Macht von globaler Reichweite. Die Brötchen werden kleiner, werden kleiner sein müssen ...

Mit anderen Worten: Wenn die Politik unter dem Primat der Haushaltskonsolidierung steht, und das muss sie, dann sind auch alle jene Bereiche betroffen, die das Verhältnis der europäischen Länder nach außen bestimmen: Überall wird der Rüstungshaushalt gekürzt; die Etats für Entwicklungshilfe werden zurückgefahren; der Ehrgeiz, in der Klimapolitik den anderen leuchtendes Modell zu sein, ist weitgehend erloschen. Die meisten Europäer sind mit sich selbst beschäftigt. Zu größerem außenpolitischen Engagement wird künftig wenig Neigung bestehen. Politische Macht wächst aus wirtschaftlicher Kraft ...

Quelle: www.faz.net , Zugriff: 24.08.2015

Nehmen Sie Stellung zu folgenden Äußerungen des Autors:

a) „Die politische Macht wächst aus wirtschaftlicher Kraft."

b) „Die Brötchen werden kleiner, werden kleiner sein müssen".

Hoffnungen und Ängste der Währungsunion

Eine wichtige Hoffnung bei der Umsetzung der Währungsunion war ein erwarteter Wachstumsschub. Die einheitliche Währung im Europäischen Binnenmarkt sollte zu einer Steigerung der Nachfrage und einer Senkung der Kosten führen. Dafür sollten Wechselkursunsicherheiten wegfallen und eine Verminderung von Transaktionskosten entstehen.

Eine weitere Hoffnung bei der Umsetzung der Währungsunion war die höhere Preisniveaustabilität. Insbesondere die Regierungen von früheren Hochinflationsländern wie Italien erwarteten einen Aufschwung durch die Abgabe der geldpolitischen Entscheidungsmacht an die EZB. Die EZB sollte stabilitätsorientierte Entscheidungen übernehmen, die sonst für die nationalen Regierungen nur schwer durchsetzbar gewesen wären.

Allerdings war in den ersten Jahren nach der Einführung des Euro die gefühlte Inflation besonders hoch. Der Euro bekam von den Bürgerinnen und Bürgern den Spitznamen „Teuro".

Schließlich wurde die Währungsunion auch als weiterer Schritt zur Bildung einer politischen Union in Europa angesehen. Sie sollte das Bewusstsein für die europäische Integration stärken und damit das allgemeine friedenssichernde Ziel der Europäischen Union unterstützen.

Informieren Sie sich über aktuelle Krisen, die die europäische Idee gefährden könnten.

Zusammenfassung

Die europäische Einigung hat viel zur friedlichen Entwicklung in Europa beigetragen.

Der europäische Binnenmarkt garantiert Freizügigkeit der Arbeitskräfte, des Warenverkehrs, der Dienstleistungen und des Kapitalverkehrs.

Im Jahre 2002 haben 17 EU-Staaten den Euro eingeführt.

Wissens-Check

1. Analysieren Sie, wodurch die Freizügigkeit in Europa zum besseren Verständnis der Länder untereinander beitragen kann.
2. Nennen Sie Vorteile der Währungsunion, die Sie selbst schon erlebt haben.
3. Diskutieren Sie, ob die Probleme in der Eurozone die europäische Idee beeinträchtigen können.

HOT

HOT – Erweiterung der EU – Welche Chancen und Risiken verbergen sich dahinter? (Kommentar)

Ausgangslage:

Im Jahr 2012 wurde die Europäische Union (EU) für ihren Einsatz für Frieden, Versöhnung, Demokratie und Menschenrechte in Europa mit dem Friedensnobelpreis ausgezeichnet.

Die EU wird von vielen Menschen als ein sehr erfolgreiches Modell der Zusammenarbeit der europäischen Staaten angesehen, obwohl auch oftmals negative Berichte über die einzelnen Organe erscheinen. Noch immer streben viele Staaten eine Mitgliedschaft in der EU an. Kroatien wurde erst 2013 aufgenommen und Staaten wie Island, Serbien und die Türkei stehen in direkten Verhandlungen mit der EU. Unter welchen Bedingungen kann ein Staat in die Europäische Union integriert werden? Welche Chancen und Risiken verbergen sich dahinter?

Im Vertrag über die Europäische Union (EU-Vertrag) wird geregelt, wie ein Staat aufgenommen werden kann. Nach Artikel 49 dieses Vertrages kann jeder europäische Staat beantragen, Mitglied der Union zu werden, sofern er die genannten Werte achtet und sich für ihre Förderung einsetzt. Dies beinhaltet eine freiheitlich demokratische Staatsform, die Achtung der Menschenrechte und eine rechtstaatliche Ordnung. Weiterhin müssen die beitrittswilligen Länder neben diesen politischen Anforderungen auch bestimmte wirtschaftliche Kriterien erfüllen und sich Ziele der politischen Union zu eigen machen. Wenn das Beitrittsland die Voraussetzungen für die Mitgliedschaft erfüllt hat, müssen die Vorschriften und Regelungen der EU in allen Bereichen umgesetzt werden.

Der Weg zum Beitritt in die EU nimmt viel Zeit in Anspruch, da eine große Menge an Vorschriften und Regelungen in innerstaatliches Recht des Bewerberlandes umgesetzt werden muss. Während dieses Zeitraums werden die Bewerberländer finanziell und beratend unterstützt.

Gerade aber die Beitrittswünsche weiterer Staaten zur Aufnahme in die Europäische Union werden bei Menschen die der EU eher negativ gegenüberstehen, als eine Bedrohung gesehen.

Ablauf:

Chancen	Risiken
Erschließung von weiteren Märkten	Höherer Wettbewerbsdruck
Mehr/vereinfachte Reisemöglichkeiten	Steigende Kriminalität
Friedesnsicherung innerhalb Europas	Große finanzielle Unterstützung (Beispiel Griechenland)
...	

HOT

1. Bilden Sie Kleingruppen von maximal vier Personen. Klären Sie in Ihrer Gruppe unklare Begriffe aus dem Text.
2. Erarbeiten Sie in Ihrer Gruppe in Form einer Tabelle, welche Chancen sich für die EU und für das Bewerberland ergeben. Arbeiten Sie anschließend die möglichen Risiken für die Beteiligten heraus.
3. Einigen Sie sich innerhalb der Gruppe, welche Chancen und Risiken besonders wichtig sind. Schreiben Sie anschließend einen Kommentar und stellen diesen Ihren Mitschülern vor.
4. Diskutieren Sie die Sichtweisen der Kommentatoren in den einzelnen Gruppen.

Anwendung:

Was ist ein Kommentar?

Kommentare werden meistens als eine journalistische Darstellungsform genutzt. In einem Kommentar werden wertende Erläuterungen oder Erklärungen zu bestimmten Nachrichten vorgenommen. Kommentiert ein Journalist einen Sachverhalt, so äußert er seine persönliche Ansicht zu einem bestimmten Thema. Oftmals bezieht sich ein Kommentar direkt auf sachliche und neutrale Nachrichten, Interviews oder Reportagen, um zum Nachdenken anzuregen oder um Orientierungshilfen zu geben.

Ein Kommentar sollte kurz und sachlich sein und das Für und Wider beleuchten. Der Verfasser sollte sich darum bemühen, viele Argumente mit Gegenargumenten zu entkräften. Damit kann man der eigenen Meinung mehr Nachdruck verleihen. Das Thema soll von verschiedenen Seiten beleuchtet und in einen größeren Zusammenhang eingeordnet werden. Damit sich der Leser/Hörer auch in die eigene Argumentation einfindet und eine Schlussfolgerung ziehen kann, muss sich ein „roter Faden" durch den Kommentar ziehen. Pauschalurteile und Verallgemeinerungen sind zu vermeiden. Ein Kommentar zeichnet sich durch einfache und leicht verständliche Sätze aus.

Aufbau:

1. Einstieg:	Worum geht es? Was will ich erreichen? Interesse wecken. Hier ist eine prägnante, ausgefallene Überschrift hilfreich, die beim Leser Aufmerksamkeit erzielt.
2. Argumentation:	Welche Informationen sind wichtig? Argumente, Gegenargumente und Lösungsansätze aufführen.
3. Schlussteil:	Was ist das Ziel des Kommentars? Am Schluss erfolgen Forderungen, Folgerungen oder Mahnungen sowie eine namentliche Nennung des Kommentators.

LF 7 Welt im Wandel mitgestalten

1 Globalisierung und Unterentwicklung
2 Internationale Konflikte: Zwischenstaatliche Rivalitäten
3 Friedenssicherung
4 Unterentwicklung und Migration
5 Gefährdete Umwelt
6 Ökonomie-Ökologie-Konflikt
7 Politische und persönliche Lösungsansätze

1 Globalisierung

Die Globalisierung erfasst den ganzen Erdball.

Der Berufsschüler Uwe Degenhardt wohnt in Burgdorf. Er steht früh auf und muss in die vierzig Kilometer entfernte Berufsschule. Zum Frühstück trinkt er schnell eine Tasse Kaffee. Dieser kommt aus Nicaragua. Für die Vormittagspause nimmt Uwe zwei Orangen mit, die aus Israel stammen. Seine Mutter erlaubt ihm, heute ihr Auto zu benutzen, einen japanischen Kleinwagen. Als er die Schule erreicht hat, telefoniert er mit seinem finnischen Mobiltelefon nach Hause. Im Politikunterricht hält Uwe ein Referat über den weltweiten Klimawandel. Die Informationen hat er aus dem Internet. In der Mittagspause versorgt sich der Berufsschüler in der Schul-Cafeteria und trinkt einen Cappuccino. Seine Großmutter sagt immer, dass es zu ihrer Zeit solche Nahrungsmittel nicht gegeben habe. Für seinen Bruder kauft Uwe nach der Schule ein Computerspiel. Es stammt aus den USA.

Stellen Sie dar, woran deutlich wird, dass Uwe in einer globalisierten Welt lebt.

1.1 Dimensionen der Globalisierung

Globalisierung als wirtschaftliche Entwicklung

Der Begriff „Globalisierung“ bezieht sich vor allem auf den wirtschaftlichen Bereich. Globalisierung ist ein langfristiger Vorgang verschiedener weltweiter Entwicklungen, die eng miteinander verknüpft sind. Dazu zählen die zunehmende Durchlässigkeit an Grenzen, das Aufweichen politischer Systeme, die Liberalisierung des Welthandels und nicht zuletzt das Streben der Menschen nach Reichtum und Wohlstand. Dabei ist die Globalisierung keine neue Erscheinung.

Bereits in den vergangenen Jahrhunderten fand Globalisierung statt. Schon in der Antike und im Mittelalter war der Handel international verflochten. In der Moderne kam es zu einer starken Zunahme der Handelsströme zwischen den einzelnen Volkswirtschaften. Hochentwickelte Kommunikations- und Transporttechnologien ermöglichen es den Anbietern jetzt, wesentlich schneller den Kontakt zu den Weltmärkten herzustellen. Darüber hinaus werden ganze Produktionsstätten ins Ausland verlagert. Es bilden sich Unternehmen, die weltweit tätig werden. Sie werden multinationale Unternehmen, „Multis“ oder „global player“ genannt.

Globalisierung und Angleichung der Lebensgewohnheiten

Kultureller und wirtschaftlicher Austausch gehören zur Geschichte der Menschheit. So stammt beispielsweise unser Zahlensystem aus Arabien, Gewürze wurden schon früh aus Asien eingeführt und Kolumbus brachte die Kartoffel nach Europa.

Die Globalisierung beeinflusst das alltägliche Leben der Menschen in den verschiedenen Ländern. Da multinationale Unternehmen weltweit agieren, kommt es z. B. zu einer Angleichung der Mode und der Essgewohnheiten. So sind einige Fast-Food-Ketten in der ganzen Welt mit einem nahezu identischen Angebot vorzufinden und große Sportartikelhersteller wollen die Produkte ihrer Marken überall verkaufen. Die zunehmende mediale Vernetzung und die Möglichkeit der weltweiten Kommunikation können die Entwicklung zu einer Einheitskultur verstärken.

Weltmarke Fastfood

Die Tendenz zum einheitlichen Lebensstil in der globalisierten Welt kann Gegenbewegungen verursachen. Menschen sprechen bewusst den Dialekt ihrer Region und essen landestypische Speisen.

1. Analysieren Sie die Vor- und die Nachteile, die durch die Angleichung der Lebensverhältnisse entstehen können.
2. Überlegen Sie, woher die Gegenstände Ihres täglichen Bedarfs stammen. Nennen Sie Beispiele.

Globalisierung und Umweltschutz

Die Lebensweise in den Industrienationen und deren häufig unzureichende Standards im Umweltschutz wirken sich auch auf die Umweltsituation in anderen Ländern aus. Umweltkatastrophen machen nicht an den Landesgrenzen halt und Klimaveränderungen betreffen die Klimazonen weltweit. Maßnahmen zum Umweltschutz bedürfen daher einer gemeinsamen Abstimmung. Die regelmäßig stattfindenden UN-Umweltkonferenzen versuchen dabei, die verschiedenen Länderinteressen zu berücksichtigen und möglichst zu einem Konsens zu gelangen.

1.2 Chancen und Risiken der Globalisierung

Globalisierung hat sich in der öffentlichen Diskussion zu einem Begriff entwickelt, der Ängste und Aggressionen aber auch Hoffnungen auslösen kann.

Mögliche Probleme durch die Globalisierung

Containerterminal

Weil die multinationalen Konzerne ihre Produktionsstätten dorthin verlagern, wo die Lohnkosten gering und neue Absatzmärkte zu erwarten sind, gehen in den Industrieländern Arbeitsplätze verloren. Dies betrifft in letzter Zeit auch immer häufiger qualifizierte Arbeitsverhältnisse. Diese Tatsache wird noch dadurch verstärkt, dass internationale Unternehmen Fusionen (Unternehmenszusammenschlüsse) eingehen.

Die multinationalen Unternehmen sind nicht durch die Wirtschaftspolitik eines einzigen Landes zu beeinflussen. Eine nationale Behörde wie das Bundeskartellamt kann „global player" nur bedingt überwachen und kontrollieren. Fusionen werden als Notwendigkeit aus dem internationalen Konkurrenzkampf begründet. Die Kritiker der Globalisierung sehen in diesem Prozess die Gefahr, dass die Politik ihren Einfluss gegenüber internationalen Konzernen verliert.

Teilweise werden die Umweltvorschriften sowie die Steuer- und Sozialgesetze von einzelnen Staaten ganz bewusst minimal gestaltet, um internationale Konzerne „anzulocken". Eine ganz besondere Bedeutung gegen diese Entwicklung erlangen internationale Staatengemeinschaften wie die EU, die mit ihrer staatsübergreifenden Wirtschafts-, Steuer-, Umwelt- und Sozialpolitik ein Gegengewicht entwickeln können.

Mögliche Vorteile durch die Globalisierung

Die Befürworter der Globalisierung stellen den steigenden Wohlstand, die Produktvielfalt, die Entwicklung der Infrastruktur und die vielfältigen Möglichkeiten des internationalen Handels in den Vordergrund. Dies bedeute Vorteile für die Staaten und die Menschen, die an der Globalisierung beteiligt seien. Deutschland exportiert in großem

Umfang Straßenfahrzeuge, Maschinen, chemische Erzeugnisse und Elektrotechnik in die ganze Welt. Der Anteil der Lebensmittelimporte übersteigt deutlich die Exporte von Lebensmitteln.

Analysieren Sie, welche Vor-und welche Nachteile sich durch die Globalisiserung für die Bundesrepublik Deutschland ergeben können.

Zusammenfassung

Globalisierung ist eine langfristige Entwicklung, bei der sich die weltweiten Wirtschaftsbeziehungen vermehren.

Der Begriff Globalisierung ist für die Menschen mit Sorgen und Ängsten, aber auch mit Erwartungen und Hoffnungen verbunden.

Unter günstigen Bedingungen bietet die Globalisierung den Ländern der Dritten Welt Entwicklungschancen. Diese Chancen konnten bislang nur einige Staaten nutzen. In anderen Entwicklungsländern führt die Globalisierung zu vermehrter Armut, Kinderarbeit und Niedriglöhnen.

Die Globalisierung kann in den Industrieländern zu einem Verlust von Arbeitsplätzen führen.

Globalisierung geht einher mit einer zunehmenden Anzahl an Unternehmenszusammenschlüssen.

Die Globalisierung vermindert den Einfluss der staatlichen Wirtschaftspolitik.

Die internationale Arbeitsteilung kann zu Produktvielfalt und niedrigen Preisen für die Verbraucher führen.

Wissens-Check

1. Erläutern Sie die Vor- und die Nachteile zum Globalisierungsprozess. Sammeln Sie Argumente für eine Pro- und Contra-Diskussion in der Klasse.
2. Überlegen Sie, unter welchen Voraussetzungen die Globalisierung in den Entwicklungsländern gelingen kann.
3. Versetzen Sie sich in die Lage eines Unternehmers, der weltweit handeln möchte. Begründen Sie, welche Überlegungen bezüglich Standort, Löhne und Kosten Sie anstellen würden.

PRÜFUNG WISO

http://www.pruefungsvorbereitungaktuell.de

2 Internationale Konflikte

Zwischenstaatliche Rivalitäten, die oft historische Wurzeln haben, sind häufig der Grund für kriegerische Auseinandersetzungen. Wirkliche Existenzbedürfnisse können ebenso Konflikte auslösen: Der Kampf um Öl und Wasser sind Belege hierfür. Ein weiteres Problem stellen zerfallende Staaten dar. Die Folgen sind oft Kriege mit katastrophalen humanitären Auswirkungen.

2.1 Der Kampf um Öl

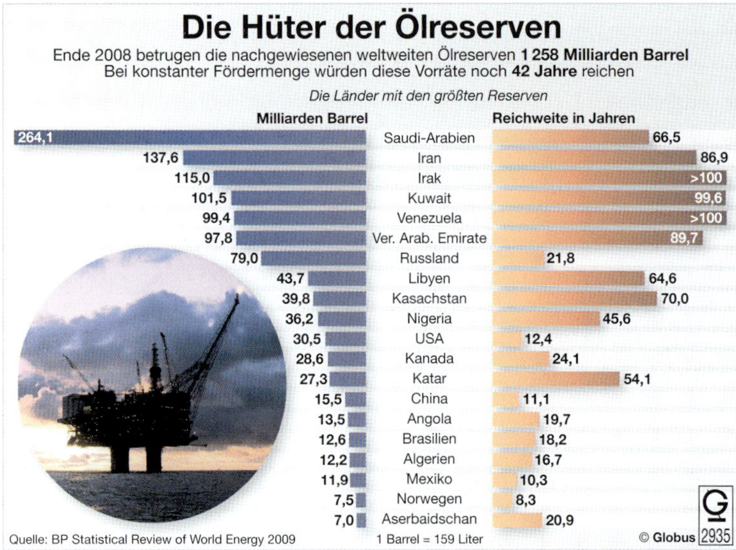

Beim Energieverbrauch liegt Erdöl mit ca. 40 % an erster Stelle. 50 % der Vorkommen liegen im Nahen Osten. Da die meisten Länder auf Ölimport angewiesen sind, kommt es immer wieder zu kriegerischen Auseinandersetzungen.

Der jüngste Krieg, bei dem Erdöl ein Auslöser war, war der Golfkrieg (USA/Verbündete gegen Irak) von 2003. Offiziell erklärten die USA, der Angriff auf den Irak sollte dazu dienen, die angeblichen Produktion von Atomwaffen dort zu stoppen. Diese Behauptung hat sich später als nicht haltbar erwiesen.

Recherchieren Sie im Internet den Verlauf des o. a. Golfkrieges.

2.2 Der Kampf um Wasser

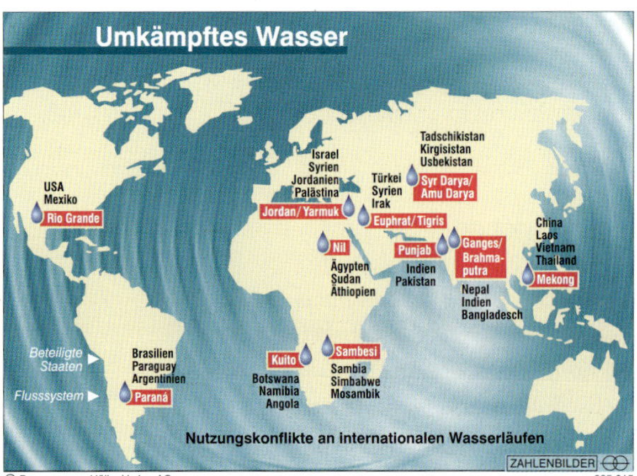

© Bergmoser + Höller Verlag AG
665 015

Die UNO schätzt, dass bis zum Jahre 2040 ca. fünf bis sechs Milliarden Menschen unter Wasserknappheit zu leiden haben. Obwohl nur ca. 0,3 % des vorhandenen Wassers für die Menschen nutzbar sind, würde dies ausreichen, um alle Menschen mit Trinkwasser zu versorgen.

1. Analysieren Sie, wie viel Liter Wasser in Deutschland pro Tag und Einwohner verbraucht werden (Internetrecherche).
2. Diskutieren Sie, wo man Wasser einsparen könnte.
3. Erörtern Sie, wie man den Konflikt um Wasser entschärfen könnte.

2.3 Zerfallende Staaten

In Afrika ist das Problem des Zerfalles von Staaten am größten. Seit Jahren ist Somalia (Horn von Afrika) als negatives Beispiel in den Schlagzeilen der Medien vertreten. Korrupte, unfähige Politiker sind eine der Hauptursachen für die Missstände. Dazu kommen schlechte wirtschaftliche Entwicklungskonzepte und keine Rechenschaftspflicht gegenüber der Bevölkerung. Wenn die staatliche Ordnung auseinanderbricht, füllen häufig Terroristen und bewaffnete Banden diese Lücken. Rechtsunsicherheit und direkte Gefahren für Leib und Leben der Bürger sind die Folgen.

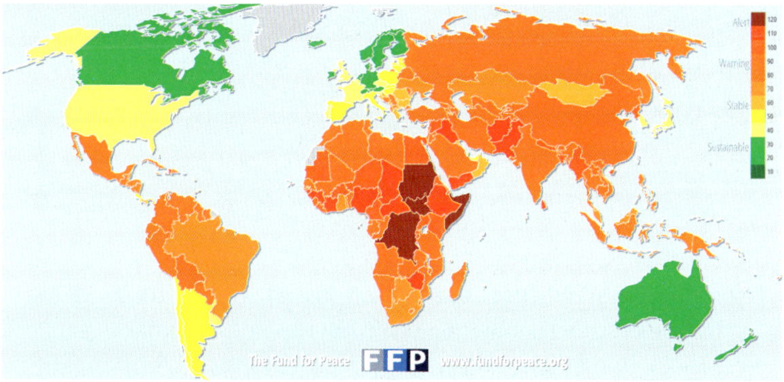

Failed State (Zerfallender Staat) Index: Die Karte zeigt die besonders gefährdeten und instabilen Staaten (rot = sehr gefährdet, grün = wenig gefährdet)

1. Suchen Sie Beispiele (Internet, Tageszeitungen...) für „zerfallenden Staaten“, die momentan die Medien dominieren.
2. Diskutieren Sie, welche Probleme sich für die Menschen in diesen Ländern ergeben.
3. Recherchieren Sie nach Belegen für die Aussage: „Der IS (Islamischer Staat) findet seine Kämpfer häufig in „zerfallenden Staaten“.

2.4 Weitere Kriegsgründe

Die Gründe, einen Krieg zu führen, sind sehr vielfältig und oft nicht durchschaubar.

Häufig werden die Ursachen bewusst falsch dargestellt, um die eigenen Absichten zu verschleiern. Die folgende Auflistung ermöglicht es, Konfliktursachen zu hinterfragen.

Konfliktursachen können sein:

- Territorialansprüche
  Konkurrenz um Grenzen und Gebiete
- Herrschaftsinteressen
  Durchsetzung politischer und ökonomischer Interessen durch Eliten
- Fehlwahrnehmungen
  Falsche Beurteilung der Stärke und Absichten anderer Staaten
- Herrschaftssicherung
  Furcht vor einer Bedrohung von außen
- Ablenkung
  Ablenkung von Konflikten innerhalb eines Staates
- Machtkonkurrenz
  Kampf um Vormachtstellungen in der Region
- Rohstoffbedarf
  Konkurrenz um Ressourcen
- Interner Kolonialismus
  Ökonomische Ausbeutung und politische Unterdrückung von Bevölkerungsgruppen und Regionen
- Religion
  Durchsetzung religiöser Interessen

(Nach: „Panorama der Konflikte – Weltkonflikte“, Bundeszentrale für politische Bildung)

http://sicherheitspolitik.bpb.de/rohstoffe-und-konflikte

1. Informieren Sie sich über einen aktuellen Rohstoffkonflikt. (http://sicherheitspolitik.bpb.de/rohstoffe-und-konflikte)
2. Recherchieren Sie die Aktivitäten der Vereinigung „Internationale Ärzte für die Verhütung des Atomkrieges (ippnw)“. (http://www.ippnw.de/frieden/kriegsursachen.html)

http://www.ippnw.de/frieden/kriegsursachen.html

Zusammenfassung

Der Kampf um Öl, Wasser und zerfallende Staaten ist häufig Kriegsgrund.

In zerfallenden Staaten reißen häufig Terrorbanden die Macht an sich.

Die Kriegsursachen werden oft verschleiert, um eigene Interessen durchzusetzen.

Wissens-Check

1. Überlegen Sie, wie man zerfallenden Staaten helfen könnte, die innere Sicherheit wieder herzustellen.
2. Die „Hüter der Ölreserven“ sind teilweise undemokratische Staaten. Diskutieren Sie, welche Gefahren daraus erwachsen könnten, wenn man mit diesen Staaten Geschäfte macht.
3. Informieren Sie sich über einen aktuellen Krieg, die Konfliktparteien und den Kriegsgrund.

PRÜFUNG WISO

http://www.pruefungsvorbereitung aktuell.de

Lernfeld 7

3 Friedenssicherung

Die Zusammenarbeit von UNO, NATO und OSZE bei internationalen Konflikten ist wünschenswert. Diese Organisationen sind so aufgebaut, dass sie sich gegenseitig stützen sollten. Bei Konflikten ist eine klare, übereinstimmende Position beabsichtigt.

3.1 UNO: United Nations Organization

Am 26. Juni 1945 wurde die Satzung der UNO (111 Artikel) in San Francisco/USA von 51 Staaten unterzeichnet, am 24. Oktober desselben Jahres trat sie in Kraft.

Symbolträchtige Waffe vor dem UN-Hauptsitz in New York

Die Unterzeichnerstaaten haben sich zusammengeschlossen, um den Weltfrieden zu bewahren. Eine Katastrophe – wie den 2. Weltkrieg – sollte es nicht mehr geben. Zudem sollten menschenwürdige Lebensbedingungen für die Weltbevölkerung geschaffen werden. Deutschland ist der UNO 1973 beigetreten. Momentan sind 193 Staaten (Stand 2016) Mitglied in der UNO.

1. Ermitteln Sie die Ziele der UNO, die sie sich im Artikel 1 der UN-Charta selbst gesetzt hat.
2. Recherchieren Sie, wie die UNO zur Androhung oder Anwendung von Gewalt steht (Artikel 2 UN-Charta).
3. Ermitteln Sie einige derzeitige Krisenherde, die dortigen Konfliktparteien und deren Interessen.
4. Diskutieren Sie, ob andere Mächte in diese Konflikte eingreifen und wie sie diesen Einsatz begründen.
5. Stellen Sie fest, wo sich Deutschland derzeit militärisch engagiert. Beurteilen Sie dieses Engagement.

Die UN-Generalversammlung

In der Generalversammlung sind alle UN-Mitgliedsstaaten vertreten. Hier haben sie – unabhängig von ihrer Größe – eine Stimme. Die Generalversammlung ist das einzige UN-Organ, in dem alle Mitglieder vertreten sind. Eine jährliche Tagung ist Pflicht, Sondersitzungen können bei Bedarf anberaumt werden.

In den Aufgabenbereich der Generalversammlung fällt die Wahl der Mitglieder aller anderen Organe der UN. Einzige Ausnahme ist der Sicherheitsrat, dessen fünf „Ständige Mitglieder" unveränderbar feststehen. Gegenüber dem Sicherheitsrat hat die Generalversammlung keine Möglichkeit der Einflussnahme. Allen anderen Organen kann sie Auflagen machen.

Der Sicherheitsrat

Der Sicherheitsrat ist das Macht- und Entscheidungszentrum der UNO.

Vetorecht:
Hier: Stimmt eines der fünf ständigen Mitglieder gegen einen Beschluss, so kommt dieser nicht zustande.

1. Erläutern Sie anhand des Schaubildes die Funktionsweise des Sicherheitsrats.
2. Nehmen Sie Stellung dazu, ob das Vetorecht geeignet ist, Kriege zu verhindern.

UN Friedensmissionen

Seit den 1950er-Jahren gibt es die „Blauhelme". Die Soldaten im Dienst der UNO werden so bezeichnet, weil sie blaue Helme tragen. Auf den Seiten der Helme steht in Großbuchstaben UN. Die UNO besitzt keine eigenen Streitkräfte, diese werden ihr nur von den Mitgliedstaaten zur Verfügung gestellt. Die Blauhelme sollen als Militärbeobachter – nur zur Selbstverteidigung leicht bewaffnet – zwischen Konfliktparteien stehen und, wenn möglich, schlichten oder vermitteln.

Internetrecherche:
1. Analysieren Sie, welche Zielsetzungen die Vereinten Nationen für den Einsatz der Blauhelme formulieren.
2. Informieren Sie sich über weltweite Blauhelm-Einsätze der letzten 20 Jahre.
3. Diskutieren Sie, ob diese Einsätze immer das gewünschte Ergebnis gebracht haben.

3.2 Die NATO: North Atlantic Treaty Organization

Am 4. April 1949 wurde die NATO in Washington gegründet. Zehn westeuropäische Staaten (Großbritannien, Frankreich, die **Benelux-Staaten**, Dänemark, Norwegen, Island, Portugal, Italien), die USA

Benelux-Staaten:
Belgien, Niederlande, Luxemburg

und Kanada haben den Vertrag unterschrieben. 1952 traten Griechenland und die Türkei bei, 1955 die Bundesrepublik Deutschland und 1982 Spanien.

Der Hauptgrund für die Gründung der NATO war es, ein militärisches Bündnis gegen die kommunistische Sowjetunion und die von ihr beherrschten osteuropäischen Staaten zu installieren. Die Kriegsverhütung durch Abschreckung stellte das oberste Ziel der NATO dar.

40 Jahre lang war der Auftrag der NATO, ihre Mitglieder gegen Angriffe von außen zu verteidigen. Dies wurde durch ständige Aufrüstung mit **konventionellen** und atomaren **Waffen** erreicht.

Konventionelle Waffen:
Alle nicht atomaren, biologischen oder chemischen Waffen

Der NATO-Vertrag

Art. 5

Die vertragsschließenden Staaten sind darüber einig, dass ein bewaffneter Angriff gegen einen oder mehrere von ihnen in Europa oder Nordamerika als ein Angriff gegen sie alle betrachtet wird und infolge dessen kommen sie überein, dass im Falle eines solchen bewaffneten Angriffs jeder von ihnen in Ausübung des in Artikel 51 der Charta der Vereinten Nationen anerkannten Rechtes zur persönlichen oder gemeinsamen Selbstverteidigung ... die Vertragsstaaten ... unterstützen wird ...

Nennen Sie Voraussetzungen, die erfüllt sein müssen, damit der in Artikel 5 erklärte Verteidigungsfall ausgelöst wird.

Die Wandlung der NATO

Im Jahre 1990 hat sich die Lage der NATO grundlegend geändert. Die NATO wandelte sich in eine Organisation für die Sicherung des Friedens. Das Leitmotiv lautete nun „Partnerschaft für den Frieden“. Zu diesem Zeitpunkt begann auch die Osterweiterung der NATO.

Als bedrohliche Einkreisung wird es in Russland empfunden, wenn Republiken der ehemaligen UdSSR (z. B. Estland, Lettland oder Litauen) Mitgliedstaaten der NATO werden.

Diskutieren Sie, ob diese Empfindungen Russlands nachvollziehbar sind.

3.3 Die OSZE: Europäische Verteidigungs- und Friedenspolitik

Die UNO strebt an, weltweit Konflikte zu verhüten. Dies versucht die OSZE auf europäischer Ebene zu verwirklichen. Die mittlerweile 57 Mitgliedsstaaten (Stand 2016) wollen ein System kollektiver Sicherheit entwickeln. Es sollen Kriege verhindert und Streitigkeiten zwischen Staaten mit friedlichen Mitteln begelegt werden.

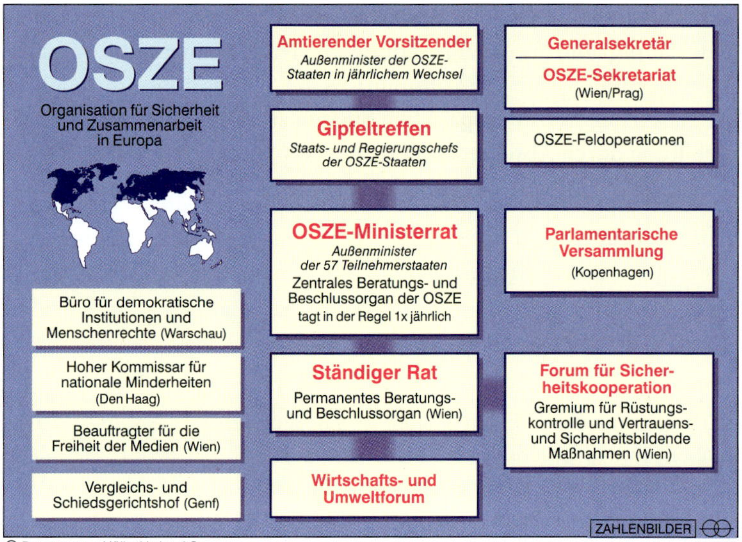

 711 212

Konsensprinzip:
Bei Entscheidungen ist die Zustimmung aller Teilnehmer erforderlich.

Die OSZE trifft Entscheidungen nur im **Konsensprinzip**. Sie ist die einzige sicherheitspolitische Organisation, in der alle europäischen Länder, die USA und Kanada gleichberechtigt vertreten sind. Deshalb spricht man in Bezug auf die OSZE von „kooperativer Sicherheitspolitik". Weil die Übereinstimmung aller Mitgliedsstaaten selten zu erreichen ist, hat die OSZE den Ruf, eine schwache Sicherheitsorganisation zu sein. Die OSZE hat nicht das Recht, anderen Organisationen oder Staaten den Einsatz von Waffen zu erlauben. Dieses Recht bleibt dem Sicherheitsrat der Vereinten Nationen (UN) vorbehalten.

> Erläutern Sie, warum die OSZE aus Ihrer Sicht eine wirkungsvolle oder eine wirkungslose Organisation ist.

3.4 Neue Rolle der Bundeswehr

Kehrseite der Auslandseinsätze; gefallener Bundeswehrsoldat

Die Bundeswehr ist die Streitmacht der Bundesrepublik Deutschland. Sie besteht aus dem Heer (Landstreitkräfte), der Marine (Seestreitkräfte) und der Luftwaffe. Im Frieden untersteht sie dem Bundesminister für Verteidigung, im Kriegsfall dem Bundeskanzler. Seit ihrer Gründung im Jahre 1955 haben sich die Einsatzmöglichkeiten der Bundeswehr grundlegend geändert. Einsätze im Ausland waren anfangs auf humanitäre Aufgaben beschränkt.

Von der Verteidigungsarmee zur Einsatzarmee

Die Bundeswehr musste sich aufgrund der veränderten Sicherheitslage in den letzten 20 Jahren grundlegend wandeln. Anfangs war die Landesverteidigung die Hauptaufgabe der Bundeswehr. Heute ist sie international im Einsatz. Die Auslandseinsätze der Bundeswehr müssen in ein kollektives Bündnis gebunden sein. Zudem muss der Bundestag zustimmen und ein UN-Mandat vorliegen.

1. Überprüfen Sie im Internet, ob für die aktuell größten Bundeswehreinsätze ein UN-Mandat vorliegt.
2. Beurteilen Sie diese Situationen daraufhin im Einzelnen.

Aussetzung der Wehrpflicht – Freiwilligenarmee

Mit den neuen Herausforderungen haben sich auch die Anforderungen an die Soldaten völlig geändert. Nicht mehr die Anzahl, sondern die Ausbildung der Soldaten entscheidet über den Einsatzerfolg. Auch deshalb wurde die Wehrpflicht zum 01.07.2011 ausgesetzt. Sie bleibt aber weiterhin im Grundgesetz (Art 12a GG) verankert. Die Soldaten werden immer mehr zu Krisenvermittlern, die kulturelle Kompetenz haben müssen.

Die Möglichkeiten des Einsatzes der Bundeswehr im Innern haben sich geändert. Am 17. August 2012 hat das Bundesverfassungsgericht den Beschluss gefasst, dass die Bundeswehr bei schwerwiegenden Terrorangriffen innerhalb der BRD tätig werden kann.

Immer mehr NATO-Partnerländer haben die Wehrpflicht zugunsten einer Freiwilligenarmee abgeschafft. Erörtern Sie die Vor- und die Nachteile.

Die Bundeswehr im internationalen Einsatz

Deutschland beteiligt sich derzeit mit rund 3 100 Soldaten an internationalen Einsätzen

Aufstockung geplant

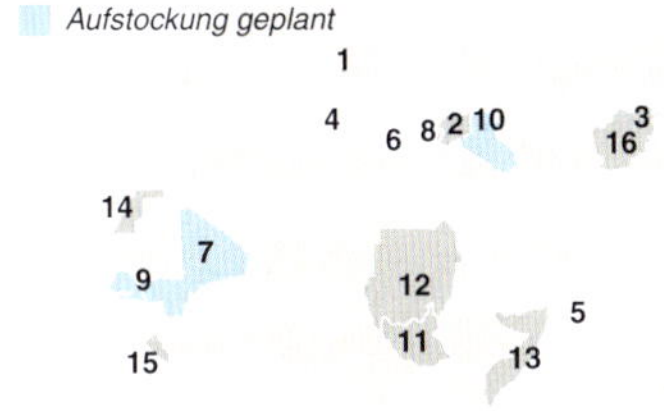

		Einsatzgebiet	aktuelle Truppenstärke/ Obergrenze
1	**Kosovo Force (KFOR)** Friedenstruppe der Nato	Kosovo	**780**/1 850
2	**Anti-IS-Einsatz**	Syrien, Nahost	**280**/1 200
3	**RSM** Int. Sicherheitsunterstützungstruppe der Nato	Afghanistan	**896**/980
4	**Operation Sophia** EU-Mission gegen Schleuser	Mittelmeer	**250**/950
5	**ATALANTA** Anti-Piraterie-Mission der EU	Horn von Afrika	**149**/950
6	**OAE** Nato: Seeraumüberwachung u. Terrorismusabwehr	Mittelmeer	**0**/500
7	**EUTM Mali** Trainingsmission der EU	Mali	**235**/350
8	**UNIFIL** Friedensmission der UN	Libanon	**111**/300
9	**MINUSMA** Friedensmission der UN	Mali, Senegal	**10**/150
10	Ausbildungsunterstützung	Nordirak	**109**/100
11	**UNMISS** Friedensmission der UN	Südsudan	**17**/50
12	**UNAMID** Friedensmission der UN und Afrikan. Union	Darfur, Sudan	**9**/50
13	**EUTM SOM** Trainingsmission der EU	Somalia	**11**/20
14	**MINURSO** Beobachtermission der UN	Westsahara	**4**/20
15	**UNMIL** Friedensmission der UN	Liberia	**3**/5
16	**UNAMA** UN-Unterstützungsmission	Afghanistan	**1**/-

dpa•22745 Quelle: Bundeswehr Stand Einsatzzahlen 14. Dez. 2015

Hilfeleistungen der Bundeswehr

Bei Unglücksfällen und Katastrophen steht die Bundeswehr den Bürgern zur Seite. So helfen Soldaten bei Hochwasser-, Waldbrand- und Schneekatastrophen. Im Sommer 2013 kämpften ca. 20.000 Soldaten gegen die Flut an Elbe und Donau. Die Soldaten sicherten die Deiche mit Sandsäcken, versorgten die Bevölkerung und evakuierten Menschen. Hubschrauber und Schiffe waren gleichzeitig im Einsatz, um die Bevölkerung in Sicherheit zu bringen. In 50 Jahren Katastrophenhilfe hat die Bundeswehr mehr als 160 solcher Hilfseinsätze im In-

und Ausland durchgeführt. Viele Bürger haben daher ein positives Bild von den deutschen Streitkräften.

1. Diskutieren Sie im Partnerinterview, was Ihrer Meinung nach die wichtigsten Aufgaben der Bundeswehr sind. Nennen Sie drei Beispiele und begründen Sie diese.
2. Erörtern Sie, was für die Aussetzung der Wehrpflicht spricht.
3. Beurteilen Sie die Rolle der Bundeswehr während der Flutkatastrophe in Hamburg im Jahre 1962.

© dpa

Die Bundeswehr im Hilfseinsatz

Frauen in der Bundeswehr

Das Grundgesetz sieht eine allgemeine Wehrpflicht (momentan ausgesetzt) nur für Männer vor. Frauen können zu nicht militärischem Dienst verpflichtet werden.

Art. 12a GG

(4) Kann im Verteidigungsfall der Bedarf an zivilen Dienstleistungen, im zivilen Sanitäts- und Heilwesen ... nicht auf freiwilliger Grundlage gedeckt werden, so können Frauen vom vollendeten achtzehnten bis zum vollendeten fünfundfünfzigsten Lebensjahr ... zu derartigen Diensten herangezogen werden. Sie dürfen auf keinen Fall zum Dienst mit der Waffe verpflichtet werden.

© dpa

Soldatin der Bundeswehr

In einigen NATO-Staaten leisten Frauen Dienst mit der Waffe und werden zu Kampfeinsätzen herangezogen.

Ende Juni 1999 hat der Europäische Gerichtshof in Luxemburg darüber verhandelt, ob der Ausschluss der Frauen vom Waffendienst bei der Bundeswehr rechtmäßig ist. Einer Elektroingenieurin aus Hannover wurde das Recht zugesprochen, in der Wartung von Waffensystemen arbeiten zu dürfen.

Seit 2001 sind alle Laufbahnen der Bundeswehr für Frauen offen. Der Dienst mit der Waffe ist seitdem zulässig.

Analysieren Sie, welche Gründe für und welche gegen die Teilnahme von Frauen an Kampfeinsätzen sprechen.

Zusammenfassung

Die BRD ist Mitglied in der UNO und der NATO.

OSZE (Organisation für Sicherheit und Zusammenarbeit in Europa): Deutschland ist von Anfang an Mitglied. Sie verfolgt das Ziel, Krieg in Europa zu verhindern und Streit mit friedlichen Mitteln zu schlichten.

Die BRD ist laut Grundgesetz verpflichtet, dem Frieden in der Welt zu dienen.

1955 wurde die Bundeswehr gegründet.

Frauen können seit 2001 auch „Dienst mit der Waffe“ leisten.

2011 wurde die Wehrpflicht ausgesetzt.

Lernfeld 7

Wissens-Check

1. Nennen Sie Ziele, die die OSZE verfolgt.
2 Stellen Sie zwei Aktivitäten der OSZE dar.
3. Ordnen Sie das Gründungsdatum der Bundeswehr in die damalige politische Situation ein.
4. Erörtern Sie, ob die Bundeswehr eine Freiwilligen- oder Wehrpflichtarmee ist, indem Sie beide Begriffe kurz beschreiben und voneinander abgrenzen.
5. Beschreiben Sie mögliche Einsätze der Bundeswehr innerhalb der Bundesrepublik Deutschland.

PRÜFUNG WISO

http://www.pruefungsvorbereitung aktuell.de

4 Unterentwicklung und Migration

Am 31. Oktober 2011 hat die Philippinin Camille Dalura ihre Tochter Dancia May Camacho in Manila zur Welt gebracht. Die UNO hat das Kind symbolisch zum sieben Milliardsten (7 000 000 000) Erdenbürger erklärt. Dieses Ereignis wurde medienwirksam in Szene gesetzt, die kleine Philippinin freudig auf der Welt begrüßt. Einige Veröffentlichungen haben auf die enorme Gefahr hingewiesen, die von dem rasanten Wachstum der Weltbevölkerung ausgeht.

Die Weltbevölkerung hat sich in den zurückliegenden 100 Jahren vervierfacht: von 1,6 Milliarden Menschen im Jahre 1900 ist sie auf heute mehr als 7 Milliarden angewachsen. Weitere 80 Millionen Menschen kommen jährlich dazu. Das entspricht in etwa der Einwohnerzahl Deutschlands. Im Jahre 2050 wird die Erde von ca. 10 Milliarden Menschen bewohnt. Andere Schätzungen gehen von ca. 9 Milliarden Menschen aus. Krankheiten wie z. B. Aids sollen demnach ca. 1 Milliarde Menschenleben in dieser Zeit kosten.

4.1 Wachstum der Weltbevölkerung

Elendsviertel in Indonesien

Realistisch betrachtet ist die Welt schon jetzt überbevölkert, weil nicht alle Menschen menschenwürdig leben können. Der Grund hierfür liegt in wirtschaftlichen, politischen und ökologischen Mängeln, die in vielen Entwicklungsländern vorherrschen. In den wirtschaftlich wohlhabenden Ländern – so auch in Europa – nehmen die Bevölkerungszahlen dagegen ab.

Drei Viertel der Menschheit lebt in den Entwicklungsländer und hier entstehen 90% des Bevölkerungswachstums. Das Problem könnte nur durch Geburtenrückgang gelöst werden.

Bisher gibt es außer China kein Land, das Geburtenkontrolle eingeführt hat. Langfristig kann die Überbevölkerung zu einem Problem für die gesamte Welt werden. Eine Reihe von Maßnahmen wurde ergriffen, um die Situation abzumildern:

Der Schauspieler Karlheinz Böhm (†) in Äthiopien: Privatinitiative zur Entwicklungshilfe

- Sexualaufklärung, Verteilung von empfängnisverhütenden Mitteln
- Entwicklungshilfe, um über den „Wohlstand" das Bevölkerungswachstum indirekt zu beeinflussen
- Einbindung führender Politiker der Entwicklungsländer in die internationale Verantwortung zur Gestaltung der Bevölkerungspolitik

Diese Maßnahmen führen nicht direkt zum Erfolg. Deshalb müssen sich die westlichen Staaten, also auch Deutschland, in ihrer Außen- und Sicherheitspolitik auf die Situation der Überbevölkerung auf der Welt einstellen.

> Die katholische Kirche lehnt den Gebrauch von Kondomen ab. Begründen Sie, ob Sie dieser Haltung zustimmen oder sie ablehnen.

Bevölkerungspolitische Handlungsempfehlungen:

- Bekämpfung der Massenarmut durch höhere Investitionen in die sozialen Grunddienste
- Verbesserung der Bildungschancen, vor allem für Mädchen und Frauen, und den flächendeckenden Ausbau von Basisgesundheitsdiensten und Beratungszentren für die Familienplanung;
- Ausbau sozialer Sicherungssysteme, die den Zwang vermindern, möglichst viele Kinder zur Alterssicherung in die Welt zu setzen
- Programme zur Frauenförderung, weil die Chancengleichheit für Frauen eine prinzipielle Voraussetzung für den Erfolg bevölkerungspolitischer Zielsetzungen bildet
- Höhere finanzielle Aufwendungen für bi- und multilaterale Programme zur Familienplanung

Franz Nutscheler (leicht verändert) auf www.berlin-institut.org. Zugriff 20.08.2015

> Erörtern Sie die mögliche Wirksamkeit der einzelnen Vorschläge.

Die Machtverhältnisse in der Welt werden sich verändern. Im Jahre 2025 werden voraussichtlich 16 Staaten die 100 Millionen Einwohnerschwelle überschritten haben. Von den hoch entwickelten Industrienationen werden nur Japan und die USA dazugehören.

Neben der Bevölkerungsgröße sind ausgebildete Personen, technologisches Können, wirtschaftliche Fähigkeiten und eine gut ausgebildete und ausgerüstete Armee für die Machtposition bedeutsam. In vielen Staaten der Dritten Welt entwickeln sich diese Faktoren zunehmend.

Nach Berechnungen von Bevölkerungswissenschaftlern wird die Weltbevölkerung – auch in armen Ländern – immer älter. Im Jahre 2050 soll sich die Zahl der Menschen über 65 Jahre mehr als verdoppelt haben. Das bringt in allen Ländern große Probleme in der Alters- und Gesundheitsversorgung mit sich.

1. Nehmen Sie Stellung zu der Behauptung, dass das Bevölkerungsproblem nicht so ernst zu nehmen ist.
2. Stellen Sie Maßnahmen dar, die das Problem Ihrer Meinung nach am wirkungsvollsten eindämmen werden.

4.2 Ursachen und Kennzeichen der Unterentwicklung

Viele der heutigen Entwicklungsländer waren früher Kolonien. Die Kolonialmächte haben die Länder unterdrückt und ausgebeutet. Bis in die 1960er-Jahre konnten sich die Entwicklungsländer nur schwer aus dieser Situation lösen. Die Kolonien waren hauptsächlich Lieferanten für Rohstoffe. Sie spezialisierten sich auf diese Funktion, eine eigenständige, umfassende wirtschaftliche Selbständigkeit konnte sich nicht entwickeln. Diese Spezialisierung ist kaum zu durchbrechen, weil der Export der Rohstoffe oft die einzige Einnahmequelle ist.

Andere Ursachen für Unterentwicklung können sein:

- Niedriges Bildungsniveau, schlechte Berufsausbildung
- Extremes Klima, Rohstoffarmut
- Politische Unruhen, Misswirtschaft
- Extrem ungleiche Einkommensverhältnisse

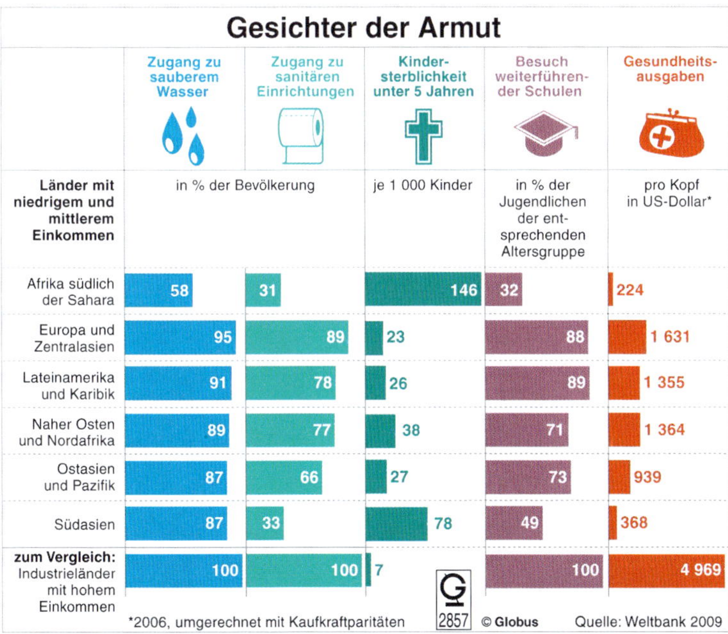

Es gibt unterschiedliche Auffassungen darüber, nach welchen Kriterien ein Land als Entwicklungsland eingestuft werden kann. Die ärmsten Entwicklungsländer, die beispielsweise über keinerlei exportierbare Rohstoffe verfügen, werden immer noch als Vierte Welt bezeichnet. Ehemals als reine Entwicklungsländer eingestufte Staaten, die mittlerweile an der Grenze zum Industrieland stehen, werden zu Schwellenländern erklärt.

4.3 Unterentwicklung: Folge und Lösungsmöglichkeiten

Migration

Migration ist die Entscheidung eines Menschen, seine Heimat zu verlassen. Dabei ist die „**Migration**“ der Oberbegriff für Wanderungsbewegungen, die sowohl wirtschaftliche als auch politische Ursachen haben können. Deshalb gibt es auch sehr unterschiedliche Gruppen von Migranten: Asylbewerber, Vertriebene, Umweltflüchtlinge, Arbeitsmigranten, Migranten wegen Familienzusammenführung, um nur einige zu nennen.

push-Faktoren:
- Kriegssituationen
- Armut
- Arbeitslosigkeit
- Umweltzerstörung

pull-Faktoren:
- Problemlose wirtschaftliche und gesellschaftliche Verhältnisse
- Bedarf an Arbeitskräften
- Attraktivere Verdienstmöglichkeiten
- Bessere Bildungschancen

Die Migrationsforscher haben eine Reihe von Ursachen der Migration erkannt und diese in zwei Hauptgruppen unterteilt: die Schubfaktoren (**push-Faktoren**) und die sogenannten Sog-Faktoren (**pull-Faktoren**). Diese Unterscheidung zeigt, dass Migration nicht allein mit Unterentwicklung zu begründen ist.

Zur Lösung der zunehmenden Migration gibt es kein schnell wirkendes Rezept. Die Abschottung der Industriestaaten („Festung Europa“) ist auf Dauer keine wirkungsvolle Maßnahme. Es müssten die wirtschaftlichen und politischen Gründe für die Migration beseitigt werden.

1. Stellen Sie dar, welche push-Faktoren Ihrer Meinung nach die entscheidenden sind.
2. Beurteilen Sie, welche pull-Faktoren am stärksten wirken könnten.

Interpretieren Sie die Karikatur.

Flucht nach Europa

Laut einer Statistik der UN-Hilfsorganisation **UNHCR** aus dem Jahre 2015 sind ca. 60 Millionen Menschen auf der Flucht. Viele Flüchtlinge aus den Kriegsgebieten Syriens, Iraks und Afghanistans haben sich nach Europa aufgemacht, um Asyl zu beantragen und aus lebensbedrohlicher Situation zu fliehen. Dabei sind Deutschland und Schweden die bevorzugten Ziele der Flüchtlinge. Viele Menschen sind auf ihrer Flucht ums Leben gekommen. Experten schätzen, dass in Deutschland im Jahre 2016 mehr als eine Million Flüchtlinge versorgt werden müssen.

UNHCR:
Es ist mit dem Schutz von Flüchtlingen beauftragt und leistet humanitäre Hilfe

1. Stellen Sie fest, wie sich die Flüchtlingssituation in Europa, insbesondere in Deutschland, in den letzten fünf Jahren entwickelt hat. Treffen Sie Aussagen über die Gründe dieser Entwicklung.
2. Suchen Sie nach Möglichkeiten, wie diese Flüchtlingsströme verringert werden könnten und berücksichtigen Sie dabei die Rolle der Europäischen Gemeinschaft.
3. Skizzieren Sie Auswirkungen, die eine Flucht von jungen, leistungsbereiten Menschen auf die entsprechenden Herkunftsländer haben können.

Wirtschaftliche Hilfsmöglichkeiten

Kapitalzufluss durch Entwicklungshilfe und Entschuldung der ärmsten Länder sind wirtschaftliche Hilfsmöglichkeiten, um Migration zu verhindern. Mit dem Geld könnten Ausbildungsplätze und Arbeitsplätze geschaffen und eine bessere medizinische Versorgung gewährleistet werden.

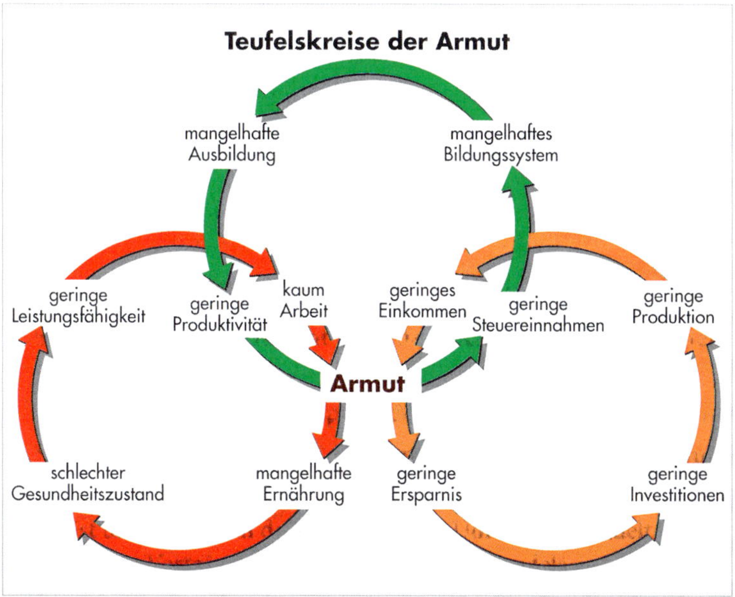

Die Produkte aus den Entwicklungsländern müssten freien Zugang zu den Märkten der Industrienationen haben. Bisher schotten sich einige Industrieländer gegen Einfuhren aus Entwicklungsländern ab, um ihre eigene Wirtschaft zu schützen. Allein können die Entwicklungsländer selten ihre Probleme lösen: Der Teufelskreis der Armut ist schwer zu durchbrechen.

Erläutern Sie das Schaubild „Teufelskreise der Armut"!

4.4 Deutsche Entwicklungspolitik

Deutsche Kolonie in Kamerun um 1900, Postkarte

Nach dem zweiten Weltkrieg bis in die 1960er-Jahre haben sich die meisten Kolonien von den Kolonialherren gelöst. Die nunmehr unabhängigen Staaten waren nicht immer in der Lage, ihre wirtschaftlichen Probleme selbst zu lösen. Entstanden sind diese Probleme häufig durch die den ehemaligen Kolonien aufgezwungene Struktur der Wirtschaft. Es ging den Kolonialherren nicht um die Entwicklung der Wirtschaft in den Kolonien, sondern um die Ausbeutung der Bodenschätze. Die deshalb einseitig ausgerichteten Volkswirtschaften der Kolonien waren auf dem Weltmarkt nicht konkurrenzfähig.

Durch den bis in die 1990er-Jahre andauernden „Ost-West-Konflikt" haben die jeweiligen Blöcke versucht, sich die Entwicklungsländer zu „Freunden" zu machen. Die Großmächte versuchten, die Entwicklungsländer in das Militärbündnis zu integrieren, dem Sie selbst angehörten. Deutschland hatte zu jener Zeit auch nicht nur das Ziel, die wirtschaftliche Entwicklung der Länder zu fördern. Damals wurden von Deutschland nur die Länder wirtschaftlich gefördert, die die DDR völkerrechtlich nicht anerkannt hatten. Dies hat sich nach dem Ende des „Ost-West-Konflikt" grundlegend geändert.

Die heutige deutsche Entwicklungspolitik hat vier Hauptziele:

- Soziale Gerechtigkeit: Es sollen Armut mindernde Rahmenbedingungen und sozialer Ausgleich geschaffen werden.
- Wirtschaftliche Leistungsfähigkeit: Wachstum und wirtschaftliche Zusammenarbeit sollen gefördert werden.
- Politischen Stabilität: Es sollen Frieden, Menschenrechte, Demokratie und Gleichberechtigung erreicht werden.
- Ökologisches Gleichgewicht: Natürliche Ressourcen als Lebensgrundlage sollen hergestellt werden.

Um diese Ziele zu erreichen, hilft die BRD den Entwicklungsländern, ihre elementaren Lebensvoraussetzungen zu sichern. Sie sollen sich auf Dauer selbst helfen können. Eine leistungsfähige Wirtschaft und gesellschaftliche Vielfalt wird von der deutschen Entwicklungshilfe gefördert. Dies sind Voraussetzungen für die Entwicklung aus eigener Kraft.

Unmittelbare Hilfe leistet Deutschland dort, wo Menschen in Hunger und Elend leben. Damit sollen die Grundbedürfnisse befriedigt und der Wille zur Selbsthilfe gestärkt werden. Die meisten bedürftigen Länder befinden sich in Afrika, südlich der Sahara.

Für einen langfristigen Erfolg der Förderung der Entwicklungsländer sind leistungsfähigere Infrastrukturen und liberalere Wirtschafts- und Gesellschaftsordnungen nötig. Diese Rahmenbedingungen müssen die Entwicklungsländer selbst schaffen. Ihre Aktivitäten sollen von den Geberländern nicht vorgeschrieben werden. Die Bundesregierung unterstützt die Politik der Entwicklungsländer, die sich um eine wirtschaftlich leistungsfähige und sozial ausgeglichene Gesellschaftsordnung bemühen.

http://www.bmz.de/de/laender_regionen/laenderliste

Recherchieren Sie in Internet, welchen Ländern die BRD Entwicklungshilfe leistet.
(http://www.bmz.de/de/laender_regionen/laenderliste)

Weil die Entwicklungspolitik Teil der Friedenspolitik ist, fördert Deutschland besonders die Kräfte des Ausgleichs. Totalitäre Staaten mit absolutem Herrschaftsanspruch werden nicht gefördert. Die Verwirklichung der Menschenrechte ist Ziel dieser Politik. Verstößt ein Staat gegen die Menschenrechte, so kann Entwicklungshilfe nicht geleistet werden. Entwicklungspolitik darf nicht auf Entwicklungshilfe verkürzt werden. Sie muss ein Ganzes darstellen, das die soziale, ökonomische, ökologische und politische Entwicklung mit einschließt. Dazu wurde von der Bundesregierung im April 2001 das so genannte „Aktionsprogramm 2015" beschlossen. Zusammengefasst wurden sie zu vier Zieldimensionen deutscher Entwicklungspolitik.

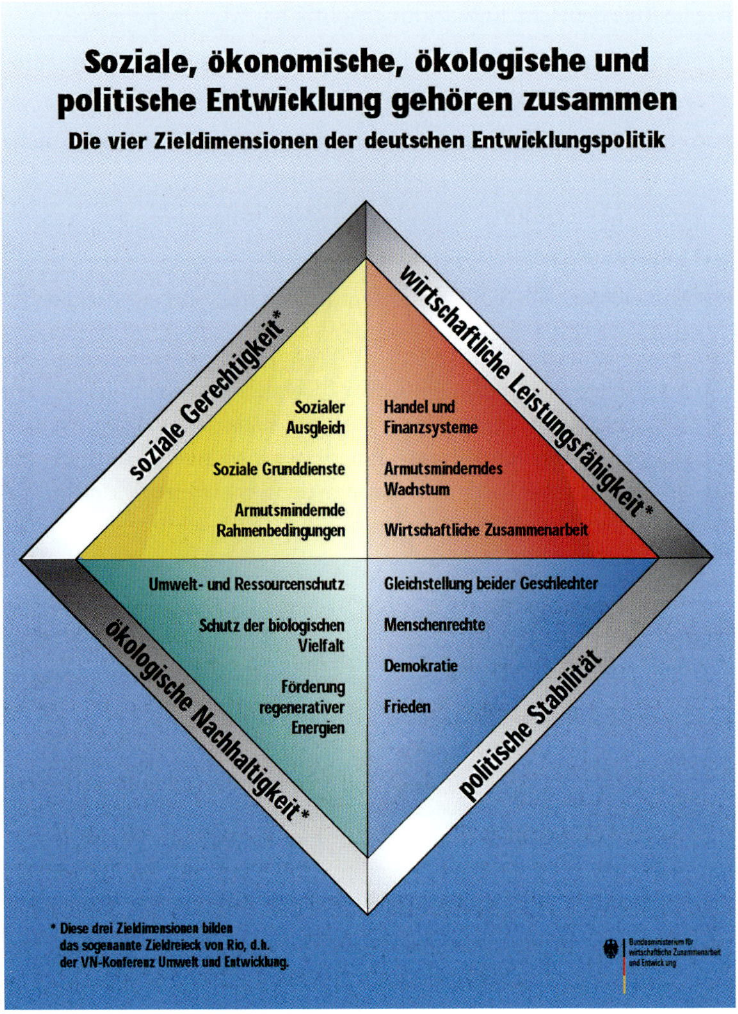

Nennen Sie Gründe, die der Erreichung dieser Ziele entgegenstehen könnten.

Eines der größten Probleme für die Entwicklungsländer ist das so genannte „Land Grabbing“. Investoren aus den Industrieländern kaufen in Entwicklungsländern gezielt Land auf, um dieses für den Anbau von Energiepflanzen, Kaffee, Getreide, Nutzholz o.a. selbst zu nutzen. Dies geht meist zu Lasten der einheimischen Bevölkerung, der Kleinbauern und der Umwelt.

PRESSESCHAU

Land Grabbing: Wie reiche Investoren die Ressourcen Afrikas zu Geld machen

Der globale Landrausch hält an – und es gibt starke Indizien dafür, dass Investitionen in fruchtbaren Böden der Entwicklungsländer tatsächlich zu Lasten der lokalen, kleinbäuerlichen Bevölkerung gehen ...

Überhaupt steht Afrika im Mittelpunkt des globalen Landgeschäfts: Dort finden die meisten Transaktionen statt. Der weit überwiegende Teil der verkauften oder verpachteten Flächen, etwa 70 Prozent, liegt in nur elf Länder. Sieben davon sind afrikanische: Sudan, Äthiopien, Mosambik, Tansania, Madagaskar, Sambia und die Demokratische Republik Kongo. Die wichtigsten Investoren hingegen kommen aus China, Indien, Malaysia, Südkorea, Indonesien und den Vereinigten Arabischen Emiraten.

www.zeit.de, Zugriff 03.08.2015

1. Untersuchen Sie, wie den ärmsten Menschen in totalitären Systemen geholfen werden kann.
2. Nehmen Sie Stellung, ob dort nicht auch Entwicklungshilfe von Deutschland geleistet werden sollte.
3. Arbeiten Sie Ursachen und mögliche Folgen des Land Grabbings heraus.

Zusammenfassung

Deutschland leistet Entwicklungshilfe für unterentwickelte Länder. Dabei gilt der Grundsatz: „Hilfe zur Selbsthilfe". Damit soll aktive Friedenspolitik geleistet werden.

Unterentwicklung kann zu Migration führen. Die Armut wird verstärkt durch anhaltendes Bevölkerungswachstum in den Entwicklungsländern.

Viele Menschen sind in ihren Heimatländern von Krieg bedroht und müssen um ihr Leben fürchten.

Europa ist ein bevorzugtes Ziel der Flüchtlinge.

Wissens-Check

1. Erläutern Sie, wer als arm gilt.
2. Nennen Sie drei Klassen der Entwicklungsländer.
3. Nennen Sie die vier Ziele der deutschen Entwicklungspolitik.
4. Stellen Sie die Ursachen und Folgen der Unterentwicklung dar.
5. Beschreiben Sie, was Migration bedeutet.
6. Nennen Sie Gründe, die es für eine Flucht aus dem Heimatland gibt.
7. Erläutern Sie, weshalb Europa bevorzugtes Zufluchtsziel ist.

PRÜFUNG WISO

http://www.pruefungsvorbereitung aktuell.de

5 Gefährdete Umwelt

Meeres- und Polarforscher warnen seit langem, dass die Eisschmelze im Nordpolarmeer alarmierend sei. Das Eis rund um den Nordpol kann sich offenbar nicht mehr von der globalen Erwärmung erholen. Es besteht die Gefahr, dass die Arktis bereits in wenigen Jahrzehnten während des Sommers eisfrei sein wird.

Das ökologische Gleichgewicht auf der Erde ist gefährdet. Umweltprobleme treten in vielen Bereichen auf, Klimaveränderungen machen sich bemerkbar. Die Umweltgefährdung hält nicht vor nationalen Grenzen an. Sie wirkt sich weltweit aus.

Patient Erde

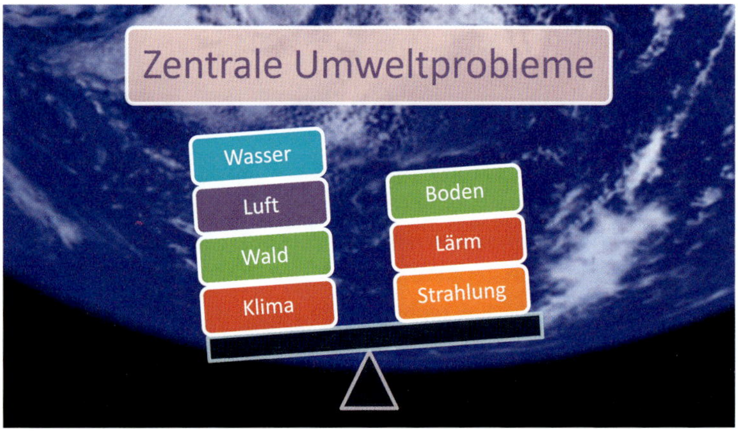

Die Erde im ökologischen Ungleichgewicht

Klimawandel

Fossile Brennstoffe:
Erdöl, Erdgas, Kohle

Der wachsende Einsatz **fossiler Brennstoffe** führt zu einem immer höheren Anteil an Kohlendioxid in der Atmosphäre und steigert so die Erderwärmung. Je mehr CO_2 sich in der Atmosphäre befindet, desto weniger Wärmestrahlung kann ins Weltall abgegeben werden. Diese wird auf der Erde zurückgehalten, sodass sich weltweit die Temperatur erhöht. Die klimaregulierenden Polkappen schmelzen ab, die Ozeane heizen sich auf, weil das Sonnenlicht durch den Mangel an Eis kaum noch reflektiert werden kann.

1. Recherchieren Sie (Internet) die Meinungsverschiedenheit um die globale Erwärmung. Sammeln Sie Aussagen von Kritikern und Aussagen von Menschen oder Institutionen, die das Problem als nicht so gravierend ansehen.
2. Beurteilen Sie, ob ausschließlich die Menschen für den Klimawandel verantwortlich sind oder ob Klimaschwankungen auch andere Ursachen haben könnten. Recherchieren Sie dazu gründlich im Internet.

6 Ökonomie-Ökologie-Konflikt

Umweltschutz kostet Geld. Ökonomische Ziele können ökologischen Zielen entgegenstehen. Es entsteht ein Zielkonflikt. Unternehmen, Verbraucher und Staat müssen finanzielle Einbußen in Kauf nehmen.

1. Finden Sie Beispiele für Ökonomie-Ökologie-Konflikte, die durch die Energiewende entstehen.
2. Diskutieren Sie über mögliche Konfliktlösungen.

6.1 Emissionshandel

Beim Emissionshandel erhalten die Betreiber von Industrieanlagen ein Zertifikat. Dieses Zertifikat billigt ihnen zu, eine bestimmte Menge CO_2 auszustoßen. Wird durch die Anlage mehr CO_2 ausgestoßen, muss der Betreiber weitere Zertifikate ankaufen. Wird weniger CO_2 ausgestoßen, hat der Betreiber das Recht, die Zertifikate weiter zu verkaufen. Es entsteht also ein Anreiz in CO_2 reduzierende Verfahren (**Energieeffizienz**) zu investieren. Sind diese günstiger als der Preis eines Zertifikats, rechnet sich diese klimaschützende Maßnahme.

Emission:
Auftrag oder Ausstoß, hier der Ausstoß von Störfaktoren für die Umwelt, z. B. Luftschadstoffe

Energieeffizienz:
Beschreibt, wie gut Energie genutzt wird

Emissionen machen nicht an Ländergrenzen halt. Seit 2005 wurde das Europäische Emissionshandelssystem (EU-ETS) beschlossen und umgesetzt. Es ist das bisher größte Emissionshandelssystem der Welt.

1. Recherchieren Sie im Internet, inwieweit das EU-ETS in Europa Wirkungen entfaltet (www.umweltbundesamt.de).
2. Bewerten Sie das dort beschriebene Verhalten der Luftverkehrsbetreiber aus aller Welt.

Auswirkungen auf den Strompreis

Umweltschutz gibt es selten zum Nulltarif. Die Investitionen in erneuerbare Energien, Solarenergie oder Windkraft, sind notwendig, um den Klimawandel zu bremsen. Diese sind sehr teuer und werden von den Stromkonzernen getragen. Der Verbraucher bezahlt die **Energiewende** indirekt über den Strompreis. Die im Jahr 2000 eingeführte EEG-Umlage gleicht die Differenz zwischen dem billigeren Strom aus herkömmlichen Kraftwerken und erneuerbaren Energien aus. Durch Steuervorteile wird die Investition in erneuerbare Energien ebenfalls gefördert.

Energiewende:
Unter dem Stichwort Energiewende wird der Umbau der Energieversorgung hin zu erneuerbaren Energien beschrieben.

1. Erläutern und begründen Sie, wen der Anstieg der Strompreise am ehesten trifft und wer weniger betroffen ist.
2. Stellen Sie dar, welchen Anteil der Steuerzahler leisten muss, damit die Energiewende umgesetzt werden kann.
3. Recherchieren Sie im Internet, wie hoch der Anteil der erneuerbaren Energien in Deutschland bis 2035 werden soll.

6.2 Weitere Umweltprobleme

Die oben beschriebenen Probleme bilden nur einen Teil der gesamten Umweltbelastungen ab. Die Gefährdung der Meere, die Gefahr durch marode Atomkraftwerke, der Einsatz von Pestiziden in der Landwirtschaft, die Belastungen durch den Umweltlärm sind weitere Diskussionspunkte für Umweltschützer und Wirtschaft.

Internetrecherche:

Bilden Sie in Ihrer Klasse Arbeitsgruppen, die eines der folgenden Themen ausführlich in der Klasse darstellen. Betrachten Sie die einzelnen Themen insbesondere unter dem Aspekt der Nachhaltigkeit:

Erosion des Bodens; Treibhauseffekt; Monokulturen und Pestizide; Begrenzte Süßwasserreserven; Ökosystem Meer; Umweltlärm; Schrottentsorgung ins Ausland

7 Politische und persönliche Lösungsansätze

Die Politik steht vor großen Herausforderungen, wenn sie die Lebensgrundlagen der Menschen auch für künftige Generationen sichern will. Deswegen sind Umweltschutznahmen in den unterschiedlichsten Bereichen nötig.

© Drude

Interpretieren Sie die Karikatur.

7.1 Globale Umweltschutzmaßnahmen

Umweltschutz muss länderübergreifend wirken. Es ist nötig, sich auf internationaler Ebene auf eine globale Umweltschutzpolitik zu verständigen. Neben der Schonung der Ressourcen und dem Schutz der Natur ist die Begrenzung der Erderwärmung durch Verminderung des Ausstoßes von Treibhausgasen zum bestimmenden Thema für die Vereinten Nationen geworden.

Im Juni 1972 fand in Stockholm die erste Konferenz der Vereinten Nationen zum Thema Umwelt statt. Über tausend Vertreter aus 113 Staaten verabschiedeten auf der Weltumweltkonferenz **UNCHE** eine Erklärung, die 26 Grundregeln für Umwelt und Entwicklungen umfasste. Die UNCHE gilt als Beginn der globalen Umweltpolitik.

UNCHE:
United Nations Conference on the Human Environment, Konferenz der Vereinten Nationen über die Umwelt des Menschen

Die UNO veranstaltet seit 1992 an wechselnden Orten und seit 1995 jährlich ihre Umweltkonferenz. Hier werden Grundregeln und Absichtserklärungen gegen die Ausbeutung und Zerstörung der Umwelt erarbeitet, die möglichst viele Teilnehmerstaaten anerkennen sollen.

Zu den bedeutendsten Errungenschaften der UN-Konferenzen zählen die Rio-Deklaration mit der Agenda 21, das Kyoto-Protokoll und der Grüne Klimafonds.

Rio de Janeiro 1992

Auf dieser Umweltkonferenz wurde die Idee der **nachhaltigen Entwicklung** vorgestellt, die zum zentralen Leitbild weltweiter Umwelt- und Entwicklungspolitik wurde. Die Vertreter von über 170 teilnehmenden Staaten haben darauf hingewiesen, dass unbedingt Maßnahmen zur Erhaltung der Lebensgrundlagen auf der Erde ergriffen werden müssen. Die dort beschlossene Klimarahmenkonvention, die 1994 in Kraft trat, war der erste internationale Vertrag, der den Klimawandel als ernstes Problem bezeichnet und die Staatengemeinschaft zum Handeln zwingt.

Nachhaltige Entwicklung:
Die Generation der Gegenwart soll ihren Bedarf befriedigen, ohne dabei die Lebensgrundlagen künftiger Generationen zu gefährden.

Kyoto 1997

Auf der UN-Konferenz im japanischen Kyoto wurde die Verringerung der Emissionen bestimmter Treibhausgase wie Kohlendioxid, Methan, Lachgas, Schwefelhexafluorid und Fluorkohlenwasserstoffe, die zur globalen Erwärmung beitragen, beschlossen. Die Unterzeichnerstaaten verpflichteten sich im Kyoto-Protokoll, die Menge der Emissionen stufenweise bis 2012, dem Ende der ersten Verpflichtungsperiode, um 5 bis 8 % unter das Niveau von 1990 zu senken.

Im Kyoto-Protokoll legten die Vereinten Nationen erstmals völkerrechtlich verbindliche Zielwerte für den Ausstoß von Treibhausgasen in den Industrieländern fest.

1. Recherchieren Sie im Internet, welche Länder das Kyoto-Protokoll bislang nicht unterschrieben haben und welche Gründe dafür genannt werden.
2. Beurteilen Sie, ob die UN-Konferenzen in der Vergangenheit erfolgreich waren, indem Sie eine Ergebnisanalyse durchführen.
3. Nehmen Sie Stellung zu dem Vorwurf, das Kyoto-Protokoll sei nur ein Stück Papier, da die beteiligten Staaten getroffene Vereinbarungen nicht einhielten.

UN-Klimakonferenz in Paris 2015

Die Versammlung beschloss ein Klimaabkommen, das die globale Erwärmung auf unter 2 °C, möglichst auf 1,5 °C, vorsieht. Den finanzschwächeren Staaten soll mit 100 Milliarden Dollar jährlich ab dem Jahr 2020 bis zunächst 2025 geholfen werden, diese Ziele zu erreichen.

Die 195 Teilnehmerstaaten müssen das Dokument in ihren Ländern umsetzen. Völkerrechtlich ist das Abkommen bindend, bei Missachtung der Vertragsinhalte sind jedoch keine Strafen für die Länder vorgesehen.

> Erörtern Sie die mögliche Wirksamkeit des Abkommens, wenn Verstöße straflos bleiben.

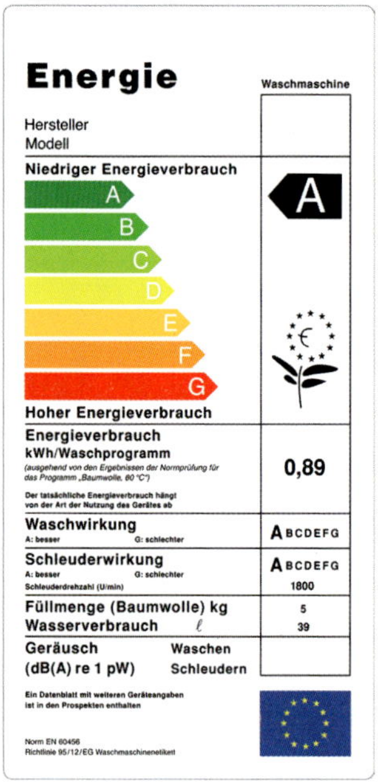

7.2 Individuelle Handlungsmöglichkeiten

Angesichts der zunehmenden ökologischen Probleme glaubt der Einzelne, machtlos zu sein. Doch zum Umweltschutz kann jeder etwas beitragen. Zusammen mit Gleichgesinnten nimmt er als Verbraucher Einfluss. Es sind oft nur kleine Veränderungen, die die Lebensqualität nicht vermindern müssen, sondern verbessern können. Sie wirken sich auch positiv auf den Geldbeutel und die Gesundheit aus.

> Erstellen Sie eine Liste, auf der Ihre persönlichen Möglichkeiten dargestellt sind, Energie zu sparen und sich umweltschützend zu verhalten.

Zusammenfassung

Die Vereinten Nationen müssen für alle Staaten völkerrechtlich verbindliche Umweltschutzmaßnahmen erarbeiten, die von diesen dann auch umgesetzt werden.

Bisher wurden die auf Umweltkonferenzen beschlossenen Maßnahmen eher zurückhaltend in einigen Ländern umgesetzt.

Jeder Einzelne kann durch sein Verhalten zum Schutz der Umwelt beitragen.

Wissens-Check

1. Untersuchen Sie, welches Gas hauptsächlich für den Treibhauseffekt verantwortlich ist.
2. Erklären Sie den Begriff der Nachhaltigkeit mit eigenen Worten.

HOT – Freier Zugang zu Trinkwasser – Durchsetzbares Menschenrecht für alle? (Podiumsdiskussion)

Ausgangslage:

„Wir bestehen zu zwei Dritteln aus Wasser, unser Gehirn sogar zu drei Viertel. Wasser ist das Transport und Kühlmittel unseres Körpers und wir können eine ganze Weile ohne Essen auskommen, aber nur wenige Tage ohne Wasser.“ (Boliviens UN-Botschafter Pablo Solon, 2010, New York, UN-Vollversammlung)

Die Vereinten Nationen (UNO) haben am 28. Juli 2010 das Recht auf Zugang zu sauberem Wasser zum Menschenrecht erklärt. 41 Nationen haben ihre Zustimmung zu dieser Resolution verweigert.

Es sterben jährlich ca. 1,5 Millionen Menschen dadurch, dass sie verunreinigtes Wasser trinken.

Ablauf:

1. Recherchieren Sie im Internet, welche Länder der Resolution zugestimmt haben und welche ihre Zustimmung dazu verweigert haben.
2. Bilden Sie sechs Expertengruppen: Drei Gruppen vertreten je ein Land, das der Resolution zugestimmt hat. Drei Gruppen vertreten je ein Land, das der Resolution nicht zugestimmt hat.
3. Tragen Sie die Argumente zusammen, die die Position Ihres gewählten Landes stützen.

Anwendung:

1. Je ein Sprecher einer Expertengruppe trägt die Ergebnisse seiner Gruppe durch ein Kurzreferat der Klasse vor.
2. In der anschließenden Podiumsdiskussion treffen die Argumente der einzelnen Länder direkt aufeinander. Der Diskussionsleiter ist für die Einhaltung der Regeln einer fairen Podiumsdiskussion verantwortlich.

Anhang

Operatoren: Arbeitsaufgaben richtig verstehen und bearbeiten

Im Schulalltag, bei Prüfungen und in diesem Buch begegnet Ihnen eine Vielzahl unterschiedlichster Arbeitsaufgaben. Um die Arbeitsanweisungen richtig und vollständig bearbeiten zu können, muss Ihnen klar sein, welche Anforderungen jeweils an Sie gestellt werden, denn je nach Aufgabenstellung werden andere Fähigkeiten, Handlungsschritte und Vorkenntnisse von Ihnen verlangt.

Der Schlüssel zum Verständnis der Arbeitsaufgaben sind die verwendeten *Operatoren* (Verben). Sie sind Bestandteil jeder Aufgabenstellung und beinhalten den entscheidenden Hinweis auf die Handlungsschritte, die zur Lösung der Aufgaben notwendig sind. Somit werden Anspruchsniveau, Qualität und Quantität der zu erbringenden Leistung in einer Aufgabe durch die Operatoren genau festgelegt.

Hinsichtlich der Komplexität und des Umfangs der zu erbringenden Leistung werden die Operatoren in drei Anforderungsbereiche (Schwierigkeitsgrade) eingeteilt.

Die folgende tabellarische Übersicht der wichtigsten Operatoren soll Ihnen helfen, die Arbeitsanweisungen exakt erfassen und einordnen zu können, um sie so rationell und erfolgreich zu bearbeiten.

Anforderungsbereich I
z. B. beschreiben

Anforderungsbereich I (Reproduktion von Kenntnissen) Das Wiedergeben, Beschreiben, Darstellen von Sachverhalten in einem begrenzten Lernzusammenhang oder auf der Basis eines gegebenen Materials unter Anwendung bekannter, gelernter und geübter Arbeitsformen und Verfahrensweisen

Anforderungsbereich II
z. B. analysieren (Schritte: beschreiben, vergleichen, deuten)

Anforderungsbereich II (Anwenden von Kenntnissen) Selbstständiges Bearbeiten, Erklären, Ordnen, Vergleichen, Analysieren von Sachverhalten und deren Übertragung auf andere vergleichbare, neue Zusammenhänge, Materialien und Situationen unter bewusster Anwendung der fachspezifischen Methoden und Arbeitstechniken

Anforderungsbereich III
z. B. interpretieren (Schritte: beschreiben, analysieren, begründen, bewerten)

Staffelung (Taxonomie) der Anforderungsbereiche

Anforderungsbereich III (Werten und Problemlösen) Selbständiges Bewerten, Beurteilen sowie Problemlösen auf der Basis des angeeigneten Wissens
Zielgerichtete Auseinandersetzung mit Sachverhalten und Strukturen in ihren weitreichenden Zusammenhängen in Form von selbständigen Begründungen, Folgerungen, Deutungen, Bewertungen
Vorschlag von Lösungswegen, angewendeten Fachmethoden und Vorgehensweisen durchdenken.

Operator (Verb)	Handlung/Anforderung
(be-)nennen	Wesentliche Informationen, Sachverhalte (Kernaussagen) zusammentragen, ohne diese zu erläutern oder zu kommentieren
beschreiben	Einen Sachverhalt aus vorgegebenem Material geordnet, genau, fachlich angemessen darstellen, ohne Bewertung
wiedergeben/ zusammen-fassen	Informationen, Sachverhalte aus Materialien oder aus Vorwissen stichwortartig wiederholen oder zusammenfassend aufzählen Bei Texten, den Inhalt mit eigenen Worten formulieren
darstellen	Wesentliche Ergebnisse/Erkenntnisse mittels Text, Diagrammen, Skizzen etc. eingehend und präzise formulieren
skizzieren	Komplexe Sachverhalte in ihrer Struktur knapp und prägnant beschreibend darstellen
überlegen	Wesentliche Merkmale, Eigenschaften, Erscheinungsformen von Sachverhalten, Strukturen, Prozessen unter Berücksichtigung eines bestimmten Aspekts oder Fragestellung beschreiben
gliedern/ ordnen	Aussagen nach Merkmalen (Ordnungsmerkmale) differenzieren, kategorisieren oder in eine Reihenfolge/Rangfolge bringen
einordnen	Einen Sachverhalt, Prozess, Struktur, Ereignis auf der Grundlage einer vorgegebenen Betrachtung in einen Zusammenhang stellen
gegenüber-stellen	Informationen, Sachverhalte beschreibend gegenüberstellen, ohne Ergebnisformulierung
vergleichen	Informationen, Sachverhalte beschreibend gegenüberstellen, mit dem Ziel eine tiefere Einsicht in einen komplexen Zusammenhang zu erlangen (mit Ergebnisformulierung)
erklären	Einen Sachverhalt benennen und ihn mit bereits vorhandenen Vorkenntnissen so darstellen, dass Inhalt und Zusammenhänge verständlich werden
erläutern	Einen Sachverhalt benennen und erklären, wobei durch hinzu-fügen von Beispielen und weiteren Informationen die Aussagen noch stärker veranschaulicht werden
untersuchen	An einen Sachverhalt gezielte Fragen stellen und deren Ergebnis aufzeigen
analysieren	Einen Sachverhalt nach vorgegebenen oder selbst gewählten Gesichtspunkten in seine Einzelaspekte zerlegen und untersuchen mit dem Ziel kausale Beziehungen/Strukturen aufzuzeigen
auswerten	Einen Sachverhalt in seine Einzelaspekte zerlegen und auf seine Wechselwirkungen hin untersuchen (analysieren) Wichtige Ergebnisse und kausale Beziehungen zu einer neuen Gesamtaussage zusammenfassen und damit Hintergründe die zunächst nicht offensichtlich erschienen transparent machen
interpretieren	Einen Sachverhalt selbständig nach allen Aspekten und Metho-den, die gemäß der Themenstellung zentral sind, erläutern und analysieren, um ein tieferes Verständnis des Beziehungsgefüges sowie eine kritische Betrachtung/Vertiefung der selbst erarbeite-ten Gesamtaussage zu erreichen
beurteilen	Auf der Grundlage von vorhandenen Kenntnissen selbstständig eine sachliche, vorurteilsfreie Position zu einem Sachverhalt, Behauptung, Problem formulieren

Operator (Verb)	Handlung/Anforderung
bewerten	Beurteilen eines Sachverhalts, Problems ergänzt durch die persönliche Sichtweise, basierend auf den eigenen Wertmaßstäben, die offen gelegt werden
Stellung nehmen	Beurteilen und Bewerten eines Problems, Behauptung mit klarer persönlicher Positionierung mit Hilfe einer differenzierten, überzeugenden Argumentation (Stellungnahme)
begründen	Zusammenhänge zwischen Ursachen, Folgen und Wirkungen aufzeigen. Die eigene Aussage, Position, Meinung wird mit Sach- und Fachkenntnissen sowie mit Beispielen und Belegen gestützt
sich auseinandersetzen mit/ diskutieren	Intensives Beschäftigen mit einer Behauptung, Problem, Sachverhalt, wobei unterschiedliche Aspekte und Perspektiven berücksichtigt werden Auf diesen Überlegungen aufbauend eine schlüssige Argumentation formulieren
erörtern	Sich mit einer Diskussion zu einem Sachverhalt, Problem auseinandersetzen und die vorgebrachten Argumentationen auf ihre Stichhaltigkeit hin beurteilen und bewerten und dadurch eine eigene Stellungnahme bzw. Lösungsvorschlägen formulieren
(über)prüfen	Mit Hilfe von zusätzlichen Materialien einen Sachverhalt (Problem, Vermutung) hinsichtlich seiner Stichhaltigkeit untersuchen Angewandte Methoden auf ihre Leistungsfähigkeit und Aussagegrenzen hin untersuchen und bewerten
erstellen/ entwickeln/ entwerfen/ gestalten	Auf der Grundlage einer Arbeitsvorgabe und unter Berücksichtigung der fachmethodischen Vorgehensweise (Arbeitsschritte) selbständig ein Produkt (Wandzeitung, Plakat, Schaubild, Diagramm, Skizze, Bericht, Text) anfertigen und kritisch reflektieren
Lösungsvorschläge entwickeln	Auf der Basis eines Gesamtergebnisses zu einem umstrittenen Sachverhalt wird unter Berücksichtigung möglichst aller Perspektiven ein begründeter eigenständiger Lösungsentwurf/ -vorschlag ausgearbeitet und vorgestellt

Karte Niedersachsen

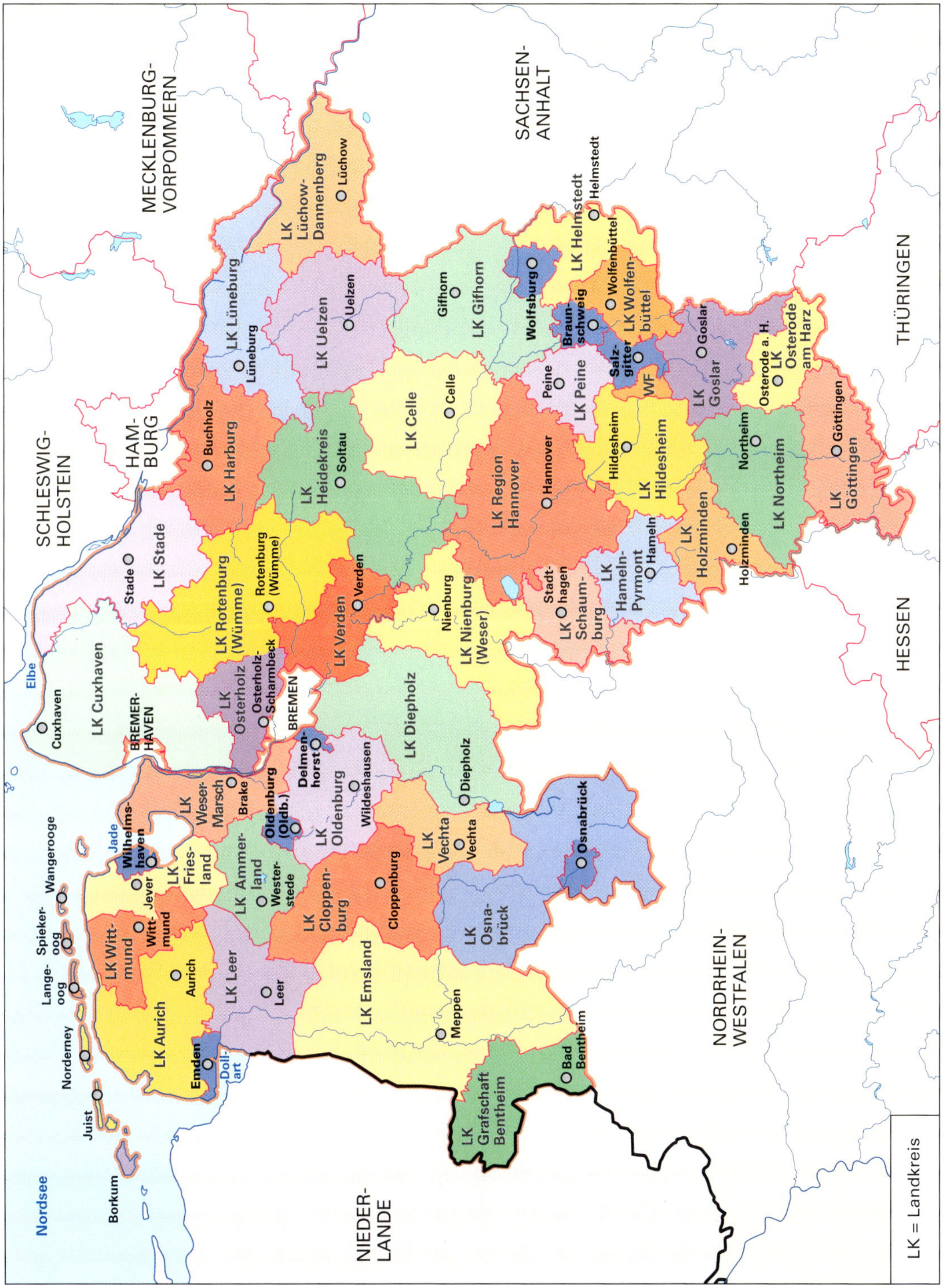

Karte Deutschland

Karte Europa

Karte Welt

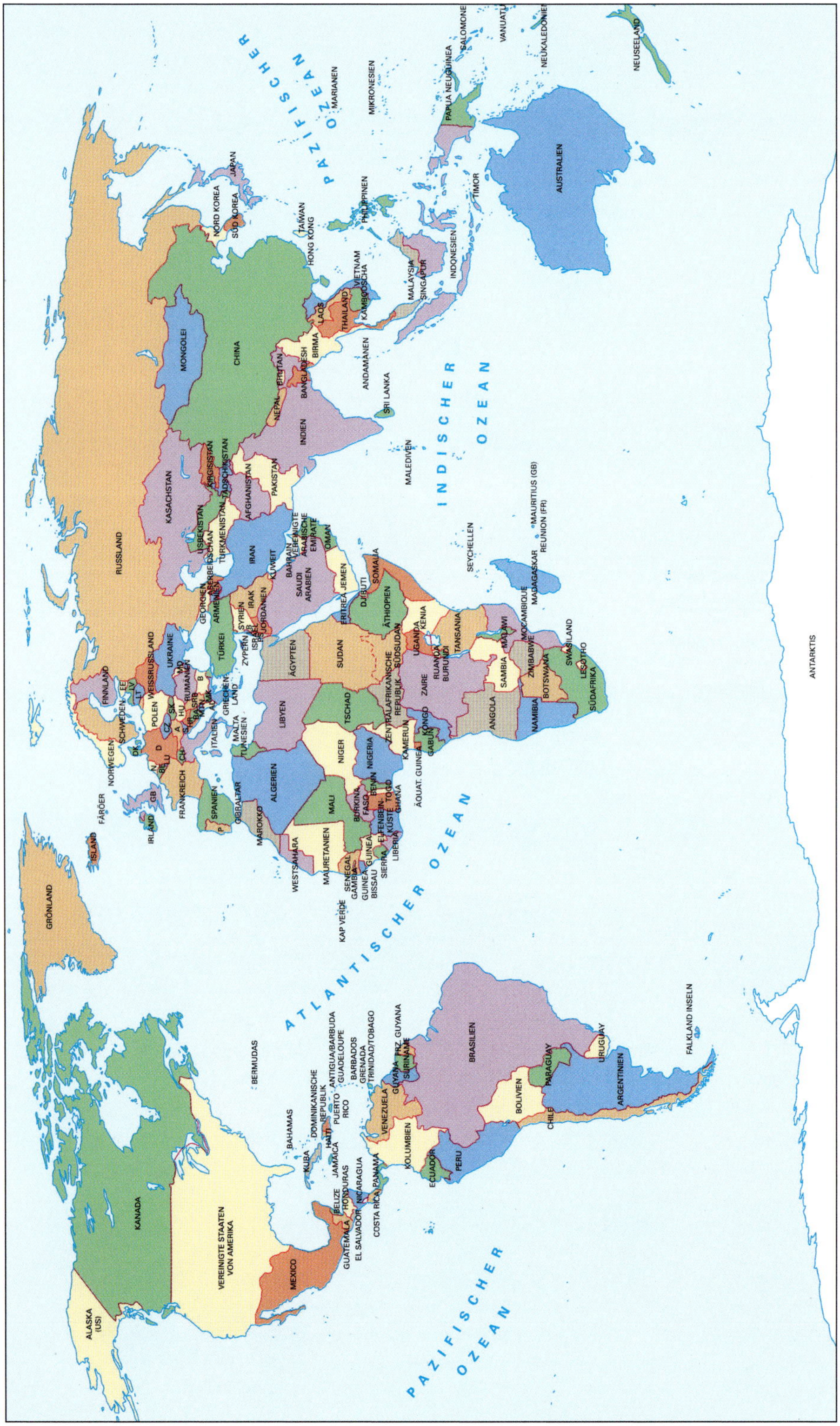

PAZIFISCHER OZEAN
ATLANTISCHER OZEAN
INDISCHER OZEAN
ALASKA (US)
KANADA
VEREINIGTE STAATEN VON AMERIKA
MEXICO
GRÖNLAND
ISLAND
BERMUDAS
BAHAMAS
KUBA
HAITI
DOMINIKANISCHE REPUBLIK
JAMAICA
PUERTO RICO
ANTIGUA/BARBUDA
GUADELOUPE
BARBADOS
GRENADA
TRINIDAD/TOBAGO
GUATEMALA
BELIZE
HONDURAS
EL SALVADOR
NICARAGUA
COSTA RICA
PANAMA
VENEZUELA
GUYANA
SURINAME
FRZ. GUYANA
KOLUMBIEN
ECUADOR
PERU
BRASILIEN
BOLIVIEN
PARAGUAY
CHILE
ARGENTINIEN
URUGUAY
FALKLAND INSELN
FÄRÖER
IRLAND
GB
NORWEGEN
SCHWEDEN
FINNLAND
DK
NL
BELU
D
FRANKREICH
SPANIEN
P
GIBRALTAR
CH
ITALIEN
POLEN
CZ
SK
A
HU
SLO
KR
BA
SRB
MK
AL
B
RUMÄNIEN
MD
UKRAINE
WEISSRUSSLAND
LT
LV
EE
RUSSLAND
GRIECHENLAND
MALTA
TÜRKEI
ZYPERN
SYRIEN
LIB
ISRAEL
JORDANIEN
IRAK
GEORGIEN
ARMENIEN
ASERBEIDSCHAN
KASACHSTAN
USBEKISTAN
TURKMENISTAN
KIRGISISTAN
TADSCHIKISTAN
AFGHANISTAN
PAKISTAN
IRAN
KUWEIT
BAHRAIN
VEREINIGTE ARABISCHE EMIRATE
OMAN
SAUDI ARABIEN
JEMEN
MONGOLEI
CHINA
NORD KOREA
SÜD KOREA
JAPAN
TAIWAN
HONG KONG
NEPAL
BHUTAN
BANGLADESH
INDIEN
SRI LANKA
MALEDIVEN
BIRMA
LAOS
THAILAND
VIETNAM
KAMBODSCHA
ANDAMANEN
MALAYSIA
SINGAPUR
INDONESIEN
PHILIPPINEN
MIKRONESIEN
MARIANEN
PAPUA NEUGUINEA
SALOMONE
VANUATU
NEUKALEDONIEN
TIMOR
AUSTRALIEN
NEUSEELAND
MAROKKO
WESTSAHARA
ALGERIEN
TUNESIEN
LIBYEN
ÄGYPTEN
SUDAN
SÜDSUDAN
ERITREA
DJIBUTI
ÄTHIOPIEN
SOMALIA
KENIA
UGANDA
RUANDA
BURUNDI
TANSANIA
MAURETANIEN
MALI
NIGER
TSCHAD
SENEGAL
GAMBIA
GUINEA BISSAU
GUINEA
SIERRA LEONE
LIBERIA
ELFENBEINKÜSTE
BURKINA FASO
GHANA
TOGO
BENIN
NIGERIA
KAMERUN
ÄQUAT. GUINEA
GABUN
KONGO
ZENTRALAFRIKANISCHE REPUBLIK
ZAIRE
ANGOLA
SAMBIA
MALAWI
MOCAMBIQUE
ZIMBABWE
NAMIBIA
BOTSWANA
SÜDAFRIKA
LESOTHO
SWASILAND
MADAGASKAR
SEYCHELLEN
MAURITIUS (GB)
REUNION (FR)
KAP VERDE
ANTARKTIS

Sachwortverzeichnis